轉折點
李光耀時代的興起與繼承

蔡裕林 著

從建國先驅到現代治理
新加坡三代領導人的治國之道

要了解一個國家的社會變遷，尤其是國家治理的成敗
不能不追溯這個國家的歷史脈絡，揭開其引發社會變遷的因緣

三代領導人的執政特點、人民及反對黨對「新常態」的反應……
全面從新加坡歷史變遷的角度，探索其發展過程與變化！

目錄

導言

第一章　李光耀時代

- 013　第一節 —— 迎向建國路
- 023　第二節 —— 時代啟始：李光耀年代（1965-1990）
- 046　第三節 —— 時代延續：吳作棟年代（1990-2004）
- 068　第四節 —— 時代交替：李顯龍年代（2004-2011）

第二章　挑戰李光耀時代的政治賽局

- 083　第一節 —— 潛藏社會矛盾的治理模式
- 091　第二節 —— 政治體制轉型訴求的湧現
- 102　第三節 —— 促使矛盾激化的導火線
- 107　第四節 —— 促成時代交替的政治賽局
- 134　第五節 —— 走向終結的李光耀時代

第三章　後李光耀時代的新政改革

- 145　第一節 —— 新時代的區分與定位
- 149　第二節 —— 新政改革的起始階段
- 160　第三節 —— 新政改革的推進階段
- 181　第四節 —— 尋找出路的新政改革

第四章　後李光耀時代的政治賽局

- 199　第一節 —— 彰顯各有所圖的政黨動態
- 215　第二節 —— 尋求變革的政治賽局
- 227　第三節 —— 議會民主的推進，國會辯論的功能與效應
- 248　第四節 —— 新加坡國民的政治走向與期待
- 253　第五節 —— 面向未來的行動黨政府
- 259　第六節 —— 尋求自我壯大的在野黨陣營
- 261　第七節 —— 理性與否是人民和選民的意向風向儀

導言

談到新加坡，自然想到建國總理李光耀。這個名字，既代表著一個受世人關注的政治家，也代表著一個成功國家的故事。正是這樣的國家領袖，讓新加坡這個小紅點，受世人所矚目。或因其有所成就而探索、借鑑和學習；或因其獨特的治國理念和作風，引起諸多爭議和批評。

新加坡人民對自己的國家和領袖，當然存有不同的評語。而這種評語更隨著時代的變遷，因國家建設處於不同的發展階段，人民站在不同的社會階級、政治傾向而延伸出不同的光譜。在成功的光環裡留下片片瑕疵。

（一）

李光耀從政始於 1950 年代，先以律師身分，維修工人、學生等族群的利益而嶄露頭角。1954 年續與親共左翼共組人民行動黨而占據政治主流。1959 年透過參加議會選舉獲勝而坐上總理寶座。之後，政途上雖因內部分裂、加入馬來西亞，而歷經重重風險，卻因謀略到位，總能化險為夷。1965 年 8 月 9 日，更帶領新加坡走上獨立建國之路。由此開創了一個新的國家。

李光耀身為新加坡的第一任總理，從自治到建國，然後在 1990 年將總理權位移交第二任總理吳作棟，長達 31 年。這樣的國家領袖，世上本已屈指可數。尤有甚者，李光耀的卸下總理職位後，續以「國務資政」

導言

(senior minister) 輔佐吳作棟總理的施政。即使在 2004 年當吳作棟把總理職位移交給第三代總理李顯龍時，李光耀依然以「內閣資政」(minister mentor) 留在內閣。因此，不難理解，像李光耀這樣一個在國家結構中舉足輕重的建國功臣，長期以內閣資政的身分直接參與國是，他的存在就具有著與眾不同的地位和影響。

為此，人們熱衷從不同的視角，解讀李光耀及其一手打造的新加坡。深受關注的著作就有杭廷頓（Samuel P. Huntington）的《變動社會中的政治秩序》(*Political Order in Changing Socicties*)、王賡武的〈「黨國民主」與三代海外華人的進與退〉、呂元禮的《新加坡為什麼能？》等等。即使是李光耀本人，多年來更是論著不斷問世，《李光耀回憶錄》、《李光耀：新加坡賴以生存的硬道理》、《李光耀回憶錄：我一生的挑戰 新加坡雙語之路》、《李光耀觀天下》等。透過這些論著，人們不難了解李光耀如何成為一個傑出的領袖，新加坡如何成為一個成功的國家。同樣值得關注的是，近年來也出現越來越多批評，甚至責難李光耀和新加坡的成功故事的著作，從不同的視角解讀李光耀和新加坡，在主流歷史論述視角之外，增添了新的視野和話語。

（二）

李光耀時代是如何界定的？至今仍存在各種不同的說詞。大致可分三種。

第一，是以李光耀在 1990 年卸下總理職位為考量。這是基於總理在憲法和內閣的權力為準，是從體制的職能出發衡量的。

第二，是以李顯龍總理在 2011 年 5 月 7 日選後表示與李光耀的治國

作風有別,公開切割開始。更因李光耀在同年 5 月 11 日,公開表示退出內閣,作為界定李光耀時代的終結。這樣的看法,重點在於從李光耀對新加坡國是的直接影響考量。辭去身為新議員,尤其是新內閣部長的政治導師之後,不僅人不在位,權不在手,更因其治國作風無以維續,彰顯著一個時代的結束。

第三,是以李光耀的離世作為一個歷史時代的結束。這樣的看法是考慮到他身為新加坡的建國之父,雖人不在位,權不在手,一個由他親手培訓出來的治國團隊,不可能不受其影響。更何況,其開創的治國理念仍然具有著不可忽視的現實意義。人不在位,權不在手,也已功成身退,但只要人在,政策還在延續,就必然會造成影響。而只有當他不在世後,影響式微,才稱得上李光耀時代的結束。

這本書,將以第二種看法作為解讀李光耀時代和後李光耀時代的依據。理據是從國家治理看,今時不同往日,進入第一世界國家的新加坡,不論是面對的國情,文化思想帶來的衝擊,還是變遷中社會結構,早已今非昔比。這和李光耀的治國思維和治國模式,形成強烈的對比。正如他在 2011 年 5 月大選,因朝野雙方的競爭加劇,選情拉緊,人民行動黨很有可能失去阿裕尼集選區時,說出狠話。意指選民如果票投在野黨,將會後悔 5 年。此話被在野黨解讀為「恐嚇」選民,也在坊間和新媒體廣泛流傳,責難之聲,久久不息。選舉結果,人民行動黨失去了阿裕尼集選區,意味著李光耀的「放話」適得其反。突顯李光耀的政治威嚴,無可挽回地在走下坡。雖說李光耀是個務實的現實主義者,深知與時俱進,但隨著他的退出內閣,功成身退,而不是過去說過的「躺在棺材也要跳起來」,因此,不論李光耀的功過如何,也不管李光耀是否還在人世,正是這一特點所涵蓋的深層意義,象徵著時代的分界線。

導言

（三）

李光耀時代具有怎樣的內涵？它又有怎樣的特質？

就一般的理解與論述，李光耀時代指的是國家治理的三個重要層面，這就是體制建設、社會政策和社會治理。它具有著一個鮮明的特質，在上述思維與體制建構中形成的威權治理模式。

從體制建設看，新加坡經過爭取自治、與大馬合併再到獨立建國，期間既有繼承英國體制的（議會民主制和法律架構）的重要部分，也有在變遷中融入適應國家因政治、經濟和社會領域所需的法律架構和條文。因此在國家治理架構中確立了立法、司法和行政三位一體的基礎上，發展出嚴明的國家治理形態。

在這一層面，李光耀時代指的是成功的透過體制建設，達到法制與法治同時到位的境界。更準確的說，在維護法制和法治的過程中，法、理、情並不是平行的，嚴明執法始終排在第一位。這有利於法制和法治的一步到位，但其反面效應與社會代價也是有的。正如亂丟垃圾、吃口香糖、亂過馬路等是犯法和會被罰款的。如果人民不是因為應有的社會規範而守法，而是避免受罰而取捨，那就無法達到從根本上解決問題。新加坡政府的相關法規很多，卻阻止不了近年越來越多違反社會道德的不法行為；又如人民有了法權意識，總愛投訴勝過維護社會應有價值追求。儘管造成這種現象的原因很複雜。

從社會政策看，李光耀時代指的是由行動黨政府制定和推動的社會政策是成功的。最明顯的展現在國民普遍享有良好的教育機會、居住空間、醫療照顧、公共交通、養老保障和現代化的生活等。新加坡能從一個落後的第三世界國家，經過半個世紀的努力，就晉升為第一世界所取

得的成就是最好的證明。

當然,行動黨政府的社會政策也有其缺陷和不足。而這種缺陷與不足的存在與惡化,無可避免的與體制缺陷,國家調控和政策理念息息相關。但從一個落後與國小人寡,毫無天然資源的城市國家,發展成為競爭力強、國庫充沛的環球宜居城市小國,不得不說這是行動黨政府採取了務實兼具前瞻性的政策所營造的碩果。問題在於,隨著世界和國情的改變帶來的社會結構的改變,已導致既有的政策難以應對。

從社會治理看,李光耀時代具有鮮明的特色。人民行動黨政府在塑造新加坡的社會形態過程中,極度強調法制和法治、任人唯賢、高效廉潔等。因此,在這樣的治理理念指導下,新加坡在應對國家安全課題上,從國防建設、政黨政治、公民組織、媒體言論、宗教活動、社會黨與違法的反社會行為等層面,設定了層層法規和機制以應對。從而把一個動亂無序的社會導向安穩與和諧。在應對城市化課題上,透過嚴謹的策略規劃,以導向城市化中蘊含規範、協調、環保、綠化與智慧型等先進城市需求。美中不足的是對歷史文化的保留,在發展中缺乏兼顧兩者的平衡。在強調建立公平與公正的社會時,總因務實的考量而使能者得益較多、弱者得益較少。在民主的權利層面,也總是為了治理需要而壓抑、縮減自由的幅度。

簡而言之,李光耀時代展現的是強人政治與設定了威權管理的系統和機制。在嚴明法治之下,凡事以領袖為準。因此,國策的制定和政策的執行,明顯變成從上而下,傳達指示而不是與民協商。儘管這期間,行動黨政府成立了民意回饋組織,政府領導人也經常下鄉訪問,議員到組屋區沿戶拜訪選民,並定期定點接見選民。所有這些,都無法改變因強勢治理理念形成模式的威權化。

導言

（四）

後李光耀時代又應當怎樣理解與詮釋？

首先需了解，新加坡的政治生態會從李光耀時代進入後李光耀時代的獨特性。這就是造成兩者的過渡不是透過公民社會運動或暴力，而是在體制規範下進行的一次大選，有序與和平中轉型。這樣的政治生態，一再被知名學者鄭永年評為是優質民主的展現。也因此，後李光耀時代所具有的內涵與特徵，具有與眾多國家改朝換代不同的地方。

有四個面向可以作為了解後李光耀時代的切入點。這就是體制、產業結構、社會政策和社會治理。並且透過這些層面的重新定位，營造出一個適應新加坡持續發展需求的後李光耀時代。而象徵後李光耀時代的特徵，也就是這個國家治理模式的改變，從一個強人政治的威權體制轉向民主協商體制。

從體制的繁衍與完善來看，在李光耀時代所建構的，有其可維持的，如三權分立、法治嚴明、高效清廉、任人唯賢等。但也有待改變的，如三權分立之外的公民社會的第四權，甚至是新媒體彰顯的第五權，這是因為新加坡在後李光耀時代已邁入第一世界國家所需要構想的。正如總理李顯龍在5月大選後，一再的表示，新加坡已進入成熟民主的階段。要區分李光耀時代和後李光耀時代的不同點，就在於前者受威權理念和務實需求服務，後者受民主協商精神所驅動。

從產業結構的轉型看，在李光耀時代的成功模式雖具有與時俱進的特徵與動力，但現有的產業結構已無法應對改變了的內外情勢。因此，伴隨著長期強調經濟成長，造成貧富差距日益擴大與依賴廉潔勞動力拉動經濟成長的模式，必須轉換跑道和方法。這就意味著為後李光耀時代

所設定的經濟成長模式與先前有別。到底後李光耀時代會形塑出一個怎樣的模式，這仍然是治國者的嚴峻挑戰。

從社會政策看，在李光耀時代所制定和實行的社會政策，固然為解決社會問題立下了層層保障，但社會結構的變遷卻超越了政策覆蓋的利益面而出現落差。這就導致原本社會政策的考量基點必須做出調整。從國家、社會、個人與家庭承擔，並以個人和家庭為主軸的基點，改變為以國家、社會、個人與家庭共同承擔時，依據經濟和社會群體的地位屬性為主軸。換句話說，國家承擔了更多更重要的責任。

種種跡象顯示，對後李光耀時代的建立，最具挑戰性的是社會治理層面帶來的問題。從一個強調共識與威權治理的階段，要成功有序地過渡到民主協商模式，所需解決的問題便有：如何形塑良性的政治賽局、撫平民怨、平衡多元訴求、拉近貧富差距；提供優質的教育、基礎實施與生活環境。此外，因經濟重組帶來的衝擊與影響；因人口出生率下降和人口高齡化改變帶來的負擔，無一不深刻影響著後李光耀時代的社會治理理念與模式。尤其是外籍移工和外來移民直接和間接引起的社會治理問題。2012年中國籍巴士司機罷工事件，打破了長達26年無罷工事件的紀錄。2013年12月小印度騷亂事件的發生，更是改寫40年沒曾見過的暴民騷動亂象。近月來接連發生的非法衝撞事件等，還有近年來公務員，甚至議員假公濟私、陷入情色事件頻傳，突顯清廉下滑，道德敗壞的新危機、新挑戰。都說明著處於後李光耀時代的社會治理，極其考驗治國者的能耐與智慧。

導言

第一章　李光耀時代

第一節 ── 迎向建國路

道路選擇：民主社會主義的議會道路

要了解一個國家的社會變遷，尤其是國家治理的成敗，不能不追溯這個國家的歷史脈絡，揭開其引發社會變遷的緣由。新加坡 ── 作為一個成功的故事，確有其起因。

從歷史來看，二戰後冷戰格局的湧現，正值新加坡同處於爭取擺脫殖民統治的年代。這一時代背景與客觀環境，對新加坡政治生態具有著決定性的影響。當時的新加坡人民，依據不同的政治信仰，對爭取民族解放和國家獨立的鬥爭，展開了不同戰線的反殖民運動。

代表這兩種對立的政治信仰和路線的政治勢力，一方是主張透過議會選舉的方式，爭取民族解放和國家獨立，並以建立一個自由市場經濟為基礎，實行憲政民主的國家。最初成立的合法政黨就有進步黨、工人黨為此而投入了憲制鬥爭。當時這一股勢力是被看成依附殖民統治者的右派，在民眾中並無法建立政治信譽。

另一方則以馬來亞共產黨為代表，主張透過暴力革命，驅逐殖民統治者，爭取民族解放和國家獨立，並以建立一個在馬克思主義的指導下實行社會主義計畫經濟的國家。就當時的世界局勢而言，以蘇聯為首強

第一章　李光耀時代

大的東歐共產陣營、新中國的成立，以及東南亞國家武裝鬥爭的蓬勃發展帶來的衝擊，社會主義早已深入民心。因此，當時的新加坡人民，尤其是勞動階層，無不深受其影響。這提供了馬來亞共產黨在新加坡，以統一戰線的手段，透過祕密領袖公開，極其成功地把各階層人民組織在工會、農會、學生會等公開合法團體，作為爭取切身權益、民主權利與獨立建國的鬥爭。其中最具規模的就有 1947 年全馬大罷市時，新加坡一片冷清；1954 年 5 月 13 日，學運造成學生廣泛參與罷課、遊行，家長與民眾進行聲援；1955 年的福利工運更是引起暴力衝突，殃及多條人命。

作為殖民統治新加坡的英國，面對如此發展情勢採取了兩面手法，一方面加速從 1948 年開啟的憲政體制的移植，把區域性議會民選的體制逐步擴大；另一方面以緊急法令為手段，加強對馬共統一戰線的對抗與打擊，以期延緩對新加坡的殖民統治。

情勢的發展正好顯示了，1950 年代的新加坡，各方各派都有其政治目標和議程。這無疑對從政者，尤其是後來者提出了尖銳的問題與選擇。

1950 年，一個年僅 26 歲的李光耀，從英倫持著雙重第一等榮譽學位的傲人成績學成歸來。像李光耀這樣的一個出生土生華裔，俗稱峇峇家庭的知識菁英，從小雖進過華人學校卻因不喜歡華文而轉讀英國學校。在英倫留學期間，透過接觸和參與了「馬來亞論壇」，一個受社會主義思潮和親共分子影響的政治團體的活動，從而結識了不少對政治感興趣，包括後來成為他領導團隊的吳慶瑞、貝恩等人。從李光耀的自傳中，讓我們了解到當時的他，正是由於在日治時期的親身經歷，還有在英倫留學期間的探索，而使他具有了自我認可的政治理念。這就是當時在歐洲盛行主張透過民主改革的民主社會主義。在李光耀看來，比起馬克思的

革命社會主義，他義無反顧地選擇了前者。這一選擇，不管是睿智的展現還是階級意識所使然，的確會讓人對其膽識與才智另眼相看。也因為這一選擇，譜寫了李光耀和新加坡的不同歷史篇章。

政治定位：志在爭奪領導權和政權

學成歸來後的李光耀，自有其政治盤算。相信是因為在留英期間對時局與政治潮流的洞察，充分評估了當時新馬兩地政局中蘊含著的危機與挑戰。1951年，他正式成為執業律師，便開始以律師身分為工會擔任顧問。先是成為新加坡郵電制服職工聯合會，協助工會與資方交涉，續而為馬來亞大學社會主義俱樂部被捕的學生，俗稱「華惹事件」（Fajar 華惹是該俱樂部的刊物名稱）辯護而名噪一時。李光耀的表現因此很快受到廣大工友的認可，也受到了馬共在新加坡的地下組織黃明強、方壯璧等核心的讚賞。這無疑為李光耀提供了政治發展空間。

在勞動階層和左翼勢力中嶄露頭角後的李光耀，親眼目睹了親共分子的政治熱情和犧牲精神，也深刻的意識到新加坡民眾深受馬共統一戰線的左右。一股以林清祥為首的親共公開左翼，其中包括以密駝路為大本營的工會組織，親共勢力以中國學生聯合會為名掌控遍布全島的學校學生組織、以鄉村住民聯合會、婦女聯合會，甚至是教師工會等掌控各階層的民眾。

李光耀的從政目標，明顯地放在爭取政治領導權和最終贏得政權的博弈上。從他從政的目標就可以了解他的政治定位，一開始就不是一個追隨者，而是一個領導者自視的心態。不論人們如何評估他的動機，李光耀就是這樣一個與眾不同的政治人物。

第一章　李光耀時代

這時的李光耀雖然凝聚了一股英語源流的政治菁英,其中包括吳慶瑞、杜進才、拉惹勒南等,獲得了若干工會組織的支持。但對比強大的親共勢力,顯然要弱小得多。而當時以馬紹爾(David Saul Marshall)為首的民主自由主義勢力,更無法與親共勢力較量。正如他所言,這些人根本不是共產黨的對手。身為一個從政者,李光耀的看法,確是務實與深具權謀。

成功的起步,驅使李光耀團隊思考下一步的政治行動。為了要施展政治議程和抱負,必須要組織合法政黨作為實現理想的平臺。李光耀及其周圍的政治夥伴的政治盤算,不外乎是自創一個以民主社會主義為旗幟的左翼政黨,標榜與親共勢力劃清界限;又或者聯合親共的左翼勢力,藉助這股強大的力量,以達到壯大自己。李光耀選擇了後者。1954年11月21日,一個融合民主社會主義和親共勢力的人民行動黨就此誕生。用政治術語來形容,就是李光耀採取了「以統制統」策略聯盟手段,藉以成為主宰政治主流的勢力。

李光耀之所以能夠成功與親共勢力結合搞統戰,究其肇因,確實是因為當時的馬共認為與李光耀等人組成統一戰線,可以加強反抗英國殖民主義統治的鬥爭,因而採取了積極的配合。目的也是希望透過與這股力量的聯合,以達到壯大自己,為最終推翻殖民統治鋪路。因此,雙方各有所圖,完全是基於不同的政治目標走在一起。至於李光耀為何勇於選擇和親共分子為伍,不怕英國殖民政府,李光耀在其自傳中也已有所透露。各自心裡有數,自不在話下。

人民行動黨成立後,隨即參加了1955年2月的市議會選舉。李光耀首次披甲上陣,馬到功成。人民行動黨派出四名候選人,雙贏得三席。初次上陣,戰績頗佳。這為李光耀的政治歷程,通往最後勝利建立了新

第一節—迎向建國路

的平臺和戰場。就這樣，從一個知識菁英到從政者，進而躋身政壇而成為風雲人物，一開始李光耀就展現了他與眾不同的思維邏輯和實用主義精神。

李光耀之所以能夠利用左翼親共勢力，在起步階段成功鋪開了他的政治歷程，最大限度地享受統一戰線所孕育的好處。可以說，得益於兩個主要的原因：其一，當時的馬共對於李光耀的評估失誤在先，誤以為他是共產黨可信賴的同路人；且馬共的領導能力相對不足，以致統一戰線的主動權，一直掌握在李光耀的手裡。其二，1953年以後，馬共在新馬兩地的暴力鬥爭已逐步走向平緩。1955年12月28日，馬共出席華玲和平談判以失敗告終，象徵了大勢已去，風光不再。新加坡的馬共首領被迫處於守勢，這才為當時的統一戰線提供了難得的蜜月期。正是這個難得的機遇，人民行動黨才有機會在1959年的立法議會選舉中，因獲得左派的大力支持而贏得了執政權。

然而兩個基於不同的政治理念，出於策略考量的政治聯盟是無法長期維持的。當李光耀在政治上取得了一步又一步的勝利之後，為了能順利推進既定的政治目標，他除了極力鞏固和擴大本身的勢力陣營，也不忘對暫時的政治聯盟採取防範與制約的對策。因此，導致原本的同盟關係逐步出現微妙的變化。

1957年8月，人民行動黨內兩派的奪權鬥爭終於爆發。黨中央選舉的結果，造成李派的失勢。人民行動黨中央改由陳從今擔任主席，T.T拉惹（Thampore Thamby Rajah）取代李光耀任職祕書長。同年9月，透過反攻，民主社會主義的李派才重新獲得主導權。至此，兩派已產生無法彌補的裂痕。

1961年5月27日，時任馬來亞聯合邦的總理，東姑阿都拉曼提出

第一章　李光耀時代

建立馬來西亞計畫。這造成行動黨內部兩派，因對加入大馬的條件與期望的不同，產生嚴重分歧以致矛盾激化。同年 7 月 15 日，安順區舉行補選，以林清祥為首的親共左翼發起了對行動黨黨內非共左翼的攤牌，號召支持者把票投給工人黨的馬紹爾，而不是代表行動黨的候選人馬末敏阿旺，致使行動黨敗北。

李派為了與黨內親共左翼劃清界限，李光耀決定在立法議會提出不信任動議，迫使親共分子和他所領導的非共者公開決裂。7 月 20 日，當不信任動議在立法議會表決時，李派以 26 票對 25 票險勝保住政權。至此，兩派已形成水火不容的陣勢。

1961 年 7 月 30 日，以林清祥為首的 13 名行動黨議員退黨。8 月 13 日宣布成立社會主義陣線（Barisan Sosialis），簡稱社陣。從此掀起了另一階段的親共左翼運動歷史。

馬共自 50 年代武裝鬥爭遭受嚴重挫折，並因華玲和平談判的失敗，不得不退守馬泰邊境，銷聲匿跡，實行退伍政策，以致實力日益薄弱，最後只保留 300 多武裝人員。1960 年底，馬共總書記陳平潛往北京，尋求中共的指導與協助。1961 年 7 月，馬共終因獲得中共的支持而決意東山再起，響應毛澤東的號召，透過「鄉村包圍城市，武裝奪取政權」的路線，以推翻新馬兩地現有的民選政府。由於馬共已把政治目標鎖定在推翻人民行動黨的政權，破裂關係後的兩派，再也沒有機會成為政治上的盟友。

透過敘述李光耀對新加坡政治變遷的影響過程，讓人們看到政治定位的重要性。這也顯示政治領袖的謀略，不管透過什麼方法和途徑，只要能夠達到壯大陣營實力，都可以作為博弈的載體。就像他明知找上親共分子聯手反殖民，「騎在虎背上」，不無風險，搞不好就會成為親共勢

力的同盟軍而遭殃。李光耀卻成功地運用謀略，緊盯鬥爭領導權，緊握在手，顯示了他非凡的政治心態和才智。這可以從在他領導下1957年與親共領導爭奪人民行動黨和反殖運動的控制權，1961年7月與後來組成社陣的親共勢力分道揚鑣，充分展現了即使對黨內出現的挑戰，也會毫不猶豫地進行排擠，1960年王永元的攤牌，一再印證了在李光耀的前期政治生涯中，深悉領導權的重要性。這成就了他的政治事業，也開啟了新加坡歷史的不同版本。

立國路徑：以民為本，建國興邦

身為一名追隨議會民主制的政治人物，1955年初，李光耀以人民行動黨領袖的身分參加了當時有限度的議會選舉，因勝選而成為立法議員，由此開闢了問鼎政權的道路。為了爭取完整的自治，他因而參加了由首席部長馬紹爾帶領的英倫憲制談判。正是這樣的過程，讓李光耀既拉近了與英殖民政府的關係與互信，也為他提升了取得政治領導權的籌碼。1958年，英國政府終於同意讓新加坡舉行民選的自治政府。翌年5月選舉時，由於行動黨在51席中囊括43席而執政。李光耀登基成為首任總理，這開始圓了他問鼎政權的政治心願。

人民行動黨能夠在選舉中獲得如此巨大的勝利，是因得到親共左翼勢力的強而有力支持。為了遵守參選的承諾，李光耀在掌政後，釋放了被英殖民政府在1955年拘留的親共領袖，其中包括林清祥、方水雙、蒂凡那等六人。

自治政府成立後，政府雖然掌控在人民行動黨手裡，卻不是完整的政權。新馬統一懸而未決，國防安全、外交持續由英人民掌控。執政黨

第一章　李光耀時代

只能著重在殖民體系的政治架構下進行施政。在財政、勞工和教育等方面進行改革與治理。這意味著行動黨政府，必須為最終實現國家的完整獨立持續奮鬥。

新馬一體的馬來亞，原本是作為英國殖民地的政治架構下的存在。可是，英人民為了其全球策略的需求，不時變更其統治手法，以致在不同條約的安排下發展出不同政治形態。這導致 1957 年 8 月 31 日，馬來亞聯合邦透過憲制談判取得獨立。而新加坡卻只能在 1959 年透過憲制協商取得完全的自治權。

人民行動黨 1959 年執政自治政府後，順理成章需朝向實現一個完整的馬來亞的國體前進。這在當時不僅政治人物，從歷史與現實的角度考慮，會有這樣的觀點，即使一般的人民，也很自然趨於同樣的想法。更何況，從現實的經濟與社會結構的互補作用和需求，都說明其具有迫切的現實性。

正是因為歷史與現實的需求，人民行動黨上臺後，自然而然必須繼續與英國、馬來亞聯合邦政府代表透過談判，以推進國家的完整進程。為了實現這一政治目標，三方都有其考量的底線與先決條件。這為問題的解決面對著巨大的困難和挑戰。

從政治理念出發，三方各有不同的目標。馬來亞聯合邦政府是一個以馬來族群為基礎的政治聯合體。新加坡則傾向於多元公平競爭的原則。而英人民則著重在維護全球冷戰。正是這樣的政治生態，無時無刻影響著事態的發展。

馬來亞聯合邦首相東姑阿都拉曼提出成立馬來西亞計畫後，經過一年多的內部協商和外部的激烈爭論，終於在 1963 年 9 月 16 日成立馬來西亞。自此，直到 1965 年 8 月 9 日脫離大馬宣布獨立為止，新加坡都作

為馬來西亞的一個部分進行治理與發展。

　　導致新加坡最終不得不退出大馬，可以說是由於幾個尖銳的矛盾所引發的結果。而產生關鍵作用的矛盾，就在於人民行動黨的政治理念，提出「馬來西亞人的馬來西亞」的政治訴求，受到了來自馬來民族極端分子，尤其是巫統（馬來民族統一組織）強硬派的全面圍攻。這導致人民行動黨的政治目標面對前所未有的挑戰。1964年，馬來西亞成立後舉行的首次大選，人民行動黨在西馬參選的結果難有建樹，派出9名候選人參選，只得一席，突顯兩地政治生態的巨大差異。由於民族矛盾的日益激化，同年7月和9月，新加坡先後兩次爆發了種族暴動事件，加劇了兩地政府的治理難度和壓力。

　　這種極其不協調的政治關係和氛圍，在無法取得妥協的較量中，逐步走向對抗的邊緣。事態的發展不僅突顯偏離原先的政治意願，也難有調和的空間，這就迫使雙方不得不尋求解脫的方案。新加坡最後無奈地選擇了退出大馬，作為一段傷痛歷史的結局。這段坎坷的歷史，無疑對新加坡的政治發展產生了極其深刻的影響。就政治而言，這一結局，不僅反映出人民行動黨的政治目標遭到嚴重的挫折，其處境也面臨了前所未有的困境。況且，因加入大馬雖贏了與親共左派勢力的政治較量，並透過強力的打擊，尤以1963年2月2日的大逮捕，極大地削弱了親共左翼的勢力。被迫退出大馬，對人民行動黨無疑是政治上的莫大倒退與失誤。要如何重新贏得人民的信賴，以及擊退親共左翼的反擊，情勢變得極為複雜。

　　經濟上，退出大馬意味著隨即失去原本的大片國內市場和必然導致雙方經貿來往的遞減。這無疑又給予新加坡和人民行動黨政府增添了巨大的負擔。

第一章　李光耀時代

社會發展方面，原本自由往來的新馬人民所形成的文化交流與互補，卻因此受到限制。而無法割裂的親情，更因築起的無形藩籬而受損。民族關係由此而受到的損害有增無減，預示著潛伏的危機不容忽視。

這種因加入大馬而形成的政治格局，顯然，對新加坡的政治變遷產生了極其深刻的影響。人民行動黨會在建國過程中，形成獨特的政治架構和治理模式，與之有著密不可分的歷史因緣與地緣政治考量。

新加坡之所以會選擇脫離大馬，走上獨立自主，建立共和國的道路，實因受到特定的主客觀因素所影響。不難理解，兩地政府因各自擁有程度不同的權力結構，加上政治理念的差異形成的同床異夢，是導致國家體制與治國方針無法取得共識及共事的關鍵。當然，聯手對付共產黨活動的課題或許是例外。

新加坡加入馬來西亞後，驟然改變了原本的民族比例。新加坡以絕大多數的華族的加入，無形中中和了馬來民族在政治上的絕對優勢。而人民行動黨領袖的強調公平與進取的作風對比以種族利益為中心，採取中庸之道治國的中央領袖，既不協調，更潛藏危機。

事實也說明，新加坡在馬來西亞的日子日益難過。當雙方的爭執與矛盾激化到對抗的邊緣時，或許可以說，正是大馬總理東姑阿都拉曼的領袖特質，提供了允許新加坡退出大馬的機會。如若換成其他繼承者，歷史就可能改寫。

那麼，新加坡為什麼敢冒著面對生存危機的困境，選擇退出大馬，走向獨立？這裡也有幾個重要的原因：

首先是領袖的特質。以李光耀為代表的領導階層，可以說是一支具有特別政治能量的團隊。正是這一特質提供了決策上的主動與果斷。不

失時機地把握機遇，從困境中抽身而退。如若換作第二任首席部長林有福那樣的領袖，新加坡或許還會持續留在大馬。

其次，在人民行動黨看來，與其困守在大馬政治框架下建國，不如自力更生，更能施展抱負。這又再次印證了李光耀實用主義的哲學，絕不受困於政治理念。即把實現馬來亞的統一作為不可更改的原則對待。

再者，權衡利弊與得失。顯然，人民行動黨領袖經過評估後的綜合結論是，退出是最好的選擇。因為這樣做意味著在政治上，政權完全掌控在自己手裡，所有國策有了主動權，將能遊刃自如，不必受制於人。經濟上的困境和流失，將可以透過開發新市場尋找出路。如此盤算後的決策思維提供了決策者意有所屬，心有所向，精打細算後的行動方略。

第二節 —— 時代啟始：李光耀年代（1965-1990）

建國理念：生存追求與公平公正社會的建設

作為一個蕞爾小島，脫離大馬，走向獨立的新加坡共和國，要如何在內外交困的環境中立足生存下來，不是件容易的事。或許在今時今日，人們可以輕易把新加坡成功的來龍去脈講個明白，但在那改變的當下，這可不簡單。新加坡之所以能從困局中邁向成功，首先是因為行動黨政府客觀地從三個層面梳理出建國的基本方針。第一：設法在全新的國際空間尋找自己的定位；第二：從全新的經濟環境，開闢經濟發展的管道與架構；第三：基於民主和法治精神整合社會，利於國家治理。

既然獨立後處於冷戰時代的國際環境和動盪甚至不友善的地緣政治區域，要生存，新加坡就必須受到國際社會承認與支持。突然宣布獨

立，在社會安全方面，尤其是沒有自己的國防力量（只有一千名軍人），也讓新加坡面對著嚴峻的安全威脅。1967年3月14日新加坡國會通過了《國民服役（修正）法案》(The NS amendment Act)。凡滿18歲的男性公民和永久居民強制參加國民服役。同年第一批適齡青年應徵召入伍。在短短的幾年裡，透過外交和加強國防努力，這個小國站穩了腳跟，有了自己生存的一片天地。

然而，政府要如何確立一個能讓新加坡國民接受的社會，可是個嚴峻的挑戰。應是六年自治政府的經驗給予了它很大的幫助。儘管從自治、加入大馬到走向獨立之間存在著巨大的差別，獨立後所面對的國情也有所不同，但人民行動黨政府已深刻的意識到政府的職責，首先需要建立一個好政府。而這個政府的生存與強大，完全取決於制度要公平合理，政府要廉潔有效率，人民要能脫離貧困與落後。基於這樣的考量，人民行動黨政府的治國核心理念，就包括了公平與公正，反貪倡廉，棄舊習，法治精神與誠信，重視教育，和諧與共識等目標的設定與追求。

行動黨政府重視貫徹這些治國理念是有原因的。

當新加坡還在英國殖民政府統治時，社會普遍存在著種種不公不平的現象。先不說一般民眾被剝奪政治權利，即使在生存權利方面，也往往沒有保障。在緊急法令下，就曾發生過因牽涉治安問題，被拘留甚至遣送回出生地的案例。統治者與被統治者之間也沒有公平可言，當官者高高在上，一般民眾即使受到不公平的待遇，也只能忍氣吞聲；就算勇於投訴，如果沒有官場關係或錢財疏通，通常都不會受理。即使在商界，雖有法律保障財產權利與依法處理，但法律的被濫用，造成官商勾結，假公濟私的現象長期存在。而一般民眾在就業方面面對的困境，例如需託人說情、送禮、裙帶關係等現象更是比比皆是。

行動黨執掌自治政府後，就決心透過反貪行動和加強廉政措施，以整治原有的官場陋習，透過制定新的勞動法令以改變不公平的僱傭關係，透過法治的改進以樹立在法律面前人人平等的社會新風氣。但所有這些努力，在政府只擁有財政、勞工和教育自主權的制約下，面對著百廢待興、教育落後、官場腐敗現象仍普遍存在的新加坡，要立竿見影並非易事。

加入大馬後，問題並沒有得到改變的動力和有利因素。政治上受到不公平的對待，莫過於新加坡公民在馬來西亞國會所應擁有的議會席次的不成對比。如果按照人口比例，新加坡應獲得超過20個席次而不是15個席次。新加坡作為馬來西亞的一個州屬，雖保留了勞工、教育與財政等方面的自主權，但作為中央政府的馬來西亞政府卻是以民族利益為依歸的政治聯合體，本身就無法展現公平與公正，而是作為一種現實政治的選擇。

獨立初期，行動黨政府雖然面對生存的嚴峻挑戰，但有了完整的國家治理權，可以讓行動黨政府在不同的環境中，思考建設公平公正的社會需要。正如國家信約所闡明的那樣：「我們是新加坡公民，誓願不分種族、語言、宗教，團結一致，建設公正平等的民主社會，並為實現國家之幸福，繁榮與進步共同努力」為所有國民的共同願望和目標。清楚地展現了國家治理理念與加入馬來西亞時期的根本區別。

體制建設：大政府小社會的威權模式

新加坡的突然宣布獨立，讓行動黨政府面對從根本改變了的國情。不過歷史卻證明當時的行動黨政府具有著出人意表的治國能耐，成就了

眾多國家無法成就的建國事業。這與以李光耀為代表的行動黨政府務實與深具前瞻性的思考和對策息息相關。

在行動黨政府看來,當國家有了三權分立(立法、司法、行政)的法制制度,也需制定必要相關條例與機制,雖能提供國家治理的框架;在自由市場經濟體制的框架下有了法規,能讓外資、國有和私人企業有了運作空間。但,要如何才能讓這樣的體制和機制有效的運作,離不開一個強而有力的政府領導人。

原因很簡單,因為現有的不完善的法規,水準低下的法治機構,社會治理有著種種不足;新生小國既無資源又無儲備金,而且面對著高漲的生育率、失業率和原本國內市場萎縮的局面,如果只依靠市場的自我調節功能,是無法有效改變現狀的;而當時親共左翼主張議會外群眾抗爭帶來的政治壓力,也不容忽視其對憲政體制的負面影響,促使治國者必須嚴厲對付違憲違法的政治言論和行動;更何況,當時一般人民的生活和教育水準依然落後,社會治安亂象叢生,民族關係緊張,無不預示著國家治理的難度。這意味著單靠法律法規的頒布,民主選舉的運作,是難以達成整治社會秩序,樹立新的政治風氣的。基於這樣的考量促使行動黨政府意識到建設一個大政府的客觀需求。當然,身為第一把手的李光耀的政治理念和個性,應是影響這一模式形成的重要因素。

大政府意味著政府在政治、經濟、社會層面的高度介入或干預。獨立初期的施政顯示,就像行動黨政府透過公務員委任制,掌控著行政、司法甚至國營企業管理職的調動與升降。這種做法雖是國家治理的慣用手法,行動黨的介入和干預卻把焦點放在讓正直、廉潔與具有辦事能力者,以取代腐敗無能者。這一做法,即從體制上擊破了原有官官相護,執法不公,裙帶關係等弊端,也為國民和社會樹立新的規範,有著警戒

與示範作用，帶動了新的政治風氣的出現。

當然，在這樣的治國思維框架下，在野黨、民間組織、媒體的民主權利，無可避免要受到影響和抑制。行動黨在獨立後延續保留內部安全法令，頒布新的新聞媒體管制法、對教育進行體制改革等等，無不展現了這種大政府、小社會的威權治國思維。

創績立信：辦好幾件大事

獨立後，經幾年的努力，行動黨政府的施政就逐步改變了原有的社會面貌，為打造一個現代化的新加坡交出可喜的政績。這種改變展現在透過工業園區吸引外資，有效地帶動經濟成長，增加就業機會，逐步降低失業率；透過居者有其屋，讓國民逐步有了自己的住屋；透過都市計畫，讓新加坡市容改觀，作業有序；透過財政和社會政策，讓新加坡逐步導向平穩與健全的體制發展等等。這方面的相關論著早有諸多面世，這裡就不多談了。這裡將著重從國家治理的角度來敘述新加坡在行動黨政府治理下的變化，從而揭示一個國家建設的獨特之處。

在李光耀年代，行動黨政府在國家和社會治理方面的政績，主要展現在：建設好政府、反貪、法治、社會整合、經濟成長等層面上。

建設好政府。客觀地說，組成政府以治理國家，是當代政治的普遍現象。但一個政府在國家治理所處的地位和影響顯然會存在差異。這是因為，不同國家存在著以不同的途徑形成政府的模式，如透過議會選舉、軍事政變、民眾運動等方式產生的不同國家政權和政府。因此，不同政府形態的產生模式，不僅會影響施政效果，也讓政體的延續引發不同的社會效應。另一方面，由於歷史因緣，對於一個具有健全體制國家

建立起來的政府，對比一個欠缺健全體制建設的國家，政府的輪替所帶來的影響也會不同。這些都是區別與評判政府功能的重要考量。我們只要從過去許多國家，不論是共產還是非共民主政權，執政黨都舉著為國為民的口號和目標登上統治寶座，可是能興國富民者為數不多。關鍵就在於組織政府的理念和領導團隊的功能的實質性的差異。

人民行動黨政府對於一個政府的性質，以及如何才能發揮它的功能，可以說具有獨特與非常務實的看法。在行動黨政府看來，它關係到三個重要層面：指導國家治理的理念、健全體制的建立和誠信與有能力的領導團隊。

行動黨政府在建國啟始階段，有著深具時代視野的治國理念，應是讓它得以執政的基石。如同在生存追求中的危機意識，這個政府不得不以多元視角往外看，思考並制定對策，在美、蘇、中冷戰格局中，在充滿敵意的地緣政治環境中，在「弱國無外交」的劣勢中尋求生存和發展的空間。在打造一個公平與公正的社會時，清醒地意識到要改變現有不公不平的社會現象，必須正視體制、產業和社會結構以及多元文化差異等存在的現實和困難中尋求對策。

在健全體制的建設方面，由於政府擁有立法權，並且掌握對司法權和行政權的直接和間接的影響，這意味著一個政府所具備的功能是極為寬廣的。因此，如果一個政府的運作掌握在政客和無能者手中，就必然會依據偏頗的治國理念行使，從而制定、修改、增加對統治者有利的法制法規。行動黨政府因而意識到建立一個可信賴的好政府這件是極其重要。既然新加坡從英國殖民地傳承了政、法體制，就必須依據新加坡的實際情況進行改變，才能適應時代的進步和挑戰。

在有了既定政治理念和建國目標的行動黨看來，要如何建立一個具

第二節—時代啟始：李光耀年代（1965-1990）

有誠信與有能力的政府，其中的道理並不難，重中之重是組成政府的成員，即領袖的品德、政治抱負和治國能耐，三者缺一不可。問題是人從哪裡來？從建國初期組成的第一屆內閣團隊，就聚集了自1950年代在兩種意識形態鬥爭中磨練出來的領袖，如總理李光耀、副總理兼國防部長吳慶瑞、副總理兼衛生部長杜進才、外交部長拉惹勒南、教育部長王邦文等，這樣一批深具政治抱負和獻身精神的領袖作為開國先鋒。正因有了這樣的領導核心，行動黨政府才能在運作過程中，根據既定的治國理念，在國會依國情需要制定一系列對新加坡深具影響的法制體制、產業和社會政策，在施政過程中不斷按情況的改變作出調整，從而向國民展現新加坡政府的能耐。行動黨政府就是在這樣的執政過程中，逐步建立了政治誠信與道德威嚴。

作為一個新生小國能從建國啟始階段就有如此表現，既說明領導核心的道德和政治能量的重要，也說明一個好政府對建國的成敗的不可分割性。問題是要如何保持這種性質和形態的好政府，並不容易。從眾多國家的建國歷史，就可以證明在現實的政治裡，能具有如此能耐的國家並不多。事實顯示，假公濟私，腐敗無能的政府占大多數。

從歷史來看，新加坡執政黨在建設好政府時要具有著多元化的特色。由於新加坡人口當時只有2百萬，新加坡政府的執政團隊，不僅包含多元族群，政府由華、巫、印、歐亞族裔組成，也吸納了來自馬來西亞、印度等不同國家的政治菁英，這才增強了執政團隊的政治能量。但隨著退出大馬的負面影響加劇，1960年代林金山和韓瑞生便從企業界被引進內閣。1970年代，因威嚴治國帶來社會菁英從政意願減弱，現實中湧現出來的政治菁英日漸缺少，行動黨不得不加快腳步從黨外尋找治國菁英。第二代領袖如陳慶炎、吳作棟、王鼎昌等也都是從私人企業界被招攬進入執政團隊。

第一章　李光耀時代

　　這之後行動黨開始了透過「茶會」遴選政治人才的機制。就是由行動黨組織部或組織祕書負責，根據人才庫名單，進行多達七個層級的會面對話，以了解被邀者的為人品德、政治觀點、從政意願等，甚至透過測謊機以鑑定其誠信度，從而篩選出適合人選。被挑選出來的「菁英」，可以是身為行動黨議員的新秀，也可以是具備擔任政治職位（部門主管）的接班人，以接替年老、表現普通以及為代際交接需要的部長、議員等。一般的約見會先從黨內負責人開始，進而部長級，最後面見總理。這一做法，堪稱是行動黨對更新國家領導人和執政團隊的獨創模式，對行動黨政府能保持長期一黨獨大之下善治良政的好政府，功不可沒。

　　反貪。行動黨政府掌權始於1959年的自治政府，當時英人民留下的新加坡，雖有法制和法治，但法制不全，執法不嚴的情況極其嚴重。就以執法單位的警察部隊為例，警方人員從上到下，向商家、小商小販、賭攤、妓院、社會黨等，以各種名目收受賄款，早已是公開的祕密。曾經有過這樣的案例，一名新進便衣警務人員第一次執勤，在上司帶領下路過路邊非法小販單位，上司暗地裡便向攤主以手勢示意就被記上欲賄賂的金額，自己卻完全被矇在鼓裡。一個交警在取締交通違規時，犯規者往往在交警向他檢視駕照時，順手將錢塞進交警的長手套內。同樣的在海關部門的人員在執行任務時，也一再發生過新進人員第一次上班，因自己的名字出現在執勤欄位，讓進行報關手續的商人按名額暗交賄款給上司。由此，便可看出其猖獗程度。

　　行動黨上臺後十分清楚，反貪肅貪對社會治理和行動黨誠信建立的重要性。一個標榜為人民服務，主張公平公正原則的新政府，如果不能把長期以來的嚴重貪汙情況改變，如果不能讓新政府的運作保持清廉的美德，行動黨勢必失信於民，那就意味著強大的親共勢力將有可能成為政治主流，取而代之。因此，對於行動黨政府來說，不論是基於自身的

政治理念，還是為了政治賽局，反貪成敗無疑是個關鍵的因素。從這點出發，才能更好的理解行動黨政府決意厲行反貪肅貪的背景與動機。

法治。行動黨執掌自治政府時，雖從英國手中繼承了西敏制的議會體制，也有了刑事法和民事法等，設定了從地方、高等直到英國樞密院的法律和體制架構，但因沒有一個獨立國家的憲法而依然面對著法制不全的體制；更因官僚和執法機構的貪腐與無能而有著明顯的執法不嚴的情況。李光耀雖深知建設一個具有完整與良好規範的法治社會的重要性，可是，新加坡還處於自治，即使而後加入馬來西亞，因缺少應有立法權，依然面對無法改變原有的體制缺陷的困境。

獨立後，新加坡有了國家憲法，這才讓新加坡有了新的起點，並在這個基礎上，透過不斷對舊有法律框架的修訂、補充，以及新的立法，讓法治架構走向完善。就些先後出現改變的層面，涉及了選舉、招商引資、僱傭、反貪、新聞管制法等等。

新加坡在行動黨的治理下，從一個執法不嚴的國家，經短短幾年的施政，之所以能有明顯的變化，逐步走向一個以法治國的社會，應是得力於李光耀對建立法治社會的強烈理念和追求。而身為一個精通法學體制的菁英，與眾不同的專業基礎更為他增添了內在動力。這不能不說是新加坡獨立後在建設法治社會的難得機遇。不過，這只是有利的一面，更重要的是，要把主觀願望轉化為社會規範，就必須整治與征服執法不嚴的弊端。在這方面，李光耀採取了多方面的對策。這包括：

新的內閣決定，司法官員的委任交由總統理事會負責，大法官的人選先由總理推薦，再由總統頒布，這無形中等於總理掌控了司法體制最高人選任用的控制權。從而在體制的設定上，政府完全處於主導。有了這樣的機制，無疑為行動黨政府建立獨立、透明與廉潔司法體制提供了突破口。

第一章　李光耀時代

在執行層面，在行動黨政府的嚴格掌控下，在法律面前人人平等的司法體制開始受到了重視。執法層面中的司法程式的精簡化和司法過程公正透明化逐步有了改進，各類案件的審理逐步擺脫了過去的貪腐與裙帶關係等陋習。與此同時，執法單位，例如警察的運作也開始有了改變。一方面，警察必須依法執行公務，另一方面，民眾更明白自己的權利。加上政府設定了法律援助局，為沒有能力聘請律師的被告進行免費辯護，以保護被告的人權。

在宣導方面，行動黨意識到要在一個原本講人際關係、利益輸送的後殖民國家，改變人們對法制和法治的觀念，必須讓人民看到政府官員，包括執政黨和政府，司法執行體系展現並遵守零容忍的高標準。為達此目的，行動黨對違法者一律予以嚴格對待，依法論罪。這為人民樹立了榜樣，也讓執法系統有了不得不尋求改變的壓力。透過新聞報導和廣播的傳播，人民漸漸看到了體制改變帶來的正面影響，以致逐步在商界樹立了契約文化，在民間營造了守法的大環境。

案例：反貪與法治

行動黨政府的反貪行動與法治治理，始於1959年5月執政自治政府後。之所以必須如此，一方面是基於為人民服務的政治理念，另一方面是當時的社會有著嚴重的貪腐情況，若不先從反貪肅貪開始，良政就無法確立。

1950年代的新加坡雖然已是一個法治社會，擁有從地方法庭、高等法庭直到倫敦樞密院的法律架構，也有現成的民事法、刑事法，以及特別為了對付犯罪分子的驅逐法等，用於維持社會治安和應對犯罪行為。在英殖民政府的管轄下，新加坡警察部隊是用來維持社會治安的。在其統治下新加坡被劃分為8個警區。警察總部更設定了刑事偵查局、交警、海警等部門，分別主管不同的領域和事項。

可是，在殖民政府的統治下，現有的體制根本難以正常運作，這首

第二節—時代啟始：李光耀年代（1965-1990）

先是因為執掌決策和行政大權的人物，是由英人民所主導。英人民為了殖民化和官場利益，實行分而治之與英文至上的政策，形成高高在上的態度，本身就不重視嚴格與公正執法，這造成上梁不正下梁歪，根本不具有示範作用。

其次，當時受僱的警員多來自社會底層，只有百元的待遇，素養參差不齊。那時一般受華文教育者，因受左派思想的影響，多不願意受僱為警察。因此，這種純粹基於僱傭性質所形成的心態與服務態度，要他們嚴格執法當然就存在困難，並且易受外在影響而形成下梁歪的風氣。

另一方面，當時的社會早已深受社會黨的嚴密控制。最著名的黨派就有「老君」，以牛車水為地盤；「義聯結」，以白橋為地盤；「義聯虎」，以兀蘭為地盤。芽籠地區則分別由「3字頭」、「海陸山」、「洪順堂」、「白堂」等不同黨派掌控著由2巷開始直到40巷的地區。盤踞在這些地區的社會幫派各以公開和隱祕的操作手法，進行或掩護著種種非法勾當，如賭攤，最流行的一種叫「12枝」、吸毒（大麻）、妓院分佈在芽籠、如切、牛車水的恭錫街、小印度的得仕卡路等；從事扒竊、打搶、綁架勒索，當時最令有錢人害怕的著名綁匪就是盧業鵬和吳金枝。他們向商家、地攤小販收取保護費，如以18為字號的每月收取18元，以32為字號的則收32元。除此之外，當時未城市化的農村地區如宏茂橋、河水山、四家亭等區域，因受不同社會幫派所控制，造成不同黨派的人員不敢貿然進入，就連警察也不敢隨意進出。正由於社會幫派的猖獗，不同幫派間，經常發生因地盤和利益而引發的打鬥火拼。

這時的警察部隊，因長期貪汙無能形成的運作形態，早已深陷難以自拔的境地。當時警區主任的權力是很大的。他有權決定是否要調查，逮捕或控告嫌犯。由於長期的層層貪腐，即使是警區主任也常收受賄賂，最為廣傳的事件如洪門社會黨的頭目金銅李，就跟刑事偵查局的頭目黃建中過往甚密，可以隨意出入黃的辦公室，而使下屬根本不敢對金銅李採取任何執法行動。

第一章　李光耀時代

　　在警區內執行任務的警隊人員，同樣面對著早已形成的貪腐網路。就像合法的貪腐形態，如警員到小吃攤或咖啡店用餐，不論是害怕還是討好，攤主以不收錢作為回報；只要警員出現在菜攤或魚販，攤主很自然會免費送菜、送魚給他們。即使乘搭公車，也不會被要求買票。不合法的貪腐形態，就更是層出不窮，如從不同社會幫派、娛樂場所、妓院等收取賄賂，敲詐商家等以自肥。

　　隸屬交警部門的警務人員，也早已形成環環相扣的貪腐現象。原因是由於運輸業界為了競爭和生存，經常出現違規違法的作業行為，如超載、超速、汙染道路甚至無牌駕駛等（沒有規定的駕照），這提供了貪腐成習的警隊可以輕易地延續如此的不法行為，如要挾業界按期繳交賄款給交警人員甚至區域的警察主管，從而獲得寬待或保護。即使一般民眾在面對交通事故時，也難逃不被索賄或主動賄賂，以減輕刑罰。海警部門的情況也是一樣，執掌海關人員總能夠在執法過程中，讓從事海事和商貿業者，不論是卸貨還是取貨，入關還是出關，除了定期定額繳納賄款外，也得在節日或官員喜慶時節送禮，以討好海警官員，從而獲得寬待或牟利。

　　值得一提的是，新加坡的反貪肅貪行動之所以能夠見效，關鍵的因素是以李光耀為代表的行動黨政府，是一個具有歷史使命感、守信重德的政治菁英團隊。如果新政府是一群謀權謀利的政客，可想而知，不管反貪肅貪是真是假，都不可能改變貪汙痼疾。這說明了，整治貪汙政府需先有堅強的核心成為其決策中心與統領。

　　行動黨執政後對嚴重的貪腐情況採取了多層次的反貪肅貪對策，以彰顯法治的作業規範。

　　首先，制定行之有效的法令作為反貪肅貪的架構和機制。行動黨政府一開始就對英人民在1955年成立的貪汙調查局進行改革，任用可信賴與具有執法能力的接替者，第一任貪汙調查局的局長就是翁少華。翁之前在內政部任局長時，美國中央情報局曾經欲以一百萬美元收買他而被

第二節—時代啟始：李光耀年代（1965-1990）

拒，因而獲得李光耀的賞識與重用。再來就是在1959年10月制定了《刑事法案臨時條款》〔Criminal Law (Temporary Provision Ordinace) Section 55〕（每5年需立法更新，仍然保持至今），以取代原有的驅逐法令。在英國掌政期間，在驅逐法令下，一個屢屢違法經營賭博的業者就有可能被驅逐出境。在新法令下，警察有權依據情報逮捕、審問和不經法庭審判，拘留和監禁被捕者。自治後，行動黨政府改以刑事法臨時條款取代的主要原因是，驅逐出境因國際關係的改變面臨困難，進行違法行為的社會幫派分子等多是土生土長者，單靠驅逐法令不足以解決問題。有了新的法令，這給予政府可依據警方的情報和證據採取行動。制定臨時條款法令，也是考慮到如果把犯罪分子控上法庭，證人必須出庭指證，而證人勢必將面對同黨的報復，可能不願也不敢出庭指證，這無形中會造成法治被架空的狀態。臨時刑事法便提供了政府和警方不必經過庭訊，便可以把證據確鑿的罪犯監禁起來，這不僅提供了政府和警方行使法治的最大許可權，也讓猖獗一時的社會幫派分子開始有所畏懼。

臨時條款頒布後，政府做出明確的宣示，那些涉及社會幫派活動的作奸犯科者，如願自首，將獲得寬待，結果就有超過800名與社會幫派相關的人出來自首。此外，政府對在警隊服務的官員涉及貪腐情況者，採取開除、被令提早退休或自動辭職等處置。李金耀是李光耀的弟弟，當時為一名副警監，掌管交通部，便為了避嫌而辭職。當然，那些因深陷貪汙而無法自拔者，都先後面對了法律的制裁。如此反貪態勢，著實能發揮殺雞儆猴的效果。

警隊為了嚴厲執行反貪肅貪任務，那時起，警務人員在執行任務時，起初是不准在外用餐，身上不可攜帶現金，上班前和失業時都必須呈報。之後，改為只允許攜帶固定的金額作為用餐之用。與此同時，政府宣示公務員必須呈報資產和債務，這使政府部門，尤其是警務人員的財務狀況受到嚴密監控，隨著公務員薪水的調整和提升，多方面的牽制與改進之下，逐步改變了警務人員的思維心態和工作規範，讓反貪肅貪

第一章　李光耀時代

出現明顯的轉變，也因此帶來了法治的良好根基。

行動黨政府的反貪肅貪運動能言出必行，與貪汙調查局從頭到尾都一直掌控在總理公署，並由李光耀總理親自負責有著密不可分的關係。權力之大，無人會過問，也沒有人敢過問，形成的氣勢配合有效的執法，因而逐步改變了政府部門的貪腐現象。從另一層面來看，當時的行動黨政府本身即不曾貪汙，嚴厲執法也就信心十足，不需瞻前顧後。這有助於開啟反貪肅貪局面。

新加坡國小人寡，也與只有一級政府，社會治理成本較低有關。新加坡的成功經驗說明了一個落後腐敗的社會，透過厲行反貪肅貪，建立嚴謹法制和執法，是能夠建立起清廉政府和社會規範的。

社會整合。行動黨從執掌自治政府起，就已意識到要改變新加坡的安全環境，打造一個可以讓人民安居樂業的社會，必須要有辦法應對政治上的對抗和分裂，社會深受祕密結社操控，族群間存在猜疑與體制運作中存在的嚴重貪腐的情況。

行動黨政府能在獨立後快速地扭轉情勢，應歸功於它在施政過程中，採取了及時有效的對策。

為了對付與抑制猖獗的祕密結社活動，以確保人民得以過著安全有保障的生活，自治政府於1959年10月制定了《刑事法案臨時條款》〔Criminal Law (Temporary Provisions Ordinance) Section 55〕，給予警方有權長期拘留為非作歹的不法分子。在引用此條款的威嚇與打擊下，猖獗一時的黑幫活動逐步受到了控制，對社會生活的正常化產生很大的影響，反貪肅貪局面得以順利展開，法治因而得以建立。

獨立初期，種族關係仍顯緊繃，為了調和與改善民族間的緊張關係，政府在社區推動成立親善委員會，加強族群間的交流與溝通，因而逐步疏緩了族群間的磨擦與矛盾的延伸。與此同時，透過對公開媒體的

監管，有效地減輕了猜疑和各種不負責任流言的散播，為營造良好的族群關係，有著積極的推動作用。

以李光耀為首的人民行動黨政府，一方面基於現實主義的考量；另一方面，強調共識與行動一致的需求，他所主導的政治治理，可以歸納為一句話，即不惜透過一切辦法，以剷除和制止危害或阻止政府的施政目標的對象。為達此目的，對於政治上和政府對抗的團體和勢力，毫不遲疑地引用內部安全法令、社團法令以及媒體法令等加以痛擊。與此同時，透過法令和設立人民協會與基層組織，最大限度的把民眾組織起來，進而成為政府貫徹政策的管道。在多管齊下的政治治理過程中，隨著經濟與社會的變化，政府快速有效地使政治局面受到掌控，並朝著一黨獨大的方向發展。

正是這種多管齊下的施政營造的氣勢和大環境，展現了行動黨政府的治理能力，讓動亂不安的社會邁向和平安定的發展階段。行動黨政府也因此贏得了人民的信任。

經濟成長。一個新生小國，既無資源又無儲備金，而且面對著高漲的生育率、失業率和原本國內市場萎縮的局面，要如何撥開雲霧，走出一條自己的發展道路，是人民行動黨政府首要任務。新加坡的經濟發展能夠立竿見影，時任副總理兼財政部長的吳慶瑞，可說是居功至偉。由他一手主導之下而制定的經濟政策和發展策略，乃是確保建國初期能沿著正確的軌道和充分把握發展的機遇。也就是抓住了自由市場和歐美日等經濟先進的國家，面對經濟轉型的機遇而搭上了順風車。

具體來說，就是確立和開闢以出口為導向的勞力密集型輕工業。為達此目的，透過建立裕廊工業區，頒布稅務獎勵進行招商引資，為實現工業化的經濟體系鋪路。1961年成立的經濟發展局有了新的任務，作

為招商引資的主導機構。隨後成立的生產力與標準局（Productivity and Standard Board，簡稱PSB）則肩負開發、促進與擴大工業化的進程。

與此同時，結合促進轉口貿易和擴大國內服務業領域，藉以帶動整體經濟的發展。事實證明，這樣的政策和策略，啟動了新加坡經濟發展的引擎。為舒緩處於高失業率的勞動人口找到了出口。隨著工業化的帶動，現代化和城市化的步伐也就加速展開。正是這種根據自由市場發展規律結合國內情況需要的對策，奠定了建國初期的經濟架構和發展方向。

為了確保既定經濟政策的順利推行，政府吸取了過去勞資關係緊張與經常發生工業糾紛的教訓，1968年修定了《工業關係法》(Industrial Relation (Amendment) Act)和《勞動法》(The Employment Act)，藉以應對新環境的需求。與此同時，政府有意識地透過NTUC重組工會與重建勞、資、政三方新的合作與互利互惠關係。由此開創了人民行動黨政府與工會共生關係的年代。透過這些努力，新加坡的經濟有了顯著的發展，就業機會的湧現，讓人民逐步走上就業，生活因而獲得了快速的改善。

正是這種透過大力推行工業化、城市現代化的結果，國家的經濟取得了可觀的進展。國內生產毛額從1965年的29.56億上升到1980年的242億。國民年收入從1,580元提高到10,685元。失業率從12.5%下降到3.6%。透過謹慎的財務政策，新加坡的外匯從10.68億上升到137.57億元。從經濟層面上來看，中產階級開始形成規模。這時的新加坡正處在蓄勢待發的階段。

進入1980年代，新加坡開始展現經濟起飛的態勢。誠如亞洲其他三小龍，臺灣、香港和南韓的經濟體，正是當時國際政經新格局所帶來的結果。1978年中國走向改革開放，印度支那半島共產陣營的分裂與傾軋，東歐共產國家出現政權危機，預示著冷戰時代走向終結。由此而來

第二節—時代啟始：李光耀年代（1965-1990）

的經濟發展機遇，無形中提供了巨大市場空間。而歐美日等國的經濟也處在相對穩定的成長。這種前所未有的國際環境，提供了主張自由市場經濟國家難得的機會。新加坡得力於過去十多年來的經濟建設基礎，加上政治領袖與時俱進的視野，快速抓住難得的國際機遇，有效地把經濟發展推向更高階段。1985年爆發的經濟危機，雖然打擊了發展的趨勢，新加坡政府卻成功的透過經濟轉型，而使整體經濟發展獲得進展，以致在八十年代迎來了第一個經濟奇蹟，成為亞洲四小龍之一。

整體而言，經過二十五年的國家建設，以李光耀為首的第一代領袖透過不斷的努力，克服困難，成功地把新加坡發展成一個深具特色的新興經濟體。並且在這過程中建立了相應的政經體制。這就是崇尚自由市場經濟卻朝向國家資本主義方向發展的模式。建立一黨獨大而又強調自我更新，以菁英政治為核心，黨政為一體的政治架構，使新加坡成為一個公平與公正而又倡導互相包容的多元社會，一個逐步朝向高度現代化和城市化的花園城市。

身為建國總理，李光耀是這樣認為的：「新加坡的成功主要依靠大力吸引外來投資、重視教育、不斷提高生產力，以加強國家競爭力等措施，而維護社會和諧與確保政治安定，則是國家進步與繁榮的必要前提。因國小民寡，新加坡必須時刻保持危機意識。」

模式效應：存在的缺陷和不足

在行動黨政府治理下的新加坡，的確交出了難能可貴的政績。這種治理模式所產生的經濟、政治和社會的正面效應固然亮眼與受人稱讚。從國家治理的角度看，能成就這樣的政績，令人另眼相看也不足為奇。

不過，不管李光耀和行動黨政府如何地解讀這期間的政策考量和施政作風的必要性，就像任何體制無法完美一樣，新加坡模式也的確存在著缺陷與不足。主要的展現在無可抗拒的體制缺陷、宏觀對應影響事態發展和左右發展進程的政策理念三個重要層面。

無可抗拒的體制缺陷。就國家體制而言，對比這一時期的全球經濟，事實說明，不論是主張社會主義，實行計畫經濟的國家，無法取得預期的效果，而不得不改弦易轍，走上改革開放之路；還是西方世界所實行自由經濟體制，同樣引出難於克服的難題，而貧富差距的日益嚴重是問題的關鍵。就以美國為例，雖然它是最接近這個開放模式的國家，但在發展中也不可避免出現了中產階級下滑的現象。即使像歐洲的社會民主模式，在二戰後建立了福利制度，事態的發展卻無情地暴露出難於維持的疲態。由此道出在現實的社會裡，沒有任何一種社會體制是完美無缺的。現實只能允許人們在利弊之間作出取捨，求取平衡。

新加坡的經濟體制有其獨特的一面，它包含了強大的外資企業、具壟斷性質的國家資本主義經濟，和僱傭超過半數勞動力的民營企業共存。這樣的經濟模式，雖有別於美國和歐洲國家的模式，卻也同樣面對著體制衍生的弊端和困境。

當新加坡在建國初期，透過引進外資，開啟經濟發展，從而有效地舒緩了嚴重的失業率，改善了人民的生活；透過國營經濟的確立與擴張，從而有效地建立起國家資本主義的產業，保障了社會需求的同時，為國家不斷累積財富；而民營企業的興起則帶動了社會的繁榮。可是，隨著經濟的向上向前發展，問題隨即跟著湧現。自由市場經濟的內生動力，透過投資帶動的供需，的確讓國家經濟搭上了快速發展的列車，但這種以利潤為主導的經濟運作，總會在追求最大利潤的驅動下，形成不健康

的發展,甚至因市場機制的失靈,而導致經濟困境,嚴重影響著民生與社會安定。經濟危機的重複上演,則一次又一次地把貧富差距拉大。

其次,產業結構的轉型與向上發展,所引出的結構性負面效應,則為貧富差距增添了不利的因素。這是因為,每一次的產業結構轉型,都意味著需要更高的知識和技術,因而導致原有的勞動力,因知識和技術的局限,而使弱勢群體面對著不利的局面。

宏觀對應影響事態發展。新加坡雖地處策略要地,並擁有得天獨厚的天然地勢,但小國寡民,沒有天然資源卻又是它先天的不足。更何況,新加坡走上獨立之路,一波三折,立國開業的根基,不能與眾多國家相比。從無到有,每走一步都需要精密的盤算和策劃。新加坡能走到這一步,實屬不易。正因如此,在審視宏觀層面的因素對社會體製造成的影響時,就更有必要考量因主客觀條件的差異而產生的局限。

然而,新加坡畢竟是在自由市場機制下取得了成功。透過工業化、城市化、現代化,而使整體社會的向上向前發展,將新加坡從一個落後的小島,急速的發展成為一個城市國家。

面對如此情境,政府的調控,具有著決定性的影響。新加坡政府一路來就採取親商的對外政策,透過低稅率和獎勵,以吸引大量的投資,從而營造就業機會和增加政府的稅收。這樣的政策有其必要性,但如若在調控上應對失誤,便會促使負面效果快速加深。當處在資本與企業的利潤趨向上升,而勞工方的整體占有率卻相對下降的發展趨勢時,政府調控的功能尤其重要。這種情況的出現,是新加坡發展的局限,也是無法迴避的必須在得失之間作出選擇。政府能夠和必須做的是透過財政轉移,以實現社會的公平與公正,在不斷湧現貧富差距的博弈中,盡可能求取平衡。

第一章　李光耀時代

　　政府調控的另一層面是，政府制定與執行政策的正確性和靈活性。從社會發展的視角看，任何政策都會受到時空的限制。因此，因時制宜，務實而具有前瞻性的政策與掌控調控空間，便成為了政府應對社會發展變化的必備條件。新加坡在李光耀年代的發展過程中，雖無明顯失誤，卻難免存在隱憂。

　　左右發展進程的政策理念。國家建構與治理，總會基於特定的意識形態，選擇和設定政經體制，進而才有相應的產業結構，財務和社會政策的發表。就政策而言，又必然會基於特定的考量而成為政策理念的核心。因此，從國家政策如國防、外交；社會政策如教育、醫療；人口政策如移民、生育等皆有其特殊的考量。這種特殊需求的考量，如果是根據國內外國情的需求做依據，不論其效果如何，那都是一種必須的選擇。但如果政策理念是因為人為的偏執、喜好而導致過分的強調與執行，社會發展因此而受到不利影響，就必須引起治國者的時刻關注。

　　新加坡在建國過程中，固然可以梳理出多方面可持續的政策理念，但從社會發展的角度來看，某些政策理念的考量點是有必要被重新審視的，甚至加以否定和批判。優生學就是其中一個遭到詬病的政策理念。

　　談到優生學的案例，離不開新加坡在1970年代的生育政策。當時為了減緩人口出生率，政府鼓勵民眾不要生超過兩個小孩，以扭轉過去夫婦普遍多生育的趨勢。這原本是件好事。不過，政府在推行兩孩政策的實施過程中，卻公然認為接受高等教育家長生育的子女，將會生出較聰明的孩子，並以此為據允許他們多生。而那些沒有接受高等教育的家長，如果生育超過兩個，將會受到「懲罰」。例如失去學校報名優先權和生育津貼等。顯然，在這樣的政策理念影響下，處於大多數的新加坡人，為適應政府政策，在情感和價值取捨上都或多或少面對了煎熬。

第二節—時代啟始：李光耀年代（1965-1990）

事實也說明，隨著女性教育水準的提升，教育程度越高，反而生育得越少，也越來越多不結婚。而教育程度中下者，因不可多生育，則無形中加速了日後高齡化人口的廣度和深度。

李光耀年代的不足。整體而言，第一代總理所開創的新加坡，經濟正處於向上發展，情勢良好，政治保持安穩，社會趨向和諧。對比過去，可以說是新加坡前所未有的繁榮景象。這完全歸功於第一代總理的決心、勇氣和高瞻遠矚，行之有效的對策。

可是，檢視這一時期的政策和施政，尤其是後期出現的發展趨勢，卻無法避免漸漸孕育著負面效應的因子，而使體制繁衍出不良的後果，具體表現在：

進步中隱含著壓抑，人文思想和精神邊緣化。為了發展經濟和達到經濟效益的最大化，第一代總理的強勢作風，無可否認地帶來了積極的效應。這種從上而下、大刀闊斧的作風，的確為新加坡在建國初期，從經濟體制和機制的確立；從應對工業化、城市化和現代化程式所需的策略和策略的制定與推行；甚至不惜採取民眾不受歡迎的對策，而極其有效的凝聚共識與行動一致。可是，這樣的執政作風，其負面效果卻是因為經濟利益的最大化，而導致發展中因經濟利益的凌駕而綁架了社會、文化、歷史等長期沉澱所需的養分，而使原有堅實可貴的社會意識受到侵蝕。年復一年，社會的主流價值觀便因而變形受限，物質主義、功利主義逐漸風行，卻忽略了整體利益和精神價值。

從政治層面來看，這一時期建國所形成的政治生態，固然有其特殊時代背景，是因存在兩種不同的意識形態，而形成針鋒相對，水火不容的鬥爭態勢，導致政治生態的長期處於緊繃與對立的情勢。尤有甚者，這種關係更被擴大到全方位的政治賽局中，而使原本在憲政民主體制的

第一章　李光耀時代

政治活動也受到波及。就政治體制而言，這種家長式的威權治理，無疑將導致人民在無法有效表達政治意願，而又無法突破現有威權治理的遊戲規則時，走向沉寂與冷漠。這種政治生態所孕育出來的社會群體，從政的意願和為政獻身的道德追求，也就必然成為可有可無的身外之物。經濟利益的最大化和政治生態的威權治理，兩者相結合產生的社會效應，導致新加坡的發展與進步中原有的價值體系受到的顛覆與侵蝕，1980年代後的事態發展，正好說明了在這種體制中發展的必然結果。

要說明這種國民心態的改變並不難。作為以移民為主的社會群體，過往依靠親戚、同鄉和民族團體等社會網路，以及依據政治理念選擇政治道路或成為追隨者，形塑著社會價值觀和生活規範。但隨著建國帶來的改變，人們的目光開始轉向政府的政策言論和施政成果。正是因為政府的言論和施政讓人民信服，人們轉向關注利益得失，並逐步取代了對政治的了解與投入。

對一個普通人來說，改變帶來的影響最明顯。過去必須透過層層關係、拜託親友等才能覓得一官半職，如今只要肯努力、不怕吃苦，就有工作可做，有了收入，家人的生活就有了改善和提升，兒女受教育的機會也多了。大環境的改變，國民追求的理想，當然是既得利益和看得到的好處，越來越多新加坡人，視政治鬥爭為多餘，不願再涉足其中。

即使在過去曾經參加過反殖民和反對行動黨的左派人士，隨著對國情和國力的改觀，他們絕大多數都相繼放下政治抱負，邁開步伐投入建設國家或家庭事業中，避談或少談政治。

國家治理，顯然需要強力的領導人來建立好政府，但歷史說明，單有強力的領導人跟好政府並不足夠。除了上述談到的體制缺陷，國家調控能力和政策理念的影響外，國家治理也需要政治制衡與監督。國家體

第二節—時代啟始：李光耀年代（1965-1990）

制一旦失去了這一層面，衍生的弊端勢必與日俱增，這不管是來自絕對的權力導致腐敗，還是長期的自我認同導致的思維偏頗甚至僵化帶來的不利影響。

脫貧中趨向菁英治理，體制中孕育既得利益最大化。從國家治理的角度來看，設定好治國的基本理念和體制之後，專業的執政團隊和管理便成為確保體制和機制成敗的關鍵。因此，當新加坡在政治上穩住陣腳，經濟上謀求快速發展的同時，行動黨政府在經濟建設層面上，亟欲求取專業的執政團隊和管理是必然的發展。但這種全面依賴技術官僚的發展方式，也就難免帶有逐步形成菁英階層的壯大與思維同質性的缺陷。

1980 年代後，隨著經濟的快速發展，政治上長期的一黨統治下，逐步形成的政治冷漠族群的出現，加上物質和功利主義的抬頭，體制中從強調菁英到獎賞菁英漸成主流意識，社會不僅出現重視菁英的文化，各行各業以致政府行政體系也在爭奪菁英人才，這為菁英體制文化的確立與擴大提供了客觀的環境與推動力。1980 年代後國營企業的民營化，半國營企業的相續出現，行政體系的專業化、突出以學歷為依據的薪水制度，都顯示了政府治國理念對菁英政策的高度重視，因此逐步改變了體制運作的模式。即從一個以年資、忠誠與貢獻為準的體制導向以學歷、市場價值為準的新模式。這一轉變，毫無疑問，大大地提升了生產力和發展績效，但也逐步形成日益擴大的菁英利益階層。這一發展趨勢所帶來的社會效應，不僅助長了主流價值觀的改變，而且導致國家和整體社會不得不深受這一特殊利益集團的影響，新加坡後期的發展證明了它所帶來的負面效果。

第三節 —— 時代延續：吳作棟年代（1990-2004）

　　行動黨對國家總理的繼承人問題，從1970年代起便已受到重視，出於能者治國的理念，不斷從公、私領域尋找政治菁英和接班人。1976年，吳作棟就是在當時的財政部長韓瑞生的引薦下進入政壇，成為馬林百列區的國會議員。翌年被委任為財政部高級政務部長，1979年負責當年的財政預算案。此後，執掌過的部門有貿易與工業部、衛生部、國防部。1985年1月起擔任第一副總理。

　　與此同時，行動黨在這一期間，也先後引進了陳慶炎、王鼎昌、林文興、丹那巴南等人。這些菁英分子都先後納入了以李光耀為首的內閣，擔任著不同的部門首長。當李光耀總理提出引退尋找接班人時就曾表示，在上述人選中，他最看好副總理陳慶炎，但因陳本人無意問鼎總理職位而作罷。王鼎昌則因英文不夠熟練、丹那巴南是印籍被排除在外。因此，他認為最適合的人選應是吳作棟。不過，在1990年11月18日李光耀以人民行動黨祕書長在幹部大會發表演說時卻指出：「我從來不相信一個領袖可以指定他的繼承人並肯定他會成功。如果你選出一群人，讓每個人都有可能成為你的繼承人，成功的機會就更大。」李光耀認為吳作棟是在第二代領導階層中被公認的領袖，因此才會成為他的繼承人。

　　1990年11月28日，李光耀宣布辭去總理職務，吳作棟順利登上第二代總理的位置。不過，李光耀受委為內閣資政，繼續成為內閣中舉足輕重的領導成員。這樣的安排表面上呈現兩代的合作共事，實際上基於李光耀在建國中享有的絕對威嚴與信譽，即為制度的順利發展提供機會，但也無形中相對限制了新總理在國家治理上的自主性與靈活性。正

是這樣的體制安排，讓成功的經濟體得以延續，政治上也保持了相對的穩定，而有利於國家的進步與發展。儘管這種模式受到國內外不少人士批評與指責，但客觀上它所能產生的積極效應是明顯的。

第二代總理接班時，國際局勢已有了很大的不同。面對的困難與挑戰也不相同。兩者的最大不同點，就在於當時的國際政治局勢已隨著中國的改革開放和東歐共產國家的解體而進入後冷戰時代，以及隨之而來的全球化與環球資訊化時代的到來。

為了適應這一根本性的改變，第二代總理必需根據過去的核心思想與政策做出調整，以應對急速改變的新情勢。顯然，第二代總理具有很大的優勢，就是當時的新加坡正處在經濟發展的上升趨勢中，國家的基本面良好。更何況，這些領導人早已熟悉體系的運作，應對起來就較能得心應手。

其實，吳作棟主政的開始，是建立在李光耀成功建國的基礎上。這個基礎涵蓋了政治、經濟、社會、教育、語文等層面的體制和政策，並且具有著高水準的表現。正如好政府、廉政、法治、社會和諧與經濟成長等層面的建設，早已成為品牌。也正如退休金、居者有其屋、雙語教育、都市計畫、基礎建設等皆有不俗的表現而引人矚目。

吳作棟主政後的施政，就是在這些既有的體制和政策的架構上進行治理。吳作棟成為總理直到 2004 年 8 月 12 日，交棒給第三代總理李顯龍。李顯龍連任三屆總理，任期長達 13 年，在任期間的施政成績可圈可點。

整體而言，李顯龍在任期間，新加坡延續了好政府的素養，對內讓行動黨和政府的吐故納新有效的運轉，對外始終維持著一黨獨大的態勢；政府和行政體系的廉政水準良好，沒有爆發嚴重的貪腐事件；法治效果

也維持在受國際認可的高水準；而持續的社會和諧讓族群、宗教、語文以及外來人口的融入均處於平穩的發展狀態

與此同時，新加坡的退休金的功能有了提升，把重點從購屋和養老所需擴大到教育、醫療保健等層面；在 80% 以上的國民已經擁有組屋的居者有其屋的基礎上，開始進行組屋翻新結合資產增值的政策，讓新加坡國民的居住空間和產值增值獲得顯著的提升；菁英教育和雙語教育的推進，讓新加坡在國際競爭力上展現優勢；都市計畫和基礎建設的改變，不僅改變了新加坡的市容，更讓新加坡的經驗變成可借鑑的軟性建設向外輸送。

歸納起來，吳作棟主政下的新加坡所呈現的情況，對比李光耀年代形成的特點，其差異在於：

治國理念延伸：走向菁英化、專業化、全球化

菁英化。李光耀年代所建立起來的體制，可以說早已形成一種獨特的政治文化。吳作棟接棒之後，必須也必定會延續這種經過實踐證明是務實與良好的政治文化。其中最為珍貴的任人唯賢、廉政和強調經濟成長的國策，不僅必須傳承下去，而且更需在新的國內外情景有別的環境中進行調整與創新。

就像任人唯賢的理念，原本在李光耀年代就已逐步變成菁英主義的形態，在吳作棟主政後的施政，更有了縱、深兩面的發展。這可從政經教等層面看出。

政治層面，就以 1991、1997、2001 年的三屆大選為例，透過「空投」的方式進入政壇的行動黨議員，就有超過 10 名後來成為第三代領

袖，另外大約超過 30 位國會議員在沒有競選對手中自動當選。這種基於行動黨政治理念的菁英選拔與重用所形成的政治架構與氛圍，強烈地反映出菁英被推到至高的境界，已經遠遠超越了李光耀年代的規模。客觀上來說，這種做法的確帶來了積極的正面效應。新加坡在吳作棟年代能組成可延續的執政團隊和保持政治平穩，這樣的菁英政策，功不可沒。

經濟層面，在吳作棟掌政後的經濟結構，正從第一次的工業轉型中成功邁向新的發展階段。因此，經濟領域出現了對人才的強烈需求，這無形中導致菁英不僅成為奇貨可居的現象，地位特殊，待遇傲人。更因政治層面的搶奪社會菁英，無形中更加推高了菁英在國家建設的社會地位和形象。這一發展形態，最明顯的展現在期間出現「高薪養廉」的政策思維。當然，隨著半公營企業的壯大與走向國際化，重視菁英的政策，的確讓新加坡順利的搭上了全球化經濟成長的列車，也確保了菁英從中獲得了前所未有的在金錢與社會地位上獨占鰲頭的局面。

教育層面，在李光耀年代從生存導向進入能力導向的教育體系發展下，吳作棟進一步為此加大了菁英主義的施政。實行學校排名，造成菁英名校的出現；設立考試積分制，促使教育部、學校、家長和學生都各盡所能打造排名榜上的「狀元」。如此一來，的確因菁英主義的加劇而使教育界的「績效」出現亮點，帶動了爭優爭榜的氛圍，加強了新加坡教育體制的素養，在世界評比中迎來了好名堂。

專業化。在吳作棟主政初期，新加坡的發展建設面面臨兩大層面的挑戰。從國家的層面看，經濟發展進入新階段意味著，從製造業、金融服務業、營建業、交通運輸業、旅遊業等各個領域，面對的國際競爭加劇，在產業結構轉型與價值鏈提升的壓力下，無一不需要更加專業化的管理。這意味著過去在李光耀年代早期為了打造國家資本主義經濟架構，明顯的政治影響甚至直接介入的狀況，到 1980 年代中期，民營化出

現了半公營企業後,採取放權與政治不介入企業營運的作風,正如新加坡政府對新加坡投資控股和淡馬錫控股的經營模式。由此突顯在新發展階段專業化管理的重要性。

另一方面,新加坡的私人企業界也正面對從家族經營體制轉向專業化體制過渡的階段。這在客觀上助長了專業化管理的氛圍和需求。

加上政治菁英大多數都與企業界有關,因此,在治理思維上便更加傾向專業化的治理。這種思維導向確實帶來了正面的經濟效益,讓經濟市場的運作不受政治干涉,避免了外行指導內行的弊端。

全球化。吳作棟主政開始,國際局勢正好出現了巨大的改變。隨著中國改革開放後正進入與國際接軌的階段,而東歐共產國家的解體,則增加了自由市場經濟的疆域與規模,這一前所未有的新格局產生了三大改變,就是全球化的市場、前所未有的人力資源和資本市場的流動性帶來的正面效應。

伴隨著國際政經局勢的改變,新加坡政府開始重視和加強對外投資力道。政府於 1983 年成立的國際企業發展局,配合政府投資機構(GIC 和淡馬錫控股)、半公營企業(新加坡電信、嘉德企業、星展銀行等),也鼓勵和帶領本土企業向外發展,透過這些努力,新加坡在中國合作開拓了蘇州工業園等,在中東和東歐擴大了經貿和投資,逐步為新加坡開拓了另一個經濟成長的動力。

與此同時,政府更為了經濟發展的需求,加快了引進外來人才和勞工的速度,以致到了 2004 年,新加坡的外來人口已從 1990 年的 30 萬人上升到 79.7 萬人。

正由於全球化人才的流動加速,新加坡可以因擁有更多的國際人才而深受其惠。就像淡馬錫控股的專業人員,從原本新加坡人占 92%,快

第三節—時代延續：吳作棟年代（1990-2004）

速地下降到65%，便可看出其影響。

　　隨著全球化的到來，資本市場的流動不僅規模前所未有，其速度亦然。當然，作為一個開放性的經濟體，新加坡因此而得益讓金融服務業獲得長足的成長自不在話下。當時對資本市場改革的對策，主要的展現在國內銀行的重組，把多家民營銀行合併為三間（華僑、大華、華聯），允許在新加坡設立更多海外銀行等進行證券、期貨、外匯、亞幣等交易。

體制建設創新：共同價值觀和政治架構

　　在李光耀長達32年的治理下，新加坡在政治、經濟、社會體制方面的建設，可以說已形成其行之有效的模式。吳作棟接棒後的體制建設，基本上只是在現有體制架構上，伴隨國內外國情的變遷作出調整與創新。吳作棟的施政目標，顯然放在如何將一個躍升為亞洲四小龍的新加坡向前推進，從而晉升為先進國家。他當時就曾提出要在西元2000年達到瑞士的生活水準，以此作為新加坡發展的社會願景。由此，促使第二代領導人更加重視為實現願景的策略規劃，其中包括城市發展、產業轉型、基礎設施建設、教育體系等總藍圖。吳作棟的這一做法，有別於許多國家的5年計畫或以民族夢、國家夢作為團結和推動人民投入建國事業的做法。這一方法，即使到了以李顯龍為主的第三代總理，新加坡依然在採用。

　　共同價值觀的提倡。當新加坡進入1990年代後，由於亞洲四小龍的崛起，尤其像新加坡這樣歷史淺短的小國，竟然能夠脫穎而出，立即引起國際社會的關注與興趣。學術界因此從歷史文化思想的深層視角，對所發生的社會變遷做了新的解讀。普遍認為成功的重要因素是亞洲價值觀在發揮作用。

051

第一章　李光耀時代

基於此，1991年2月新加坡政府發表了《共同價值觀白皮書》。提出五大共同價值觀作為指導人民進行建國的指導思想。這五大共同價值觀是：國家至上、社會為先；家庭為根、社會為本；關懷扶持、同舟共濟；求同存異、協商共識；種族和諧、宗教寬容。

從上述的共同價值觀不難看出，一方面，從過去的歷史說明，儒家思想的確有助於新加坡的國家建設和社會治理。不過，政府特此強調儒家思想價值的重要性，也反映出當下的社會變遷正面對了不利於儒家價值觀的延續，就像新加坡人越來越重視物質追求，對社群和家庭冷漠。因此，吳作棟年代對儒家價值觀的推崇，其實質意義更在於從現實需求的層面考量，希望透過重振儒家價值取向，以利國家的經濟發展和社會和諧的建設。

這之後，政府曾擬定具體對策，試圖透過學校、社團組織以及媒體進行推廣。不過，民間反應熱絡不起來。在學校推展的儒家教育與宗教教育課程，因無法取得預期效果，甚至激起過度的宗教熱情而取消。還好政府在1994年頒布《維護宗教和諧法令》與宣布政教分離的做法，對穩定社會和族群關係有著正向的作用。

也許人們會追問，共同價值觀運動為什麼熱絡不起來？

當時的新加坡，的確因為經濟成就和社會安定，引發國外政治菁英和學著，尤其是對儒家學說研究卓有成就的學者如杜維明、余英時等知名教授等所關注和參與。當然，新加坡更熱衷於為建構國家共同價值觀尋找社會與精神資源。因此，裡應外合的推動下，新加坡確曾掀起一波探索儒學現代化價值的學術活動。新加坡政府為此也總結出上面提到的「共同價值觀」。

誠然，新加坡成功的因素，固然受到以亞洲價值觀為基礎的社會所

第三節—時代延續：吳作棟年代（1990-2004）

左右，但經濟的快速發展，社會的相對平穩，並不意味著社會將一直延著這樣的軌道前進。這是因為新加坡與其他三小龍國家的歷史背景與現狀均有很大的差異。新加坡是一個由移民起家，且深受西方思想影響的小國。成功包含著世界政經局勢蘊藏的機遇、文化底蘊以及國家領導人的能動性。顯然，國家領導人的能動性所產生的作用應是重中之重。

當時，在吳作棟主政期間，新加坡的社會變遷早已出現多方面的改變。可以說，這一時期的新加坡已經進入工業化、現代化和城市化的階段。這就意味著經濟的向前發展，人民的生活水準的提升，促使人們對生活素養的多樣化要求開始出現。1980年代新加坡人民普遍的經濟能力只能購買三房式的組屋，此時則以四、五房式的組屋為主。社會和經濟地位的改變慢慢的改變了人們的價值觀。加上過去歲月帶來的大家庭變為小家庭；流動性不斷加速的社會結構和社會網路的解體與重組。在經濟一片繁榮的景象底下，人們的情感生活日漸稀薄與冷漠。而日漸猖獗的次文化潮流卻鋪天蓋地的衝擊年輕一代的生活與思想，社會風氣顯現向西傾斜，促使代溝加劇，儒家思想的根基受到削弱成為了無法迴避的現實。

這就解釋了為什麼政府即使做了種種努力，仍難逃外熱內冷，曲高和寡的下場。最能說明問題的所在，就是當時的新加坡人，早已變得極其務實與短視。大多數人所關心的無非是5C（cash、card、car、club member、condominium），尤其是作為財富象徵的公寓、高尚生活的俱樂部會員的擁有。對於建構國家所需的共同價值觀，早已視為無關重要的非物質追求。這意味著一般的國民對政府的倡導，既難以產生共鳴，也無力響應。加上政府對價值觀的宣導只停留在一般的傳播媒體，並無多層次的號召與推動，難有成效的原因不言而喻。如果拿來對比中國改革開放初期的發展形勢，就如同不管中國政府如何提倡反腐都難以制止貪腐惡化一樣。

当然，新加坡不是没有人对儒家思想和价值观表示关注，但长期来华文教育的每况愈下，受华文教育者出路艰辛，社会风气的向西倾斜，让这群人的内心深感失落与无奈。因此，民间对政府提倡儒家思想的做法，可以说早已提不起劲。

即使身为家长对孩子教育的关注，因受菁英主义主流价值观的影响，为追求学业的优秀，时刻紧盯分数与排名，哪有心思教导和要求子女学习为人处世之道的儒家价值？更何况，教育部只把儒家思想当成品德教育，而没有计算在考试的成绩里，家长和学生当然也就不予重视了。

由于物质和功利主义当道，民间反应热不起来。在学校推广的儒家教育与宗教教育课程，因无法取得预期效果，甚至激起过度的宗教狂热而只好放弃。

设立官委议员制。由于在李光耀年代的威权治理下，新加坡取得了良好的经济发展，也建立了相应的社会政策架构，因此，在吴作栋主政下的治国作风，本质上与第一代总理一脉相承。即重视政治上的安定，强调共识与行动一致。因此，政策的拟定与宣导，从上而下。过去掌控在人民行动党政府手中的组织与管道继续成为有效治理的辅助工具。

但长期的一党独大治理，以及对在野党的强力打压，形成在野党的势单力薄，让国民倾向政治冷漠，凡事依赖政府出面和解决。这让行动党政府意识到如此情状极不利于营造一个具竞争力的政治生态，长此下去，难免造成行动党本身的政治能耐下滑，也将促使国会辩论沦为一言堂，而无法展现政治竞争的互补作用。

为了反映与缓解民间的不同声音，吴作栋主政后增设官委议员制度，最高人数为 6 名。结合 1984 年在李光耀主政期间，就已设立了不超过三名的非选区议员，1988 年建立的集选区制度，以反映民情、少数族

群利益和監督政府的施政。

在這樣的政治氛圍之下，1991年，吳作棟掌權後的第一次大選，出現了五個反對黨參加。並且戰績有所突破，贏得四席。而執政黨的得票率從63.17%下降到只有60.97%。這之後，吳作棟開始採取較親民的態度，改變之前家長式威嚴治理作風。1997年大選，人民行動黨的得票率上升到64.98%，而反對黨只能贏得兩席。不過，在大選時執政黨把組屋翻新計畫作為選區能否獲得翻新的附帶條件，顯然對選舉產生一定影響。這之後的兩屆大選，人民行動黨都因採取了同樣的策略而占有優勢。2001年的大選，人民行動黨的得票率再次拉高至75.29%。是人民行動黨自1980年後最佳的選戰結果。可以說，在整個第二代領袖治理期間，人民行動黨一直保持著一黨獨大與繼續強調政治一致的政治局面。

設立民選總統制。新加坡的政治體制是沿襲英國西敏寺的傳統。1965年12月22日，國會修改憲法（Constitution Amendment Act），將元首改為總統。由民選出來的國會內閣推選適當的人選出任總統，以代表國家執行最高官方儀式。這一機制自新加坡獨立以來一直沿用到1980年代末，當時的李光耀總理為了預防國家儲備金被濫用，而提出設定民選總統的修憲法案。並於1991年11月30日在國會獲得通過。自此改變了出任新加坡總統的程序。實質上，這一體制架構是出於李光耀年代，但法令的確立和實行卻是在吳作棟主政後開始。因此，作為吳作棟年代的政治建設。

修憲後的總統法案除了規定民選總統的選舉程序，同時也明確的規定民選總統的職權。這就是：

一、保管和監督政府動用國家儲備金。

二、監督與稽核政府委任公共部門的高級主管。

三、如果根據內部安全法成立的顧問委員會建議釋放某名政治犯，而政府不同意，總統可以下令釋放這名政治犯。

四、如果政府拒絕批准貪汙調查局長繼續對某人進行調查，總統可以推翻總理的決定，允許調查局繼續調查工作。

五、根據維持宗教和諧法，政府可向行為違反這項法令的人發出限制令。不過，如果宗教和諧總統理事會反對內閣的決定，總統有權推翻內閣的決定。

此外，根據憲法，總統的職權還包括：

- 可委任多數議員支持的議員為總理。
- 可拒絕解散國會。
- 可否決有關退休金投資等法案。
- 可否決法定機構和政府公司的預算。
- 可赦免死囚等罪犯，但聽取內閣的建議。

新加坡第一屆民選總統在1993年8月28日舉行，人民行動黨政府推出前副總理王鼎昌參加競選，對上高級公務員蔡錦耀，結果王鼎昌贏得勝利。不過，在王總統執行任務過程中曾經遭遇到一些障礙，以致引起和當時的吳作棟總理之間出現分歧與引起爭議。

引發爭議的導火線據說是因為王鼎昌被選為總統後，認為他需要了解國家儲備金的狀況，希望有關部門能提供資料詳情，以便日後作為行使總統職權的考量。可是，得到的回應卻是被告知，如果按王總統的要求，相關部門需要花費3年的時間才能算出詳細帳目，因此而拒絕提供。

王鼎昌事後向財政部總審計署和專家了解，實際上可能只需3個月便可能透過列出清單，算出總數而有所交代。

1998 年,政府決定出售郵政儲蓄銀行給新加坡發展銀行,因前者屬於國家儲備金專案,屬於總統的職權範疇。但在出售事宜上,總統並沒有獲得事前通知,引起王總統的不滿,因而再次和總理吳作棟發生爭執。

當此事件於 1999 年在國會提起時,前總理李光耀做了這樣的解釋:

「我在 1980 年代提議設立民選總統制度,是因為我擔心幾屆大選後可能出現的情況。首先,我們的制度不能保證,政府中不會有機會主義者和投機取巧者。一旦這種情況發生,我們 30 多年來累積的儲備金,五年內就會被消耗殆盡。更糟的是,部長插手高級公務員的遴選和任命,因為他們只要聽話的官員。所以,我們設計出一套機制,一種符合憲法的方式,不介入政府,而是純粹屬於戒備性和被動式的機制,以阻止政府做它不應該做的事,如消耗儲備金,或委任錯誤的人出任高級公務員,進而降低公共服務的水準。如果總統是由國會選出的,這不能解決問題,因為一個糟糕的政府只會選出一個糟糕的總統,我們又打回原形。所以,我認為總統必須由人民選出,但又擁有的否決權有限。」

這便是民選總統的由來及它原本的功能與職權。

國家發展座標:高薪養廉下追求國內生產毛額和資產增值

菁英治國、高薪養廉。李光耀在建構新加坡政經體制的過程中,出於個人特別強烈的認知,早已認定國家的富強與否,關鍵在於國家能否由最能幹的菁英分子所掌控。因此,早在 1970 年代末,當新加坡政治領域出現一黨獨霸的局面時,就已在思考該如何建構一個完全可以由人民行動黨長期執政而又能保持廉潔與有效率政府的問題。這就是人民行動黨內部透過「茶會」招攬政治菁英機制的由來。

第一章　李光耀時代

　　人民行動黨政府在吳作棟主政後，為什麼要提出高薪養廉的政策，可以說是菁英政策延伸的結果。一方面，威嚴家長式的政治治理，造成有才華、有政治抱負的從政者越來越少。即使對政治有興趣的異議者也多不願涉及政治，以免受到影響。另一方面，快速的經濟發展讓現有和新的菁英分子獲得了前所未有的機會，並享受著越來越安逸的生活。在這樣的客觀環境與政治氛圍下，人民行動黨網羅黨外菁英的工作面對著主客觀的困難與局限。當然，李光耀在目睹許多國家的治國者，處於無法有效應對貪汙與裙帶關係的弊端中時，顯然也想透過高薪作為一道經濟手段抑制弊端的發生。

　　1994年，政府不得不根據市場價格，從六個行業（律師、會計師、銀行家、工程師、跨國公司人員與本地製造商六項專業領域中），分別以領取最高年薪的八人作為參考，然後以這48人所領薪水的中位數的三分二作為部長的薪水標準。這一做法顯然有助於解決政治菁英的來源，保障了政府既定政策的順利推行。

　　根據這一政策，從總統、總理到部長、次長、國會議員的薪水相繼調高。與此同時，高級行政官員的薪水也水漲船高。

　　從以下數據就可以大致看出這種發展趨勢。1997年經濟危機前的情況是：國民年收入的中位數是$19,420。總統和總理的薪水已超過百萬元，部長的薪酬也已上升到數十萬元（準確數字無法取得）。可是，到了2006年，總理的薪水是$1,940,000。2010年3月的總統薪水是$4,267,500，總理的薪水已上升到$3,122,000。部長的薪水是$1,900,000左右。但人民的中位數年收入卻一直保持在$27,000（2000年）到$32,520（2010年）。

　　而在1980年代透過民營化而出現的半公營企業主管的報酬更是水漲

船高，上百萬元的年薪不足為奇。在這股市場風潮的影響下，高級公務員的薪水也就節節攀升，更不必說在私人企業界的高級主管，如銀行行長和總裁的待遇日漸變成天價。新加坡發展銀行總裁的薪水就曾超過千萬元而傳為「佳話」。

國內生產毛額（GDP）。新加坡在吳作棟主政下的成就，最突出的表現在國家追求經濟成長的努力。政府對國內生產毛額的重視，從把月度、季度到年度的生產總值，作為國家發展的指標，也將這一表現作與各國對比排名。從而把國內生產毛額的追求提升到衡量政府政績的最高指標。這樣做，一方面當然是為了取信於民，讓國民認可在行動黨政府的領導下能夠取得不斷的進步；另一方面，不斷上升的國內生產毛額可作為向世界展示新加坡模式成功的吸引力。

在任期間，為了實現經濟成長而推動的工業化進程獲得了良好的進展。在原有的基礎上，工業領域已從資本密集型工業轉向高科技與高增值的知識型工業。提升了電子、石油化工和精密工程業的水準，並為生物醫藥業的發展奠定了基礎。儘管這期間先後於1997年爆發了亞洲金融風暴和2001／2002年的網路泡沫危機，政府在應對危機的處理，一再證明政策的到位和反應及時，從而使新加坡有能力安然渡過危機的打擊而獲得持續發展的機會。伴隨著國際政經局勢的改變，新加坡政府開始重視和加強對外投資力度。政府於1983年成立的國際企業發展局，配合政府投資機構、半公營企業，也鼓勵和帶領本土企業向外發展，逐步為新加坡開拓了另一個經濟成長的動力。

時至2004年，新加坡的國內生產總產值，從1990年的703.90億上升到1,904.84億。國民年收入水準達45,716萬元。1996年便已被世界經濟發展組織評為先進國家。國民失業率一直保持在3.6%到3%的低水位

之間，處於全民就業的狀態。而獨立後出生的就業人口逐年增加，因具有更高的教育和技能而占有競爭的優勢，更容易爬上社會的階梯而成為中產階級。

吳作棟主政下的經濟成就，顯然還包括了國家儲備金的成長。人民行動黨政府自獨立開始，就確立了國家的財政預算必須保持盈餘的基本政策。這是因為新加坡根本就沒有任何天然資源，而國庫也只有僅僅10.68億元的儲備金。不可能像其他國家那樣，可以透過借貸或大量發行公債作為國家的發展支出。因此，當時政府的考量點便放在自立更生的基礎上，籌劃國家的營運與發展需求。新加坡政府因此在1970年成立了金融管理局，在1974年6月25日設立了淡馬錫控股和1981年成立了政府投資公司（GIC），並透過它們為國家經濟發展和儲備的需求進行運作。建國初期，民營企業弱小，資金短缺的情況下，政府便透過國營企業在國家經濟中占主要部分的發展策略來達到累積國家儲備。

時至1990年，新加坡已從歷屆的財政預算盈餘中，加上透過國家管理下的投資機構，退休金存款累積了巨大的國家儲備金。新加坡在第二代執政團隊的治理下，延續著原有的政策和管道，繼續取得可觀的進展。從以下的資料便可以看出，政府的努力與成效。

1965年　　外匯儲備　　10.68億元

1990年　　外匯儲備　　485.21億元

2004年　　外匯儲備　　1,838.44億元

1974年淡馬錫控股的成立基金是3.5億元。

1990年的總資產約200億，2004年的總資產便已上升到900億，年成長率超過14%，足見政府對投資管理績效可佳。

1981年成立的新加坡政府投資公司（GIC）的資產主要包括政府擁有

第三節—時代延續：吳作棟年代（1990-2004）

的建築物和土地以及現款和所購買的債券等。直至 2007 年政府都沒有公布相關數據。據莫少昆和餘繼業合著的《解讀淡馬錫》一書裡就曾猜想，2007 年它的資產約有 3,300 億元。

資產增值、富民保國：從獨立開始，政府不遺餘力建造房屋以滿足急需居住空間的民眾。1990 年政府透過建屋發展局所建造的組屋已有 623,821 單位。超過 87％的人民已經居住在政府的組屋裡，解決了國民的居住問題。進入 1990 年代，隨著經濟發展和小家庭的趨勢，新加坡人民對組屋的需求有上升的趨勢。這是因為，一方面人民對組屋的品質更重視，要求更好、更大的組屋；另一方面，也更關注產業價格的升值空間。這種情況正好反映了經濟與社會發展的必然趨勢。

政府基於政治考量，考慮到建國根基短淺，國民對國家的認同感和歸屬感急待加強。因此，1980 年代末便提出把組屋當作最重要的國民資產，作為居者有其屋的基礎。隨即透過官方定價，讓組屋價格有升無減。這種特意的價格操作，基本上有效地按市場需要供應相應的數量，從而促使價格的穩定成長。而這一期間私人產業的蓬勃發展則刺激了產業升值的速度。加上外來人口和永久居民人數的上升，組屋的公開市場價格也跟著攀升。1997 年金融危機前的組屋價格就暴漲到空前的價位。一間在 1980 年代前以 10 萬元左右購買的地點優越的五房式組屋，賣價曾經超過 50 萬新幣，可見有關政策的確產生明顯效應。因此，從 1970 年代開始到 2000 年之前，新加坡公民總共所購買的政府組屋數量是 846,649 單位。這些新加坡人民或多或少都能從擁有政府組屋中獲得益處。由此可見，資產增值政策對新加坡人的好處是無庸置疑的。

就以我個人的情況為例，1978 年我購買第一間四房式政府組屋的價格是 24,500。1985 年我以 79,000 售出。透過申請再向建屋局以 7.7 萬購買第二間五房式政府組屋。1996 年，更以 39 萬的高價賣出。與此同時，

改為透過公開市場以 21 萬購買一間四房式組屋。目前的市價 40 多萬。如果需要把組屋出售作為養老之用，照樣可以透過政府的相關政策，如購買較小間的組屋和樂齡公寓（價格介於 7 萬到 11 萬之間）的辦法，不失為可行之道。

這一政策無疑深刻影響了人民對政府政策的關注。並在過程中，按照政府政策的調整和個人經濟狀況的需求予以應對。這期間，因政府組屋的定價與市場價格相差甚遠，就有不少人民賣大買小，或賣小買大，從中獲得很好的利潤。就以一間在新區的四房式的組屋，政府的售價介於 15 萬到 25 萬之間。可是，公開市場的同類型組屋的售價一般來說都超過 30 萬。這是組屋增值政策帶來的有利結果與效應。

模式的後遺症：新舊交集弊端湧現未受重視

必須指出，第一代執政團隊在設定體制和機制時，確實有其客觀合理的依據和考量，在實行後也引出良好的效應。但隨著經濟、政治與社會的變遷，相應制定的對策，雖保留了原質理念的精髓，但卻日漸受到發展趨勢的影響，以致漸生負面效應。

正如李光耀年代的施政，難以避免體制也存在缺陷，受國家調控的影響以及政策理念的左右引出或潛藏的負面效應。

第二代總理掌政後，菁英主義、等級排名、績效與利益掛鉤等的核心施政，因第一代執政團隊推行既定政策引出的負面效應，不僅沒有得到及時的關注和對應，反而在一系列新政推動下，埋藏著或加重了負面的發展趨勢。正如在李光耀年代初期，推行公平公正社會的建設，卻因逐步走向菁英主義，無形中在新的社會結構下穩藏著貧富差距的裂縫，

第三節—時代延續：吳作棟年代（1990-2004）

也讓社會流動性受到抑制。威權治理下強力打壓在野黨對抗的政治賽局，抑制民主權力，採取欠公平的競選策略等，導致政治失調症不但沒有獲得改善，反而處於被強化的發展形態。模式後遺症的成型便與此具有千絲萬縷的關係。

從以下幾方面的演變，便可看出事態發展的端倪：

貧富差距加深裂痕。自由市場經濟因利潤導向而產生貧富差距的內在因素，乃是眾所周知的事。但政策和調控的正確與否，無疑也會影響兩者的發展形態。是撕裂貧富差距的鴻溝，還是縮小兩者的差異，就在於治國者對政策的取捨與調控的拿捏。

吳作棟執政期間，在既有思維導向和經濟發展策略影響下，對整體社會所帶來的衝擊，確實導致社會的分化與勞動人民貧富差距的湧現逐漸成形。這尤其當新加坡進入2000年前後的幾年較為明顯。造成這種現象的主要原因是，原本教育程度處於國中以下的勞動主力，因工業轉型和發展知識型經濟而逐步出現脫軌。當改變朝向高級過渡，適應能力和待遇的差距也就越明顯。儘管政府試圖透過培訓以提升他們的知識與技術水準，以適應新環境，這一努力並無法從根本上解決勞動階層深層的結構性問題。加上1985年經濟危機後，把原有高退休金繳交率（勞資各占25%）結合年資的薪水制改為大幅下調退休金結合靈活薪資制，導致資方為追求最高利潤而加速引進廉價勞工，無疑增添了底層勞動者的壓力與拉開貧富的差距。

另一方面，建國初期，許多小商小販，其中不少人透過勤奮努力，都有機會獲得成就或成功躋身中產階級。如今，因成本高昂，加上從1980年代開始，餐飲業走向集團企業化經營，小商小販成功的機會相對的少，大多數人只能餬口過日。要不然就是被淘汰或苦苦掙扎。這部

分的人在新經濟體制下早已失去競爭力，而難於跟上快速發展的經濟步伐。加上年齡日漸增加，其中相當一部分人的處境變成了社會問題。

隨著國家治理日漸變成專業化的「企業管理」。政府部門從提升效率變成經濟效益領先。提升與維持施政效率，無疑是國家治理的核心理念，這成就了新加坡的進步與繁榮。但因菁英政策，把國家治理漸漸變為「企業管理」形態的影響下，重視與強調效率，逐漸成為衡量一切的指標時，加上體制出現績效與獎賞掛鉤，就更加助長了追求績效的競爭。這無疑逐步拉大拉寬了成功被獎賞的一端，和失利被冷落的一端的差距。

1990年代後，新加坡在市場、人力資源和資本全球化的衝擊下，日益明顯地改變了原本的競爭環境，衝擊著處於不同社會階層的國民，更因各自應對能力的差異而導致貧富差距的加劇。即使是專業階層，也開始出現職業壽命縮短，不少年僅40多歲的專業人士就被擠出職場的新現象。

如此情況顯然並未引起治國者的深刻關注，反之，認為透過和國民分享經濟成長，如派送新加坡股份和分紅便能改變國民的議論和擔憂。這無疑造成弱勢群體和政見迥異者不斷累積怨氣和不滿。

教育體系的偏頗。分流制引發的負面效應。基於政府在1960、1970年代大力推動與改革教育體制發展下，人民受教育的機率得到快速提升，失學率大幅的下降，但因無法適應體制需求的學生的輟學率還是偏高，這使政府意識到如果繼續讓所有學校和學生參加同樣學習進度的課程，一旦畢業考試時不及格，將迅速被淘汰出局，因而失去進入更進一級學校學習的機會。政府因此在1980年代實行「因材施教」的教育方針，確立了在小學、中學以至理工院校的分流制度。分流制度就是將某

一年齡組的兒童，依據他們接受測驗知識的能力為準，編到分成等次不同的班級或學校。這一體制的實行，其正面效果是明顯與主要的。但因此而引出的負面影響卻與日俱增。其中最大的弱點就在於過早的分流，導致智力發展較慢的學生，被提早定型因而阻礙了他們學習的發展空間。與此同時，學生一旦被編入「次等」的班級所帶來的負面印象日漸擴散，以致被打上「劣等」學生的標籤，甚至因此而使校風與學生行為受到惡劣的影響。

1990年代後，隨著教育水準的提升，分流制度的推行與強化，加上人文思想和精神教育的缺失，學校、學生和家長漸漸養成以成績和學歷評斷他們的成敗。這種風氣不僅改變了教育的本質和應有的功能，也使學校、學生和家長隨著社會價值觀的傾斜而變得日益的務實與功利主義。

與此同時，學校排名與績效掛鉤形成的負面影響逐漸浮出檯面。這種不良影響深入多個層面。教育體系不同於經濟或行政領域，這是個不能只講求知識與業績的場所，它還必須肩負價值觀的教導，是社會根基牢固與否的根本。而在這種風氣倡導下無可避免的，因實用主義大行其道而霸占了整個教育氛圍，就連家長也不得不跟著這股強風走，社會風氣隨之起舞。

當時，家長為讓孩子進入名校可以說使盡手法。由於新加坡學校的報名方式是依據學生親屬，如兄妹、校友、或公民與永久居民、外來者不同身分，還有居住距離等分階段報名與錄取。因此，家長為了讓兒女進名校或心儀的學校，舉家搬遷到學校附近；爭先恐後加入學校義工隊伍以便獲得優待；也有人因此因擔任基層組織而受益。由此可見，當時追求名校的風氣盛極一時。

第一章　李光耀時代

　　在這樣的大環境下，家長更是不惜成本，讓子女報讀各種名堂的校外補習班，希望能讓兒女不落人後，考個好成績，進得了名校。自那時起，新加坡的補習風氣蔚然成風。私校則更以不要輸在起跑點上為口號，巧立名目，推出吸人眼球的增進課程，以打動家長，讓孩子報名。由此變成了不可或缺的變相教育體系的一環。新加坡人一直被冠以具有「怕輸」的國民性格，或許，正是因為現實的競爭讓國民在不知不覺中形成了這樣的心理反應。

　　學歷至上的薪水體制。新加坡政府從1970年代起，在政府部門就開始實行以學歷為薪水定位的新準則。改變了過去以年資，專業知識和經驗為依據的作業標準。這一改變，深刻地影響了不同等級公務員的薪水待遇。有人因此而無法獲得擢升與享有加薪；有人卻只因擁有學歷而獲得升遷與加薪的待遇。

　　對於這樣的薪水體制改變，我身歷其境，也目睹了帶來的影響。就以當時的初級警官而言，在我任職的部門，過去必須按預設的職位空缺，依年資與能力提拔委任，但自從1974年李樹芬教育報告書公布後，政府以學歷設定職位，情況便突然改觀。那些擁有所需學歷者，不論他們的資歷和表現，自動成為預設職位的官員。反觀因種種原因而缺少所需學歷者，不論他們的年資與表現如何，在政策改變的當下，再也無法獲得平等的升遷機會。

　　1980年之前，更因南洋大學的學歷不被政府承認，畢業生受僱政府部的待遇自然無法與國立大學畢業生相提並論。可是，自南大改制受政府承認後，前南大畢業生只要是屬於正式政府僱員，便能獲得同等待遇。如此情狀，讓人對學歷至上的體制愛恨交加。對員工心境和士氣的影響，自不在話下。

第三節—時代延續：吳作棟年代（1990-2004）

1980年代後，學歷的市場價值日漸上升，追逐學歷成為時尚。當然，薪水體制的改革就更加重視學歷的市場價值。1990年代後，學歷等於既得利益，也讓擁有不同學歷而形成不同等級的公務員，出現新舊不同、分幫分派的現象，學院派漸成主流。這一改變促使行政體系漸從「做為主」轉為「寫為主」的現象。雖非「會海」卻多少存在「文山」的味道。不能不說是存在改變中的不足。

歷史文化沉澱的缺失。新加坡從原本一個落後的第三世界國家，從獨立到1996年邁入先進國家的行列，只走過了30年的國家建設歲月，早已證明政績斐然。不過，如此快速的工業化、城市化和現代化對價值觀和社會規範的衝擊，對歷史文物的保留等層面帶來的影響，不可避免地極為深刻。

首先因經濟發展導致社會結構的解體，正如大家庭因組屋的出現而變成小家庭；因勞動模式（從農業到工業，從農村到城市）的改變而改變了過去的生活方式；因教育程度的提升和現代化的出現而改變了國民對藍領和白領的職業取向；因母語教育的式微，西方文化思想意識的膨脹，而使原有的價值觀和社會規範受到侵蝕。由此引發的問題就是儒家文化底蘊的削弱。

其次，在整個吳作棟主政期間強力推行菁英至上、績效與獎賞掛鉤，追求國內生產毛額成長，社會主流價值觀日漸導向物質和功利主義的大環境下，即使政府意圖透過共同價值觀的努力，希望從教育體系的推廣，達到共同價值觀的樹立，也難以抵擋社會風氣的改變而引出的原有價值觀和社會規範的弱化。

再次，隨著新加坡進入完整的工業化和城市化，過程中有不少歷史文物就在快速發展的需求下消失。嚴格說來，在吳作棟主政期間，儘管

政府和相關單位，如國家發展部和市區重建局對保留歷史文物予以關注，也保留了著名的歷史街道如牛車水、小印度、芽籠、芽籠士乃等古建築和街景等。不過，一些具有歷史價值的建築如小坡的「紅屋」、位於Bukit Rose 曾是本地相傳四代的著名古建築等，皆因市區重建而消失。其他地區則因發展工業或建設組屋而使不同年代和風格的建築物被夷為平地。這些本可成為新加坡人共同記憶的流失，無疑是快速發展帶來的缺陷。這也是小國城市化難以避免的代價。

政治失調症的助長。政治上長期的威嚴家長式管制下的平穩與安定，實質上掩蓋或堵塞了政治上宣洩的出口。社會上因各種原因而造成失敗或不幸者，因得不到宣洩而累積壓抑下來。冷漠中存在著無奈與不滿。這種對政治治理模式的反叛，日積月累成為一股怨氣。儘管每五年一次的大選，都會出現反對黨與執政黨的對壘，卻總是難有進展，這股怨氣逐漸形成一種暗流。這種發展態勢，無疑與形塑良性博弈的民主體制相悖。

反觀行動黨政府對於如此情狀的解讀，卻深信只要該黨和政府能夠不斷改善人民的生活，按行動黨自我認可的政治賽局規則治理，長期處於難以吸引社會菁英的在野黨，將無法贏得國民的信任，也難於造成對行動黨政府的有力挑戰，由此加強了自我認可的心態。反映出對民間的民心躁動不以為意的處置。

第四節 —— 時代交替：李顯龍年代（2004-2011）

李顯龍是建國總理李光耀的長子，1952 年 2 月 10 日出生在新加坡。自 1963 年以來經常隨著父親到群眾聚會場地，對政治產生興趣。1984

第四節—時代交替：李顯龍年代（2004-2011）

年，32 歲的他當選為德義區國會議員。1987 年成為內閣成員，先後擔任貿工、國防、財政部長及副總理等重要職位。

李顯龍是在 2004 年 8 月 12 日接任第三任總理。李光耀被委任為資深內閣資政，吳作棟出任國務資政，繼續成為內閣的主要成員。前者重點負責督導新部長新議員，後者重點協助總理開拓國際市場。成為第三代初期的內閣重要成員的還有張志賢、楊榮文、林勳強、黃根成、馬寶山等。

李顯龍接掌總理職位後，面對的國內外情況與之過去有著很大的不同。一方面，國際格局有了新的發展，世界已進入經濟全球化的時代，不僅經濟活動無國界，勞動力的流動也出現全球化，加上通訊科技的發展，更為這一趨勢增添了強大的推動力。與此同時，西方世界自 2001 年的 911 恐怖襲擊事件後，正面對加劇惡化的政治與經濟困境。並隨著中、印經濟的崛起，全球經濟的發展重心開始轉向亞洲。

在國內，新加坡面對了兩個重要的挑戰，一是經過 2001 年的網路泡沫和 2003 年的 SARS 危機，國家經濟急待重整與提升；二是社會結構的改變，以及全球化帶來的衝擊，導致國家治理的難度與複雜化加劇。

所幸李顯龍總理掌政時，新加坡在體制、產業結構和政策等層面都已具備了良好的根基。問題的關鍵在於如何在現有的基礎上開創新的可持續發展的空間。正如李總理在中國的一次訪問時的感言——「高處不勝寒」，既然新任總理，出於取信於民，全力把經濟弄好，讓新加坡成為全球化的最大受益者，便成為施政的首要考量。

因此，在李顯龍主政後直到 2011 年 5 月大選，行動黨政府的施政便具有著新的特點。

第一章　李光耀時代

治國理念延續：強化菁英、專業、全球化

　　強化菁英、專業與全球化。李顯龍接任第三代總理時，出於對現有體制的高度認可，因此，其施政方針便具有蕭規曹隨的痕跡，並有強化的跡象。就菁英而言，在經濟層面，吸引與獎勵菁英的思維指導下，能者多得變成追求利潤最大化下的受益者，正如新加坡公共運輸集團SMRT總裁和半公營企業的高階主管，都成為了年薪百萬的佼佼者。行政官的薪水也水漲船高。在政治層面，高薪養廉也變成擁有政治職位的菁英，獲得與年遽增的好處，正如總統的薪水可高達年薪400萬，總理年薪超過312萬。（事實上，因經濟衰退，總理並沒有領取應得的薪水）。這種認可無疑促使社會價值觀的傾斜。

　　強化專業化治理的發展趨勢，顯然是依據過去國家建設因專業化而受益，促使政府對新加坡的發展策略和不同領域的規劃更依賴行業菁英和行政官。這一發展趨勢的確有助於國家的整體規劃與效率。這與新加坡能夠屢次跨越危機的衝擊不無關係。問題是這種單方面依靠專業菁英規劃和制定發展策略的做法，無可避免因專業菁英的自我局限性而受影響。

　　在應對全球化方面，第三代總理採取了更加務實的做法。這可從兩個方面看出，一是為爭取經濟復甦和持續成長，因前所未有的全球勞動力的湧現，其中又以廉價勞動力帶來的機遇，而不惜採納以勞動力推動經濟成長的策略。與此同時，基於國家面對出生率逐年下降和人口高齡化加速的長遠考量，出於新加坡的成就具有的吸引力，從而加速了移民人口政策的制定和推行。另一方面，為了經濟成長，政府打破數十年來不開賭場的原則，突出以務實為考量的政策定位，讓博彩業成為經濟發展的亮點。

體制建設固守：確保體制運作順暢

確保體制運作順暢。李總理主政後的治國思維框架，直到 5 月大選，可以說基本上與第二代總理一脈相承。政治體制並沒有帶來改變，依然是確保既有一黨獨大的治國模式，應有的民選總統制照舊，國會也保留了民選議員、非選區議員和官委議員制。

在政黨政治和政治賽局層面，行動黨本身依舊依賴遴選菁英的現有體制（7 道程序的茶會）和透過基礎組織、民情組的回饋，作為國家政策的制定與貫徹依據；透過勞、資、政三位一體的合作確保經濟發展的最佳效應。

在政治賽局層面，隨著國家的富裕以及教育水準的提高，國民民主意識的加強，第三代總理採取了較開放的言論空間的同時，延續了過去的思維，如 2006 年的大選，在選區劃分、政治誠信、突出政績與選區建設等，作為對應在野黨陣營的競選策略。

李顯龍主政期間，人民行動黨繼續保持著一黨獨大的態勢。該黨得以維持這樣的局面主要是因為，一方面，政府保持清廉與高效之下政績出眾。另一方面，執政黨的內部機制的運作尚能正常操作。因此，李顯龍主政後的初期，儘管治理手段並無顯著改變，仍然深得大多數人民的信賴。2006 年的大選，雖然人民行動黨的得票率從 2001 年的 75.29％下降至 66.6％，競選期間人民對政府的施政並沒有表達強烈的不滿。

新加坡自 1990 年代到 2000 年，在社會整合方面的平穩與和諧，可以說是自獨立以來，政治上表現最為具有共識的十多年。不過，2001 年美國爆發 911 事件後，新加坡也不可避免捲入全球恐怖主義活動的漩渦中，促使新加坡再次面對來自國內外恐怖主義勢力的威脅和攻擊。幸

好，新加坡政府及時推動反恐對策，成功逮捕伊斯蘭祈禱團的成員，而避免新加坡成為恐怖主義分子的攻擊目標。新加坡政府在2001年12月，迅速採取了逮捕行動，拘留了30名與伊斯蘭祈禱團相關的人員，其中15名被引用內部安全法拘留。

從調查中發現，這批主張在東南亞透過流血戰鬥建立一個泛伊斯蘭國家的基本教義派伊斯蘭極端分子，正準備採取恐怖攻擊行動。目標是以色列、美國、英國和澳洲駐新加坡大使館。他們也計劃在新加坡的義順地鐵站放置炸彈。由於新加坡及時挫敗了恐怖分子的陰謀，才得以逃過一劫，倖免於難。

不幸的是，內政部卻因防範措施的疏漏，導致2008年從印尼引渡回國的伊斯蘭祈禱團首領馬士沙拉末從惠德里路的拘留中心逃脫，致使新加坡政府的聲譽受到嚴重的傷害。自此政府受到的責難有增無減。

整體說來，第三代總理執政期間，社會繼續維持著良好的和諧關係。這尤其是當世界處於極其動盪不安，恐怖襲擊事件頻傳的時刻，這是非常難能可貴的。這也再次證明了新加坡政府的決心與效率，以及其人民的理智與維護社會和諧的共同心願。

國家建設目標：建設第一世界中的全球宜居城市

建設第一世界中的全球宜居城市。李顯龍主政後，儘管國內生產毛額每年遞升，國民平均收入逐年提高。可是，新加坡要如何取得持續發展的推動力，在十字路口該何去何從。在強調經濟成長為發展重心的政策思維指導下，新加坡不僅走上了以勞動力推升經濟成長的道路，政府更為了打造經濟發展的新亮點，不惜改變原則開設賭場。

第四節—時代交替：李顯龍年代（2004-2011）

整體上，李顯龍主政期間的經濟表現，儘管經歷了 2008 年的全球金融海嘯的衝擊，由於政府的及時應對得當，得以順利渡過。並且很快就把經濟重新拉上正軌。2005 年的經濟成長率雖下降到 7.4%，但 2006 年就已回升到 8.7%。同樣的，2009 年，新加坡的經濟成長是負 0.8%，2010 也已強勁反彈至 14.5%。由此可見，第三代執政團隊應對危機的處理能力不容置疑。但從發展的角度來看，第三代執政團隊之所以能夠有效應對，乃是基於於過去政府所建立的堅強經濟基礎。比如，當新加坡面對金融海嘯襲擊時，政府得以透過動用 1,500 億國家儲備作為國內金融機構做擔保，撥出 49 億作為經濟輔助配套，才得以安然無恙。因此，兩者互為作用，才能營造出良好的效果。

這一時期的經濟成長，正是在原有的經濟模式的基礎上，透過加強對生物醫藥、營建業、金融業與旅遊業的投資與開發而取得的成果。就像生物醫藥業，雖然面對起伏不定的需求趨勢，但其對經濟的貢獻卻有增無減。營建業的情況則主要因為兩個綜合度假勝地（IR）工程、濱海南新金融中心的啟動、多項大型公共工程（地鐵、公共交通系統工程及組屋等）加上私人產業的蓬勃發展而營造出高成長的階段（2010 年受僱員工 395,400 人）。金融業的變化則因全球經濟發展的重心的東移所帶來的機遇，不僅亞幣市場保持活躍，更加速了其他金融產品的交易量，尤其是證券交易量和價值屢創新高。而旅遊業則更因兩個 IR 的先後開業而大有裨益，極大地帶動了旅宿、零售及餐飲業等的業績。對啟用整體經濟做出了貢獻。這也就是象徵著新加坡跨入第一世界國家的歷程。

就經濟層面而言，新加坡多數人民都能夠在這樣的經濟發展中享受到不同程度的益處。最明顯的表現在由於收入的增加，而使物質生活進一步得到改善。出國旅遊和考取更高教育資格的人次有了顯著的上升。而國家基礎建設的進一步提升，也使國民能居住在更現代化的城市花園裡。

第一章　李光耀時代

　　隨著新加坡經濟發展的向前跨越，於 2007 年，新加坡被評為具有先進國國民收入的第一世界國家。2010 年國內生產毛額達到 3,036.52 億元。國民年平均收入上升到 59,813 新元，與歐美先進國家並駕齊驅。

　　新加坡政府之所以高度重視經濟成長與國民收入的提升，乃因一旦被評為第一世界國家，行動黨政府的治國能力將會備受國際矚目。由此延伸的邊際效應是多面向的，如有利吸引外資、招攬人才、擴展商貿、帶動旅遊等。

　　政府更為了把新加坡打造成一個基礎設施健全、都市計畫到位、生活多姿多彩的全球宜居城市，以突顯新加坡進入第一世界迎來的新面貌，不惜重金投入建造國家藝術館與濱海灣風景線，舉辦青年奧林匹克運動會和夜間 F1 賽車等國際賽事，從而成為了吸睛和吸金的亮點。新加坡隨之在全球宜居城市排名榜上屢建佳績。

　　政策調整的重要層面。李顯龍主政後政策調整引發的深刻影響，主要在三個面向：開設賭場，變動擁車證（COE）配額和大量引進外籍勞工和吸收新移民。

　　開設賭場。當政府內部因發展方向引發爭論，焦點就是應否開放博彩業，以刺激經濟成長。結果在現實主義以經濟發展為先的考量下，開設賭場成為了新加坡政府下一階段經濟發展的策略重心。為了減少開放賭場帶來的負面效應，2006 年 4 月 18 日新加坡政府才發表了「綜合度假勝地」的整體發展方案。可以說，正是這個頗受爭議的方案的付諸實施，既帶來了正面的積極貢獻，由此而創造的大量就業機會，數目可觀的遊客和賭博稅收。但同時也產生了諸多不良的負面效應，由此而使涉及賭場的人數急速增加，嗜賭成性的賭徒有增無減。

　　其實，當新加坡政府在 2005 年提出賭博合法化的課題時，引來的爭議

極其廣泛。消息曝光後,首先引來宗教團體的強烈反對,接著公民組織也加入了反對的陣營。當然,網路言論的非議之聲更是不絕於耳。在野黨中的國會議員如詹時中、劉程強,非選區議員謝鏡豐也都表達了強烈的不認同。

可是,行動黨政府在爭取經濟成長的大前提下,還是做出了賭博合法化的決定。據說極力推動這一進程的是當時的貿工部長楊榮文,為了減輕人們聚焦於對賭場的不滿,建議以綜合度假勝地為藍本,以取代單獨建造賭場的做法。

還有一個廣為人知的報導,就是行動黨內部,從內閣到議員等也都存在不認同建設賭場的反對者。當新加坡國會於2005年4月就「綜合度假勝地方案」辯論後進行表決時,當時的行動黨議員陳樹群、羅明士、顏金勇和IRENENG皆投了反對票。

2011年大選前,時任行動黨主席的林文興被問及行動黨存在團體迷思(group think)時,難掩委屈而流淚說出當內閣討論賭場問題時,他就曾經表示不同意。另一位行動黨前朝元老,現任總統陳慶炎也曾對《海峽時報》(*The Straits Times*)表達個人持反對意見。

擁車證原本功能的變革。1980年代末,新加坡當時的車輛總數約有371,341輛。其中私人汽車有249,028輛,約占總數的67%。公路交通開始出現擁擠現象。當時政府就為了疏緩日漸嚴重的交通問題,避免面對其他國家大城市交通擁擠不堪而造成的經濟損失,而提出透過「擁車證」的制度以達到控制車輛的成長速度,減緩交通擁擠問題的惡化。尤其是私人汽車數量的增加。這是由於當時人民經濟能力的提升,造成越來越多人希望擁有被當成具有社會地位象徵意義的私人轎車。1990年,政府正式實行透過公開投票的擁車證制度(COE)。標價從開始時的5,000元,發展到最高峰時約10萬元。然而,擁車證制度的實行並無解決交通擁擠

問題。政府於是在 1998 年 9 月，試圖透過公路電子付費系統（ERP），雙管齊下的辦法以達到控制交通的流量，進而改善惡化的交通狀況。

鑒於人民對高昂的擁車證價格感到巨大的壓力而無法實現擁車夢，尤其是初入就業市場的大專院校的畢業生。政府為了照顧這一階層族群的需求，一改過去擁車證所設定控制車輛數目成長的目標，從過去低於 1.5％的成長轉為增加供應量為年成長 3％，以滿足需求。不過，政府透過增加汽車使用費的對策，試圖達到兩者間的平衡。2005 年，政府開始採取新的對策以應對改變了的國情和交通態勢。其結果雖然促使擁車證價格曾經回跌到一萬元，然後又逐步回升。這一政策的改變，的確讓更多人民實現了擁車夢，但問題也隨即產生以致惡化。

我個人就曾經因政策的改變受影響。由於 COE 的配額突然增加，原本處於高達 3 萬元的 COE 標價，很快下降到 2006 年初的一萬元。因此，我只以 45,000 多元便買到一輛 1,600 匹馬力的韓國品牌汽車。能以如此低價購得一輛新車，固然值得高興，可是，原本還處於比較充足的組屋停車位，卻因車輛的突然快速增加而面對難以找到停車位的困境。那時因為工作關係，我總會很晚才能回家，也就不得不天天需為尋找停車位而苦惱。

寬鬆的人口政策。隨著新加坡人口出生率自 1967 年的 2.0％開始逐年下降以來，時至 2004 年已降到 1.4％。人口高齡化問題日益嚴重。如何應對新加坡人口老化和人口出生率下降而引發的社會結構與競爭力問題，顯然成為了政府在制定未來發展策略所必須給予重視的。為了應對國家長遠發展需要，新加坡的人口政策自李顯龍總理主政後，便開始採取有別於過去的對策。就是加速吸納外來人口中，四十歲以下具有大專院校資歷和熟練技術人員成為永久居民或公民。政府更從 2007 年起，主動爭取所有外來在籍中、小學生，不論男女與年齡，幾乎一概允諾可以提出申請成為永久居民。

第四節—時代交替：李顯龍年代（2004-2011）

　　這一寬鬆的人口政策，的確快速增加了新加坡人口的數量。永久居民人口從2005年的30多萬（猜想）上升到2010年的54.1萬人。新公民從310多萬（猜想）增加到323.7萬人。成長率超過3％。尤其是在2005和2009年至少成長6％。非居民人口則從79.7萬增加到130萬。2007和2009年的成長分別為15％和19％。2010才下調到4.1％。作為一個彈丸小國，如此的人口成長速度，加上同一時期大量非居民外來人才與勞工的湧入，可想而知，其可能引起的社會衝擊將會是多方面的。

　　個案

　　在籍學生申請成為永久居民。一位是在2004年從中國完成國中二年級學業後到新加坡就讀的劉姓學生，就在2007年還在國中三年級肄業時，被移民局通知他可提出永久居民的申請，之後獲得批准。另一位同為來自中國的陪讀媽媽，她的女兒還在新加坡小學就讀五年級，收到移民局同樣的通知，之後，年紀小小的女兒也因政策改變而成為永久居民。

　　正是這一政策的改變，新加坡勞動力的結構也迅速發生變化，時至2010年，外來勞動力已占整體勞動力的1/3。

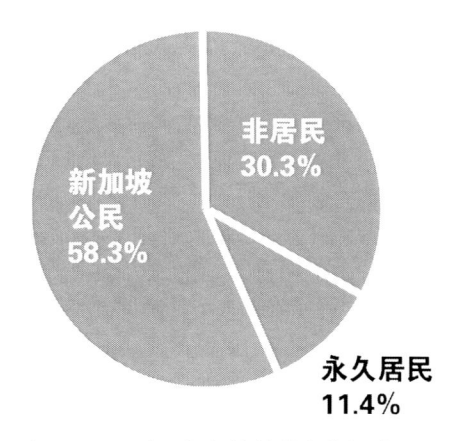

非居民 30.3%
新加坡公民 58.3%
永久居民 11.4%

參見以上圖表：新加坡勞動力的組成
資料來源：人力部，統計局2010年10月

077

第一章　李光耀時代

模式的後遺症：體制弊端惡化，政策失衡，調控失誤

體制弊端惡化。第三代執政團隊施政引出的負面效應，因體制、產業結構和政策演變所形成的態勢，具有著更明顯的特徵。總體而言，菁英體制和架構的縱、深發展，逐步形成團體迷思的傾向，漸漸演變成帶有「僵化」性質的體制缺陷。「領導者最厲害」、「領導者說的算」的現象，瀰漫在政府部門中。當然，這種現象的存在，也許從側面反射出高度強調經濟效益的菁英體制，讓新加坡不僅一再安然渡過危機，且在 GDP 的表現屢建佳績，因而助長了自我膨脹的心態所使然。

反映這一現象的故事，或許可以追溯到 1980 年代，當時的總理李光耀便曾經表示，新加坡的成敗取決於「一架珍寶客機可容納的菁英人才」，(意即 200 到 300 人)。面對經濟起飛的國情，當時政府確實必須大力從私人企業界招攬人才，以加強治國能力。進入 1990 年代，政府和私人企業界爭奪人才的風氣則進一步刺激了菁英的市場價值，直到政府採取以私人企業界 6 個行業的最高收入，為部長、總理和總統制定薪水時，可以說，凡是被認定為菁英者，無不成為天之驕子。雖說從政是為人民服務，但作為空降部隊出現的菁英團隊，漸漸遠離基層組織，過去行動黨領袖凡事走在前頭的樸實作風，慢慢變成地位至上的領袖。最能反映這一現象的莫過於行動黨議員和部長在參與地區活動時，每每變成了「貴賓」被邀請而出席。

與此同時，新加坡政府對於人才栽培向來不遺餘力，透過設立總統獎學金等，刻意培植高階菁英，成為萬眾矚目的焦點。舉凡被選中者，仕途早已鋪好，無不平步青雲。就過去的做法，總統獎學金得主進入政府部門，幾乎半年便可擢升一級或轉換到不同的部門。官員的比較心態漸成氣候，這為自我膨脹心態的滋生提供了空氣和養分。

第四節—時代交替：李顯龍年代（2004-2011）

經濟的高速發展的同時帶來了不利的影響，GDP和國民平均年收入並無法反映真相。從亮麗的國內生產毛額看，的確說明新加坡可媲美歐美先進國家。但這種經濟成長模式所營造出來的產值，總體上來說，相較於公司利潤，勞動收入相並未因GDP的上升而上升，反之卻逐年下降，從2007年占47%下降到41%。按一般的標準，低過60%則將造成勞動收入每況愈下。如果扣除這一時期外來人口的貢獻，新加坡居民勞動力實質上的產出，也就相對低上許多。另一方面，國民平均年收入雖然高達5萬9千元，可是，實際的情況是貧富差距日益擴大。因為專業、經理、執行與熟練技工的薪水增幅遠遠大於其他行業員工的待遇。而金融服務業領域的待遇則更上一層樓，以致差距的擴大成為不可逆轉的趨勢。還有就是某些特殊行業外來專業人才收入所占的比例相對處於高階。即月入超過萬元的人數的比例頗大，人數已上升到121,700人（從淡馬錫控股的受僱人員開始時，本地人占92%，到2011年下降至65%）。這就是整體經濟結構和營運模式所產生的問題。而低薪工友的待遇因受外來勞動人口的競爭加劇，資方為求更高利潤而難有提升。當然，原本因教育背景的差距所形成的社會結構的鴻溝，也繼續影響著待遇的改變與提升，以致一部分國民的收入不增反減。從圖表就可以看出處於底層的國民收入，長期處於停滯狀態。

新加坡家庭平均月收入(元)

收入組別	1997/98	2007/08	期間變化%
總共	5,332	7,440	39.8
最低20%	1,309	1274	-2.7
21%至40%	2,778	3,476	25.1
41%至60%	4,207	5,480	30.3
61%至80%	6,225	8,495	36.5
最高20%	12,091	18,472	52.8

新加坡家庭平均月收入（元）

政策失衡。人口急速成長的負面效應。2000年新加坡人口還只有400萬人，外來人口是75萬人。2005年總人口上升到426.5萬人，而外來人口增加到79.7萬人。可是，隨後因政府政策的變動以及經濟發展的需求，大量引進外來人口，促使外來人口急速上升到2010年總人口的508萬，外來人口高達130萬人。如此快速的人口成長，不僅使國民倍感職場上競爭的壓力，同時也對環境的改變，諸如交通、組屋、醫療等的不便產生不適。

擁車證的放寬，雖滿足了部分新加坡人的擁車夢，由於2010年車輛總數急速上升到925,518輛，其中私人汽車數量就有566,608輛，占總數的61%。車輛數的快速增加帶來的另一個困境是——停車位的不足，以及ERP制度無法達到預期的效果。由於道路的建設無法跟上總體車輛數目的增加，公路交通擁擠問題有增無減。

調控失誤。新加坡長期就處於全民就業的狀況。即使面對經濟危機，失業率也只有介於2.2%到3.5%。自1980年代起，因經濟發展進入起飛階段，新加坡人民就業的選擇機會增多。新進入勞動市場的年輕就業人士，多傾向於尋找白領或室內非體力勞動的職業，成為新的風氣。這一趨勢導致往後的就業市場出現不平衡的態勢。逐步形成某些行業少有本地人問津，而使資方不得不從外地引進行業所需要的員工。如建築工人、女傭、清潔工人等。

此外，新加坡身為一個小國，儘管教育體系先進，卻只能擁有三間公立大學（科技大學尚在籌備中）。即使前往國外留學的人數與畢業本國大學的人數相近，(1960年在校學生人數約3,500人；1970年為13,000人；1980年為9,200人；1990年為26,000人；2000年為36,000人；2009年為72,710人。上述學生人數包括私立大學的在籍學生)。他們所就讀的科

系，由於人數有限，依然存在局限性。而新加坡的經濟發展模式所需要的人力資源，遠比現有的人力資源來得廣和專，這尤其是特殊行業的科學研究人員。為此，政府必須引進新加坡缺少的相關外來人才。

時至 2007 年，因政府新的經濟發展策略，導致就業市場成長率突然上升到 17% 的高峰。為了推展各項計畫，政府不得不放寬引進外籍勞工的速度和人數，四年間外來人口就增加了將近 50 萬人。這種倍數的成長，無可避免地將引發出一系列的問題。這也就是人民對交通、組屋和醫療等課題怨聲載道的原因。

那麼，向來以規劃有序、統領有方的新加坡政府為何會陷入如此境地？問題顯然出在統籌規劃上的失策。首先是負責人口與外來人才和勞工部門的部長缺欠全面性觀念，其次是相關部長對變化的情況未能引起足夠的關注與採取及時的應對措施。而各部門與各部長之間更是缺乏配合，形同各自為政，整個內閣尤其使問題惡化，總理必須負起掌控全面性沒有到位的責任。

第一章　李光耀時代

第二章　挑戰李光耀時代的政治賽局

第一節 —— 潛藏社會矛盾的治理模式

新加坡雖在短短 50 年間，從第三世界進入第一世界，成就有目共睹。但新加坡模式的缺陷與不足，不可避免隨著時間的推移，因問題的累積而惡化。這樣的狀況正好說明，長期一黨獨大的行動黨政府自我認知的缺失。這種被體制缺陷和政策理念所束縛，更因國家調控的落差，讓問題變得難以收拾。從以下幾點便可看出，這些問題是如何加速著潛伏的社會矛盾。

社會結構改變未能及時應對

自新加坡獨立以來，政府不遺餘力地對經濟轉型給予及時與有效的關注和解決。然而，對於社會轉型可能帶來的衝擊和影響，就不如前者那麼重視，至少給人一種無法及時有效的感覺。

人們從經濟轉型中，的確看到國家的進步與繁榮。亮麗的國內生產毛額，讓政府長期受到鼓舞和鞭策。但是，隨之而來的社會結構的變遷，所引起的問題雖然政治領袖一再談到，卻沒有像面對經濟問題那樣做出有效的處理。

新加坡從第三世界進入第一世界本身就意味不僅是一個巨大的進

步，而且也意味著必然帶來社會結構的改變。這種改變就充分展現在：

整體社會面貌，從商業與農村為基礎的落後貧窮國家，一個類似金字塔的社會，因富裕、現代化、城市化轉變為類似橄欖型的社會。這個過程改變了人民的經商、工作、學習以至娛樂等生活方式。因此，人民在享受著高度發展的現代化生活的同時，也有了更多更高的要求和選擇，社會變得多樣化。這與過去年代相對單純與簡樸的生活方式截然不同。

經濟條件的改善，除了帶來物質生活的滿足與提升，新加坡人民更大的改變就是教育水準的提升與普及。1965年新加坡人口中只有3%至5%的大學生，到2011年，人口中已有26%的大學生，證明國民素養迅速獲得提升。這一改變，導致社會結構引發重大改變。人們隨著教育程度和技能的提升，既為新生代開創了新的事業和視野，也造成文盲或只接受很少教育的族群，被拋到社會發展的後方，逐步形成社會問題。

這一階層，便是國民收入最少的20%族群。其面對的困境，收入既無法提升，又不得不面對高度現代化的城市生活水準。小國既無鄉村地帶可依靠，也無江河湖泊可供發展以求存。即便想過簡單的生活亦身不由己。而年事已高的勞動族群，即使有意付出和努力，不少人也無法跟上社會所需的知識和技能。就更不用說那些因種種原因而形成的弱勢族群。

對於這些人，再也無法像過去一樣只要肯勤勞、節儉和儲蓄就能致富或生活獲得不斷提升。教育差距形成的困境，變成不可跨越的障礙。儘管政府多年來一直致力於透過培訓，提倡終身學習來緩解問題的惡化。可是，即使經過培訓，也無法達到收入跟上生活水準的負擔。政府多年來也試圖透過各種補助與獎勵來減輕這個族群的生活壓力。然而，

這些措施透過行政部門和黨政系統的規範處置下，接受者心靈上的層層擠壓。為此，社會福利政策的缺陷備受質疑。人們一再抱怨，處於底層的人們要如何才能過著有尊嚴的生活。

社會結構的改變，引發的深刻影響，便是社會網路的解體與重建。鄉村和大家庭的生活模式早已不復存在。原有濃郁的親情、鄉土人情淡化，取而代之的是城市化、小家庭和相對冷漠的鄰里關係。這種改變不僅讓有經濟能力的族群陷入精神上的缺裂，對於那些在經濟上掙扎的族群更是感到無助，而且情感上也處於極度無奈的境地。許多年老的一輩感嘆今不如昔，懷念過去，正是這種心境的寫照。而作為傳承文化與鄉情的宗鄉團體，其功能也已隨著社會的變遷，影響日漸式微。幸好近年來，這些團體透過不斷的努力，才有了扭轉逆勢的跡象。

政府一路來試圖透過民間團體和民眾俱樂部等團體的活動，加強人民之間的接觸和凝聚力。可是，隨著社會發展的腳步加速，人們搬遷的速度頻繁，這些活動漸漸失去了它的影響和作用，以致絕大多數的國民都沒有參與其中。加上人民政治傾向的日益多樣化，不少人早已把這些組織和執政黨等同起來。現有的溝通管道已日漸失效。

這樣的社會變遷，從硬體的社會景觀、生存與生活方式，到軟體的人文精神面貌，無一不隨著社會的改變而改變。舊的被分化、解體以致支離破碎或蕩然無存，新的卻還在混和、交融以形成新的社會精神面貌。最讓人感覺這種改變的莫過於自從知識型經濟開創以來，尤其是通訊科技的日新月異，新生代人的生活與精神面貌，較之過去的群體早已判若兩人。儘管生活在同一個屋簷下，卻彷彿處在不同的世界裡，各自有著不同的心路歷程和精神世界。新時代的新人類正在塑造他們的新世界。

社會結構明顯改變的另一個特徵，就是出生率下降和人口高齡化所形成的發展趨勢。政府所採取的對策，主要是獎勵生育和引進移民。可是，獎勵生育的措施並未奏效，而引進移民卻導致問題叢生。並因此引發日益激烈的爭議。

趨勢的發展說明，新加坡人普遍關注的問題，已不再是如何提高生活水準，而是要提升生活素養。從而促使越來越多人在談論生活幸福指數。這是個矛盾的社會現象。生活水準如果無法持續提高，人們要如何享有更好的生活便成為問題。可是，過於強調生活水準，忽視生活素養也難於滿足新加坡人多樣化的欲望和現實需求。顯然，出於對經濟成長的偏重，這個問題並未受到政府的重視。

這裡不妨舉例說明陷入困境與苦惱的新加坡人，必須如何應對政府層出不窮的措施。新加坡雖因法治嚴明而備受稱讚，但有一條法令是世界上少有的，那就是窮人不可以在新加坡當街行乞，違反者會依情受罰。1990年代後，新加坡曾一度幾乎在街上看不到乞丐。不過，好景不常，隨著社會結構的解體，越來越多人面對著生活困境，一些人不得已只好採取變相的對策以求生存。相續出現在街頭巷弄、巴剎（市場）賣紙巾的「安哥、安娣」（uncle、auntie）有增無減。隨著出現以年老和殘疾人士為主的街頭藝人表演，也漸漸變成合法與常規化了。

核心政策面對挑戰

世人對於新加坡這個小紅點的發展成就多讚譽有加，聚焦在於新加坡多元社會下擁有高度的社會安寧與和諧。而對治國過程中有本事建設起強大的國家財富，廉潔與高效的執政方式深感興趣。

可是，不少新加坡人的不滿與怨言與日俱增，問題到底出在哪裡？

菁英治國面對挑戰。建國初期，幾經努力，這一理念才得以變成制度化。事實證明菁英治國是有效的，要不然新加坡就不會有今日的成就與進步，人民也不可能享有如此讓許多國家和人民羨慕的生活水準與宜人的居住環境。

然而，第一代建國領袖所設定的這一體制，不能不受時空條件的限制與影響。基本上，第一、第二代領導人在創設與維續體制過程中，並沒有面對重大的挑戰，其所產生的社會與經濟效應明顯都較為正面，而其負面影響也尚未明顯出現。

可是，李顯龍主政後，情況加速改變。這是因為，作為這一體制的兩個核心支柱——遴選與任用，在發展過程中面對著新的局勢，導致問題的衍生與惡化。

處於新世紀的新加坡，與過去早已出現巨大差異。問題首先出在遴選機制運作的客觀性。在一個已經出現更多元的社會，面對菁英階層人數倍增的新時代，原有的機制是否確實做到客觀有效性，正受到嚴苛的審視與質問。從本意上看，行動黨試圖網羅所有菁英中的菁英，但事實上卻未必能做到最好的效果。一是被選中的菁英要符合執政黨的理念與體制要求，處於動態發展的菁英階層便不可能一網打盡，呈現盡善盡美狀態；二是因理念或漏網之魚在全球化的影響下，必然以高標準審視體制的呈現狀態。這樣一來，展現在人民面前的發展情狀，便很可能與體制的本意和效應出現滑坡跡象。就拿2011年5月大選人民行動黨推出的候選人陳佩玲為例，就其資歷與才華，要人民信服她就是新加坡目前所能網羅最佳菁英之一，的確難以服眾。

菁英在任用過程中的表現，也隨著體制的變化出現新的狀態。一方

面,專業化的治理的確展現了規劃與執行的嚴謹和有效。另一方面,由於受到體制思想的薰陶與限制,以致在施政過程中逐漸出現「小李」現象。最明顯的情況可以從這些年來部長在國會辯論問題時,不管是來自後座議員還是反對黨議員,提出選民或選區課題時,又或就政策提出異議時,除個別部長表現願意聆聽和考慮外,不少部長的回應和答覆,就像本官就是最正確的化身。「小李」現象的報導在報章上早有所聞。這種現象的負面影響就是無形的小團體現象的縮影。或許正好可以解釋近年來為何不同部門間的配合,無法天衣無縫的內在原因。

高薪養廉面對社會責難。高薪養廉的起源和動機以及機制設定的根據,從本意上看,這是一種務實可行的應變之策,也對國家的發展帶來了好處。否定它的功能,就有如否定歷史一樣的不夠客觀。但是,國家治理不能單靠務實獎賞,它蘊含著政治的功能。體制的設定如果是過渡性的,的確有其意義與作用。不過,國家治理的團隊一旦離開了政治的道德公信力,就難於持久。政策會導致人民強烈的責難,也就不足為奇。

從公平的角度看,治理一個國家所需付出的心血是無法用金錢來衡量的。正如第二代總理吳作棟所言。花兩千多萬組成一個廉潔高效的內閣,以確保國家的進步與繁榮是值得的。對比許多貪汙腐化的國家領導階層,這點代價確有其價值。

問題是高薪需要到怎樣的程度才算公平合理?這是一個見仁見智的課題。先不說百萬高薪是否真能網羅最優秀的治國將才,就本質上來看,這種帶著被邀請或被聘用的任用過程就已經存在瑕疵。更何況,國家治理必須具有政治上的道德力量。純以高薪為準選人用人,難免有所偏頗。

第一節―潛藏社會矛盾的治理模式

引起最大爭論的關鍵問題是隨著經濟與社會轉型，貧富差距的日益擴大，高官高薪政策日漸成為顯眼的對照組，使得中下層人民感到自己遠遠被社會拋在後頭。加上社會安全網的漏洞，更讓這些從下看上的群體感到失落。

尤有甚者，當社會一帆風順，社會矛盾處於相對平穩，人們對高薪養廉還能平安無事。可是當社會矛盾一旦加劇，菁英治理失誤，強烈的反感隨即湧現以致趨向惡化，這成了新加坡的現實寫照。

資產增值面對困境。這一政策，確曾達到預期的施政目標。即在一段相當長的時期為新加坡國民所讚賞，也加強了人民對國家的認同感。

然而，導致政策面對困境，顯然是因房價高漲所引起的連鎖反應。資產增值在政府有意識的規劃下，有上無下的價格走勢，不僅受通膨影響，更因地價不斷上升和公開市場的供需關係所左右。因此，組屋價格上升到某一個高水位時，由於社會結構的改變，不少人民開始面對和擔憂購買組屋的負擔太重。

就以我在 1978 年購買一間四房式組屋的價格只有 24,500 元，對比當今的組屋售價，相差何止十倍。對於一個月入少於 3,000 元的中下層受薪階級，其所需負擔的債務可以說是極其繁重的。不少人因此需用 30 年，甚至 35 年等更長的時間來償還組屋貸款。更何況，處於中下層族群的收入根本無法跟上房價成長的速度。因此，年輕新加坡人民的擔心，是客觀存在的事實。

而使問題複雜化的其他原因，則是多方面的。隨著社會的進步與繁榮，城市化的生活水準不斷高漲，以致組織一個小家庭的開銷和費用相對過去有了很大的不同。加上退休金的使用，從可用作購屋、教育、醫藥保險到退休帳戶的多樣化，無形中影響著人們的心境與對未來的困擾。

更重要的是，人民對生活素養的要求對比過去更加多樣化。新生代成長在安逸的環境中，長期受到物質和功利主義的驅使，一旦面對如此處境，很自然的會受社會議論的影響而加重心理壓力。相反的，過去人民較易於知足常樂和能上能下的生活態度已不復存在。

總之，組屋售價已攀升到中下層族群難於負荷的前沿是問題的關鍵。治國者是如何看待與應對，無疑也是解決問題的關鍵。

長期一黨獨大形成的政治失調症

李顯龍主政後，政治生態中有一股暗流在滾動。究其原因，一是經濟危機發生的頻率加快，促使人民面對危機的適應能力受到考驗；二是自獨立後出生的勞動力進入市場的人數逐步成為主體，加上1970年代出生的生力軍因擁有更高的學歷與期望，而使他們在期望與實現之間出現裂縫，倍感壓力；三是，這股力量的思維邏輯較過去年代的人們有著極大的差異。他們深受西方政治思想，尤其是西方流行文化的影響。這種綜合多元素的社會變遷，正日益深刻地改變著人們對政治、經濟與社會生活等方面的訴求。

面對這股政治暗流，並沒有引起治國者足夠的警覺。反之，著眼於主政後國家持續取得可觀的進展，導致行動黨政府信心滿滿，以為只要按照既定的發展方針做事，將能一如既往帶領人民去建設一個更加美好的國家。可是，事態的發展遠遠超越了政府的預期。

自2006年的大選後，政治暗流逐步形成一種新的趨勢，先是在新媒體的議政風氣開始升溫，接著民情民怨受到新舊媒體日益深刻的關注，漸漸促使對政治有興趣和抱負的人民，從過去處於沉默的一群，轉為公

開的表態和直接的參與。

面對如此情勢，執政黨雖有試圖緩解人民對政府不滿的反應，在治理的手法上顯現較為包容與開放。不過，這種態勢顯然無法滿足日益深刻的分歧與調和矛盾的激化。造成這種狀態的根本原因就在於執政集團內部仍然深信過去的國家治理手法是必要的。而長期菁英政策的專業化管理思維，讓部長難於跳出舊有的框框，以應對改變了情況，以致事態朝著兩極化的方向演變。

第二節 —— 政治體制轉型訴求的湧現

引起變革的徵兆

新加坡的社會變遷，整體建設予人不斷取得亮麗的進步和成績。濱海灣宜人景色讓國內外人士眼前一亮。組屋翻新和組屋的多樣化，在不同的鄰里湧現，也帶來了感官的潤澤。更多商業大廈的落成與開業，使市場活躍，讓人們有了更多的去處和娛樂空間。國民受教育的機會越來越好，也越來越多。新加坡正邁向更加國際化、多元化。

可是，在一片繁榮景象的覆蓋下，新加坡人民對這種改變投以不同的眼光和視角。由於親身經歷的不同，每個社會階層，每個出身與成長過程不同的新加坡人，因站在不同的社會階層而延伸出不同的社會光譜，折射出不同的願望和期許。正是不同社會意識的衝擊下，導致社會群體陷入分化狀態。

面對如此情狀，政府雖一再解釋國家建設所需的對策，並要求國民

改變自己以適應社會的變化。可是，這樣的言論已漸失國民的認可。

2011年1月17日發表的一份抽樣小規模調查，即已透視出民情民心的變化。調查顯示，六成受訪者雖有歸屬感，但真正有意願參與改變國家命運的年輕人只占四分之一。而生活費高漲和外來人才的湧入是最多年輕人申訴的問題。有近四分之一的受訪者甚至表示，當他們對政府有太多的不滿時，他們會選擇移居外國。

這之前，在南大一年一度的部長論壇上，南洋理工大學宇航系四年級學生林子睿（24歲）在論壇上對吳作棟資政說，他身為新加坡人卻對國家歸屬心態產生了微妙轉變。五年前，他以身為新加坡人為傲，但是隨著政府政策的改變，外來人才湧入，他跟很多一起服役的朋友都覺得現在說的保衛家園，不知道是在保衛什麼價值觀。他覺得年輕人的新加坡精神日益淡薄，對身在自己的國家越來越感到不自在。

當時的吳作棟資政答覆道：「這是危機的先兆——如果情況真的如此，那就真的很嚴重了。」由此顯示，新加坡模式的後遺症，正深刻的衝擊著國家的命運。從以下幾方面更可窺探事態發展的痕跡。

政治暗流與新怨糾結

自1980年代起，隨著社會的富裕和政府一路來的強力打壓反對勢力，導致人們普遍對政治冷漠。而每五年的大選，在野黨難有建樹，更加深了部分國民的不滿，以致轉變成一股暗流。這股暗流包含了兩個組成部分：一是，前左翼親共勢力的守護派或者受過人民行動黨政府引用各種法令對付而存在怨恨及受其影響的部分人士。二是，自1980年代以來，從事民主憲政活動的在野黨及其支持者；在他們從事政治鬥爭過程

第二節—政治體制轉型訴求的湧現

中,總是遭到人民行動黨的刁難與打擊,因而對執政黨的不夠民主、公正,與其威權的統治手法深感不滿與抗拒。年復一年,積怨越來越深。

從以下的一些事件與變化便可看出事態發展的一些端倪。

一、引述2010年10月1日的早報,由八個非政府組織組成的聯盟COSINGO提交給聯合國的綜合報告,從三個方面批評現有制度。即公民與政治權益,社會與文化權益及經濟權益。「在公民與政治權益方面,雖然新加坡憲法給予人民言論自由,但政府卻加了許多限制性條文。它也認為選舉制度和選區範圍一再更動等,都讓反對黨面對諸多限制。在社會與文化權益方面,政府在照顧殘疾者利益方面仍做得不夠。在經濟權益方面,關注部分年長工人薪水偏低,沒有能力負擔基本生活費,因此,呼籲政府推行更多計畫去改善年長人民的社會保障,讓他們更有尊嚴地生活。」

二、一批前左翼和被拘留的政治犯,如傅樹楷、陳仁貴、林福壽、賽扎哈裡等人從一兩年前起就已陸續出版對過去歷史新解的書籍:《華惹時代風雲》;由陳國相、孔俐莎主編的《情繫五一三》以及由羅兆強博士所寫的《白色風暴——新加坡的新仇舊怨》等,藉以對現有政權提出嚴苛的責難並主重寫新加坡的建國史。

除此之外,過去近二十年來的大選,都可以從另一面看出新加坡社會群體中始終存在的不滿與不服,或者無法苟同社會發展的某些政策與措施。即使在1981年的安順補選,J.B惹耶勒南的當選,打破人民行動黨自1966年以來的獨霸局面,就已顯示人民重新開始展示了要透過手中的一票對執政黨表示異議。爾後的幾屆大選,反對黨雖斬獲不多,不過,始終還有百分之二十多到三十多的選民投了反對票。這就足於說明,長久以來,國內始終存在著一股對執政黨存有異議的勢力。而這股

第二章　挑戰李光耀時代的政治賽局

勢力隨著社會的進步與繁榮、教育水準的提高、國民與世界的接觸增多增廣所帶來的影響和衝擊，人民的視野與判斷對與錯的價值觀不斷有所變化。這種改變無疑為在野黨提供了激化社會矛盾取得動力。

民間的議論

長久以來，新加坡的主流媒體總給人一種印象，就是對政府的政策和號召，亦步亦趨，緊密配合，相得益彰。可是，近年來情況開始出現一些變化。而這種改變儘管是站在一番好意與具有前瞻性的視角提出，卻往往沒有引起相關者的警惕和正視。這種狀況的存在與延續無疑逐步導致媒體界內部成員的反思，這種變化所帶來的衝擊則是加速了更多議論的參與。最明顯的莫過於對民間和在野黨等的不滿與怨氣作出更多的報導。

從以下的一些評論與事件就可以看出事態發展的痕跡：

一、2010年8月15日聯合早報刊登陳煒雄一篇題為〈青年「夢」什麼？〉的文章，他提到：「走過半個世紀，新加坡人民達成了一個又一個夢，但新的成就總是延伸出更多的挑戰。到了當前的歷史階段，國家有了基本的形態，國民也擁有更多受高等教育的機會，大部分人也有一定的物質生活基礎。於是，在全球化的大趨勢下，我這一代的新加坡人，……做夢的舞臺，已從馬來亞和東南亞，擴大到了全世界。……然而，迎來了更大的做夢空間，我們也無法不自問：在『逐夢』與『務實』之間，我們如何做出權衡，使夢不會因為獲得物質的富裕而不思進取，失去幹勁？對於這片土地，我們到底有沒有感情？如果沒有，我們為何要選擇留下；如果有，我希望下來的幾十年，為自己，為孩子，培育什麼樣的土壤？」他接著寫到：「上一代人告訴我們，要出外闖蕩，但把家

第二節—政治體制轉型訴求的湧現

當作安全的避風港。」他們也說:「新加坡夢」還包括養兒育女和公益的善心。但這些都是大人們的答案。即使再怎麼尊重權威,我們依然希望有質疑和反思的權利,從中找到心中的那把尺。作者言簡意明的道出了年輕人要求改變的心聲。

二、2010年8月15日早報財經評論傅來興在〈一個宜居城市的幸福感〉一文中寫到:「我們是否應該密切關注各項重大政策對人們整體幸福感的影響,關注社會不同利益群體幸福感的狀況,充分考慮發展的速度,來彌補GDP指標的不足?⋯⋯許多新加坡人開始認為我們太注重GDP的數字,也質疑高經濟成長是否能讓國民感受到幸福。」

三、2011年1月17日在新加坡透視論壇會上,獨立學者德里克博士(Derek da Cunha)認為,政府主要是從經濟方面把新加坡打造成為一座國際化都市,但在這個過程中破壞了凝聚力。在他看來,新加坡的外籍勞工政策過於寬鬆,以致本地人的飯碗被外人搶走,這使越來越多人民對自己和國家的未來失去信心,並造成社會分化的現象。

在同一個論壇上,工人黨主席、非選區議員林瑞蓮也同意,新加坡改變的步伐太快,讓一些人招架不了,逐漸失去國家的認同感。她以人口結構為例指出,在1990年新加坡公民占總人口的86%,但到了2010年這個比例已跌到63%左右,也就是十個人當中只有六個是新加坡人。「有時在等紅綠燈時,閉上眼睛聽四周的聲音,我會覺得自己好像是處在另一個國家。」

《海峽時報》助理總編輯賈納達斯・蒂凡(Janadas Devan)認為,一個所需付出的代價是:我們會建立起一個富裕但缺乏文化底蘊的社會。他指出,在這個開放式的環球化經濟時代,要如何避免國內那些流動能力高的外國人和流動能力相對較低的在地人因出現分歧而造成社會分化,這個情

095

況值得關注。他也提到中國必須繼續敞開門戶歡迎各地人才，但是他認為政府有必要更好地調控引進的新移民人數，因為「激增的移民人數會壓垮社會吸納移民的能力」。另一方面，他也籲請新加坡社會菁英以及政府關注貧困人民的處境，避免日益擴大的貧富懸殊問題分化社會。

四、早報採訪副主任韓詠梅在一篇題為〈一道困難的社會題〉的文章中點出當前新加坡所面對的社會問題是「社會階層的分化到一定的時候，就會出現一種穩定的結構，這麼一來，過去大量中低收入家庭透過自己的努力和覺悟所取得的大躍進，就難以在一個穩定的社會結構中重現。」因此，她說：「新加坡的制度向來是超越背景，重視個人實力和表現，可是當評估實力的時間和方式，有利於家庭背景比較優越的人，那這整個制度難免出現人才的浪費。」

五、2011年4月17日的早報有一篇由范曉琪執筆的文章〈年青人對政治冷感？〉寫到：「年輕人都是自我意識較強的一群，如果選舉對他們而言只是一種形式，政治只是一種配合而不是選擇，他們寧可把滿腔的熱情放在其他能夠掌握的事情上，……不過，隨著網路開啟了人們望向世界的窗戶，人們開始學習，比較自己的國家的不同之處，比較政府之間的優勝劣敗；因為有比較，人們懂得追求進步，想要精益求精，於是開始思考各種可能性。」等等。

新媒體點燃硝煙

新加坡人民，尤其是獨立後出生的新生代，自網路世界出現後，也就成為了這個虛擬世界的寵兒。這股趨勢從原先的清談，部分愛好者慢慢演變成對政治的熱衷。從此開創了網路世界議政的風氣。網路議政之

第二節—政治體制轉型訴求的湧現

所以如此吸引年輕人，重要的原因就在於這是他們熟悉的天地，在其中遊刃自如。而網路的無邊無際，暢所欲言，超快的速度，不受政府管理的特性，完全符合了新生代對世態和政治課題隨意表態的訴求和特性。因此，新加坡不可避免像其他許多國家那樣，日漸形成一股網路議政的風氣。

從以下主要論政網站的出現和持續發展壯大，便可以看出，以新生代為主體的網路世界是如何的把這股風氣推高加溫：

一、淡馬錫評論（Tamasek Review）

二、網路公民（Online citizen）

三、Yawning Bread

四、新加坡文獻館

五、新國志

六、各政黨的臉書、推特等網站

七、各大專院校論政網站等等

2011年1月中，政府通知網路公民網站必須註冊為政治團體。2011年1月16日網路公民針對被列為「政治團體」向總理抗議，但若失敗願遵照指示。此事在網路世界引起極大反響和不滿。

近年來世界局勢的變化，早已讓新生代目睹了這個世界在新科技的帶動下，是那麼的不可捉摸與變化多端。新加坡的新生代雖然長期處於並生長在富裕的環境中，但血液裡卻蘊含著同樣的基因。因此，促成這股風氣的主客觀因素無可抵擋，任誰也無法改變的趨勢。

第二章　挑戰李光耀時代的政治賽局

國際大環境、大趨勢的影響

　　2011年1月15日，中東國家突尼西亞爆發了「茉莉花革命」，成功地推翻了舊的政權。事態的發展與變化讓世人刮目相看。網路世界對這場革命所起的作用，為對現有體制不滿的民眾帶來了無窮無盡的聯想與動力。從此，中東一連串國家，埃及、葉門、利比亞等先後變天。彰顯了久居權位的統治者，再也無法應對普遍人民要求改變專制和腐敗政權的革命行動。

　　正是這股革命風暴的衝擊與影響，間接帶動了新加坡人民對國家和政府的統治手法提出了新的解讀和訴求。人們情緒的被牽動，尤其那些向來不滿政府的人民，更是受到鼓舞，伺機而動。這股改革風的蔓延，重新激起更多人民對政府和國家發展的關注與議論。因此，漸漸地好些原本對國事和執政黨存有好感的人民，開始思考國家的變遷所帶來的影響。這也就無形中讓更多人民捲入國家事務的議論。

　　事態的發展正好論證了新書《權力大未來》(The Future of Power)作者約瑟夫·奈伊也(Joseph S. Nye)所闡明的：「21世紀正進行著兩種關於權力的變革——一種是權力的轉移，另一種是權利的擴散……網路時代的權力擴散。隨著電腦和通訊成本的下降，入門門檻也不斷降低。包括企業、非政府組織以至恐怖分子在內的個人和私人組織，也都因此被賦予了直接參與國際政治的權力。消息的傳播意味著權力將為更廣泛地分配，而非正式網路將削弱官僚組織的壟斷——與越來越多的各類參與者共同爭奪群眾們的耳朵。」

　　面對如此情狀，執政黨和政府又是如何應對的呢？

執政黨的言論與對應

2006年的大選,行動黨政府獲得66.6%的票數當選。雖然票數有所下降,但依然顯示執政黨還獲得廣泛支持。這造成執政黨對選舉結果的解讀過於簡單化,因而錯過了探究深層社會變遷的內外因素。一如既往,認定只要沿著既有的方針做事,新加坡就能在行動黨的領導下,繼續取得繁榮與進步,而獲得人們的支持,因而對於社會上陸續出現的言論與批評抱著過往的態度,總是不予重視。要不然就按自我認可的觀點與既定政策,否定不同看法和意見。這種態度和作風,不可避免造成予人自大與不民主的印象。更嚴重的是它由此而使真正的問題被掩蓋而滑向日益嚴重的邊緣,而自食惡果。

從以下的言論就可窺見政府領導階層的思維與治理態度:

一、2010年12月2日,李總理在社群關懷計畫五週年答謝午宴上說:「新加坡照顧人民福利的方針是可行與有效的。⋯⋯這張由中央退休金計畫、三保（3M）醫療體系、居者有其屋計畫、就業入息輔助計畫和社群關懷計畫編制而成的社會安全網,已證實既能有效為有需要的人提供針對性的援助,又不會對國家造成巨大的稅務負擔。」

二、2010年12月15日,由民情聯繫組（REACH）召開的財政預算案對話會有民眾提出:「政府有必要檢討由保健儲蓄、健保雙全和保健基金組成的『三保』制度,以配合2012年實行的重新僱用法。」一名嚴姓參加者則指出:「雖政府已積極在基礎上打造親年長者的環境,但這僅解決一小部分的問題。而過於重視基礎設施建設,只會引發制度問題已經解決的假象。」根據報紙報導,其實,在基層也有不少人早已發覺政府施政過程中出現的問題而提出質疑,只是他們的言論並沒有被重視而已。

第二章　挑戰李光耀時代的政治賽局

三、2011年1月19日，國家發展部長馬寶山發表了一篇〈如何理解「負擔能力」〉。馬部長以新加坡已有80%的人民是組屋擁有者，說明人民買得起組屋。他也透過政府給予第一次購買組屋者的多重津貼和優惠，以及引據國際標準來說明現有的組屋價格和貸款的攤還期是人民負擔得起的，而且比其他國家來的低。他強調「無論我們選擇哪一個標準都可以清楚看出，新加坡有足夠的人民買得起組屋。」顯然，對於會有越來越多人認為高昂的組屋價格，瀕臨他們負擔不起的地步，即社會結構的改變所引起的衝擊和影響，沒能從動態的發展中看問題的癥結所在。

四、2011年1月23日，交通部長林雙吉在回應地鐵和巴士越來越擁擠引起民怨的問題時表示，自2008年交通總藍圖制定以來，交通部正努力推行該計畫。因此，除了新地鐵線將會按計畫陸續通車，隨著新措施即將到位，地鐵五月可獲改善。巴士服務也將隨著川行頻率的增加而獲得改善。顯然，在他看來，現有的對策足以舒緩日益惡化的公共交通困境。這與公共交通惡化日益嚴重形成對比。

五、2011年2月9日，由於民間的反應強烈，馬寶山再次表態，國家發展部的住屋供應維持良好的平衡。他說過去10年建屋發展局總共建造了10萬單位的組屋。而轉售市場供應則有30萬個單位。由於經濟情況起伏不定，需求也會隨之波動，為了避免建造過多的組屋，造成浪費，該部將謹慎根據需求作出應對。每年平均只有一萬單位的新租屋，要如何滿足突然劇增的居民人口需求。這尤其是在2007年以後的情勢。

六、2011年2月26日，主管國家人口與人才署的副總理黃根成仍認為，新加坡還沒有到政府需要不惜一切，用盡法寶去鼓勵人民「造人」的地步，他認為「暫時應該按兵不動」的原因有兩個：黃根成強調生育是非常個人的決定，個人需負起一定的責任，並做出一定的犧牲，而不應一

味地期待政府做得更多；政府不考慮「北歐模式」的另一個因素是擔心社會代價。

由此，不禁讓人質疑黃根成面對已經非常惡化的生育率問題的思維邏輯是否過於僵化，而導致他主張大量引進移民以取代提供更多生育獎勵措施的做法。

七、根據社會發展、青年及體育部政務部長符喜泉2011年初在國會辯論時透露，目前有3,600個人民接受每月400元的援助金。當時的牛車水、金聲區議員梁莉莉醫生就指出這個數字遠遠不能滿足受援助者的溫飽問題。而至今新加坡還有10萬戶處於生活基準線下，屬於需要受幫助的家庭。她認為政府應從制度上入手，比如設立社會保護網，而不是透過暫時性的措施，如就業獎勵計畫或社群關懷基金來應付。梁議員的肺腑之言並沒有獲得有關部長的重視。

八、2011年5月1日，前外長楊榮文召開記者會提到：「人民行動黨必須進行變革的重要。這是我們已持有一段時日的信念。競選一開始時我不覺得我應把這些話說出來，但隨著競選一步步展開，隨著這把發自內心的呼喚越來越響亮，我決定坦率地說出來。不論你喜歡與否，新加坡正在邁向一個新的政治發展階段。我們如何做出反應，將決定新加坡在21世紀的命運。……人民行動黨須好好地自我檢討，了解社會是怎麼改變，人們為何對政府有這麼多不滿，必須努力爭取使新加坡人重新團結起來。」他的談話最具代表性，也最能概括政府領導人對時代和社會變遷的反應失誤。

第三節 ── 促使矛盾激化的導火線

李顯龍主政後,經濟發展帶來的政治效應,並不如該黨所預期的那樣變得越來越好。事實上,政府與人民之間,出現分歧與走向分裂的跡象日益明顯。正是政府對這股暗流沒有或沒能及時察覺與應對,才引發了5月大選的風暴。導致矛盾激化的導火線就在於:

因人口趨向高齡化而加速吸收新移民

官方統計數字顯示,人口出生率的逐年下降和人口高齡化的加速,勢必引發一連串問題。如非勞動人口對勞動人口的比例的日益加大,而使競爭力下降。因而,國家將面對更沉重的社會義務與責任。政府認為有必要採取對策,以紓解結構改變帶來的不利影響。

正是這種務實與前瞻性的考量,促使政府不僅強調須引進外來移民,而是加速大量引進新移民。就是吸收40歲以下擁有較高學術和技術能力的外來移民,成為永久居民和公民。由於數量激增,確實增添了整體的國民素養與競爭力。

然而,突然大量的增加新公民和永久居民,很快就顯露其負面影響。學校入學人數的增加,讓原本預計逐年減低班級學生人數的規畫面對瓶頸,教師、教室等難以跟上,延緩了教育體制改革的進度;新公民和永久居民對組屋的需求突然增加,造成市場供應緊俏,價格上升。當然,這種情況或多或少也帶來醫療體系的額外負擔。

這種情況的出現,對原本處於相對競爭激烈的小學入學課題,無疑是火上加油。而組屋價格的不斷上升,尤其對新婚夫婦的衝擊力加大,

以致怨氣油然而生。醫療體系的額外負擔則讓人民加深了對體制不滿的情緒。

因經濟轉型大量引進外來人才與勞工

政府基於經濟發展需要，大量引進外來人才和勞工，的確有助於把 GDP 提升到亮麗的水準，國民的平均收入也上升到前所未有的高度。為人民的就業機會提供了更多更廣闊的選擇空間。儘管面對金融風暴，失業率也迅速回降到新低。

然而，這樣的經濟發展模式，透過引進外來人才和大量外籍勞工的措施，尤其是突然大量增加的發展計畫所需要的建築勞工和由此帶動的服務業的員工需求，為原本已經出現裂痕的社會，注入更多的負面因素。這是因為，原本因受到教育程度局限；因受經濟轉型影響；因年老或競爭力下降的人民因此帶來更多的競爭與壓力，導致這些行業員工的待遇，無法跟上生活水準的提升，突顯貧富差距日益加深。即使處在原本就業市場相對平穩的國民就業市場，也因面對外來人才更激烈的競爭，而更難於獲得升遷與加薪的機會。而新進入勞動市場的人民，則面對更多的競爭而處於無奈。所有這些，預示著新的措施引發的負面效應日漸明顯。

這像公共運輸系統中的巴士和地鐵，現有設施難以承載，擁擠現象有增無減。更多的車輛，則加重了交通堵塞。於是，人們對公共運輸系統的指責和怨言快速燃燒。

外來人口的突增，帶來殷切的住屋需求。高收入階層固然使私人開發商賺得盆滿罐滿。讓有能力的房產投資者享有高回報的租金或者投資

報酬而眉開眼笑。但對於那些只能購買公開市場組屋，以獲得居住空間的外來者，無疑突然間湧出一股強大的需求。組屋價格一漲再漲，房租水漲船高，正是這股需求加速了公開市場的熱度和投機氣氛。對此，顯然有人高興有人愁。高興，是因先擁有產業而獲益；失望，則因無法圓夢而興嘆，心裡七上八下，很不是滋味。這股怨氣，很自然把矛頭指向政府和相關部門的執行者。

激化民生問題的政策導向與誤時誤事的應對之策

新加坡的社會變遷顯示，行動黨政府對民生問題的對策，與現實狀況早已出現鴻溝。自我認知的落差更讓矛盾走向激化，以致引發人民尋求改變。問題出在：

社會福利與安全網。從建國開始，政府的社會政策，橫貫一條紅線，就是避開採取福利主義，而主張實行自力更生與家庭為主的社會福利政策。因此，當國家還處於快速上升的發展階段，由於社會流動性很大，加上從高度失業走向全民就業，雖然家庭人口較多，但隨著收入的增加，社會各階層都或多或少從中受益而使生活品質獲得提升。人民一方面越來越重視追求物質和生活的改善，另一方面，處於對政府的執政能力與誠信日益加強，即使政府推出不利於民的某些政策，人民基本上都樂於承受和認可。

當國家建設進入 2000 年之後，情況出現了新的變化。雖然新加坡已是一個兩頭尖中間大，有如橄欖狀形態的社會。最富有的占 20%，中間層占 60% 和最底層的占 20%。由於貧富差距日益明顯，處於最底層 20% 的人民所面對的困境加劇，收入減少或保持不變，支出卻相對不斷

上升，這種態勢首先令最底層的人民深感生活壓力吃不消。即使處於中間階層的人民，也日益感到受生活和競爭的壓力，而處於進退兩難。

社會結構的變遷與解體，更是日益深刻影響著人民的生活理念和價值追求。原本的大家庭模式早已不復存在，而收入長期落後於社會發展水準，既造成日常生活的困境，也加重了對家人所需承擔的費用，高昂的醫藥費更是讓人們寢食難安。對於原本就已經常入不敷出的最底層人民無疑是雪上加霜；即使處於中產階層的部分人民，也因這種特殊需要而漸覺負擔越來越重，不勝負荷。

正是這樣的社會發展形態，逐步使人民面對著不同的國情，預示著原有的社會政策已出現脫節現象。

組屋價格是否負擔得起。對於政府向來承諾，組屋是人民負擔得起的說法，漸受人民質疑。隨著價格的不斷上升，社會議論顯然已趨向認為，組屋已非一般低收入階層年輕新婚夫婦所能承擔，或至少會讓這個群體深感債務是異常的沉重。加上新生代對於生活水準的要求和承受壓力的能耐，較之過去人民有所遞減，益發顯現主觀願望和客觀現實差距擴大的憂慮。事態的發展卻因部長反覆強調現有政策和條例，足以保證人民能購買得到他們所需要的組屋。如此一來，兩種針鋒相對的議論同行，未能獲得及時的處理而導致問題的複雜化。正是這種一如既往的看法，而使問題惡化並埋下眾怨而不自知。

受爭議的輔助政策。自第二代總理掌政以來，行動黨政府因不主張實行社會福利政策，但為了舒緩貧富差距的擴大趨勢，隨即採取即時對應的輔助配套和措施，以進行調適因經濟危機或政策調整（如消費稅）而引起的負面影響。又或者透過發送分紅給人民共享經濟成長的成果。在這樣的治國理念和政策指導下，人民先後曾經獲得國家發放的股票、現

金以及諸如水電、雜費等的各種回扣，數目可觀。

更有甚者，2008年金融風暴期間，政府更為了減輕商家和受僱員工受到的打擊，推出數十億元的就業輔助配套。極其有力地減緩商家和員工在這次風暴中所承受的打擊與影響。為了減輕底層國民的負擔，政府推出的援助計畫就有：公共援助金計畫、社群關懷中短期援助計畫、就業入息補助、社保援助計畫等。

然而，這些對策儘管對受影響的人民帶來一時的舒緩與減壓，卻難敵揮之不去的長期生活壓力而陷入被動與掙扎的心態中。人民在短期與長期利益糾纏中因不同的社會階層和際遇做出回應。當然心存感激者大有人在，可是，身陷困境者，對政策持有異議者，即便拿了錢，過後也不忘非議一番。這就是部分新加坡人的心態寫照。

對因經濟發展而形成的不同社會群體，在國家建設中漸漸陷入脫節與無法獲得足夠幫助的這一群人，就像被冷落而再也無法對自己疼愛有加的愛人，心存感激與寄予厚望。這種情況的出現，當然有體制、產業結構和政策帶來的衝擊和影響，但政治治理中的以民為本、民情回饋與溝通的不足，無疑是問題惡化的重要因素，而國民心態的改變、政治意識的多元，則使問題的惡化變本加厲。

新媒體推波助瀾

自網路媒體議政出現後，這個前所未有的情況無疑為不滿現狀的人民，尤其是年輕一代提供了難得的素材和平臺。儘管新媒體總是經常出現偏頗和以訛傳訛的言論見稱。不可否認，網路的確為新生代提供了便利可行的管道抒發情感和意見。日積月累，自然形成一種既有見地，也

有是似而非的議論，讓不同的族群產生不同的反響。這也無形中助長了怨氣和不滿情緒的覆蓋範圍逐漸擴大。這一改變，正是改變現實政治生態的新生動力，無人能加以否定和置之不理。

所有這些，因政策和措施所繁衍出的社會不滿，就像細菌不斷在生長繁殖，影響著國家的健康成長。可惜的是，問題的嚴重性並未引起執政者的及時與到位的處理。反之，一再地強調現有政策的可行性，加上未能有效應對新媒體的出現及其發展態勢，以致問題的惡化，被推到界臨火山爆發的邊緣。

第四節 —— 促成時代交替的政治賽局

根據憲法規定，新加坡每五年需進行一次全國大選，以選出下任的政府並組成內閣進行國家治理。按例，2011 年便是選舉年。根據選舉委員會公佈的選區劃分，新加坡將選出總共 87 為民選議員，其中有 6 人集選區 2 個、5 人集選區 11 個、4 人集選區 2 個以及 12 個單選區。（見圖表）

2011年新加坡大選基本概況

議席總數：	87（上屆84）
選民總數：	2,350,873人
單選區：	12區（上屆9區）
集選區：	15區（上屆14區）
不戰而勝：	1集選區，共5議席
有選戰：	12單選區和14集選區，共82議席

第二章　挑戰李光耀時代的政治賽局

新加坡人民對大選的議論，早已開始並隨著時間的推移日漸升溫。各種議論和揣測紛紛出爐。開始時，人們大致上還保持著看好人民行動黨的勝算。可是，隨著選舉的日益臨近而變得日益難於預測。因此，誰也沒有預測大選的結果會出現一個全新的局面。大選對新加坡政治變遷所帶來的衝擊，竟然如此之大之深，的確是選前無法想像的。這次的大選，人民難得有如此規模的參與，讓選民接受了有別以往的政治洗禮，因而突顯其深具教育意義。

選戰從對選情的預估、備戰到全面開打；各方人馬各展其能，各施其長到選戰終結，欽點戰果；能有所獲還是折翼而歸，因人因勢而定。毫無疑問，這場大選的結局，的確為新加坡的政治史寫下讓人難忘的一章。象徵著新加坡政治歷程的新起點，也意味著新加坡未來成敗的轉捩點。新的政治歷程，需要新的動力和方向指南，誰是新時代的締造者和推手，論英雄還看今朝！

選前朝野陣營的評估與部署

信誓旦旦的人民行動黨。選前，該黨的言論，基本呈現出自信與能獲得良好戰績的姿態出現。在執政黨看來，經過 2008 年的金融風暴之後，新加坡能順利度過難關，持續取得高成長、全民就業、國民年收入不斷提升，且有能力與民分享國家進步和繁榮的果實，大派分紅。這是難得的有利時機。況且，黨內早已進行備戰，挑選政治菁英，一如既往地順利進行。加上長期治理政績彪炳，心想政府務實，人民也會務實，應相伴相隨。過去如此，如今想必不會棄之而去。

正是這種心態和預測，人民行動黨在選前的表現，總讓人覺得它是

第四節—促成時代交替的政治賽局

那麼的自信和蕭規曹隨。或許，人民行動黨做過最壞的打算，正如該黨主席林文興所言，該黨曾預估會失去集選區的最壞打算。然而，從選戰的變化來看，該黨內部並沒有做好充分的打算。事態的發展只能證明，他們是在被動的情勢下作出策略性的抉擇。

磨拳擦掌的在野黨陣營。選舉公布前的好一段時期，新加坡的在野黨早已對即將到來的大選嚴陣以待。促成事態發展的導因與動力，可以說來自許多方面。

從經濟層面來看，在野黨陣營的看法和言論早已顯示，對於現有的經濟發展模式提出諸多的意見和批評。儘管這些意見和批評未必能夠提供解決當前國家發展所面對的問題。無可否認，這些意見和批評，具有其一定的事實根據和作為替代政策的參考。至少它為人民提供了不同的思考空間。在野黨不論是根據自身的評估，還是從民間得到的回饋，他們異口同聲地認為，執政黨所推行的許多社會政策已帶來諸多不利的負面影響。尤其是貧富差距的日益擴大所造成的衝擊。

從政治層面看，在野黨陣營對執政黨長期一黨獨大的統治，所形成的政治生態的非議和鞭韃與日俱增。這種批評與指責並非全是無中生有。除了雙方對於統治模式所持有的觀點各有不同，而各自有其理據。但從政治生態發展的視角來看，這種分歧不只是理念和治國經驗的有所區別，更重要的是它反映了社會發展所引起社會結構的改變和進步。執政黨和在野黨就像走在兩條不同軌道上的列車，各自加足馬力前進。

從社會層面來看，反對黨陣營的言論和活動的氣勢，近年來之所以不斷高漲，正是他們察覺到現實的新加坡，已經出現諸多不同的社會需求。而這些社會需求正符合或印證了他們一路來的看法。無形中為他們提供了從事政治鬥爭的立足點。更何況，這些情況的存在在在野黨人的

第二章　挑戰李光耀時代的政治賽局

放大鏡下所形成的影像是那麼的嚴重。這尤其當他們從新媒體所嗅到的異味，盡然是如此強烈而深受鼓舞。

心中有數和冷眼旁觀的選民。大選公布前的評估，選民的政治傾向大致可分為35%執政黨的忠實支持著，25%在野黨的支持者，而40%則處於中間游離選民。但隨著選情的發展選民的心態也開始變化。最明顯的就是中間選民的政治趨向有所變動。身為中產階級這個占選民大多數的群體，出於自身的政治理念和權力意識的上升，已變得更加重視個人的權益和參與。這是2006年大選前未曾明顯形成的政治板塊。

新一代選民為新加坡大選帶來衝擊。Copyright © Pauline Tan 陳佩瑩攝

2011年5月大選面對的另一個重大改變就是「後1965年代」選民的數量占選民的近半數帶來的衝擊。這一群體包括了21歲到50歲的選民。其中又以30歲以下選民的政治傾向尤其引起關注。這是一群熟悉新媒體世界與深受潮流影響的政治板塊。

全力打拚的朝野陣營：政綱、陣容、布陣

　　步步為營的人民行動黨。提名前，執政黨按自身的評估和定位，精心規劃了大選的布局。可以說，一方面，考慮到國家長期的發展需要而著眼於第四代執政團隊的建設；另一方面，為推進新加坡的持續發展和改善人民的生活，制定相關的政策和措施。在執政黨看來，這些政策和措施都是關係到新加坡的根本利益和為選民提供最好提升社會地位與生活的及時對策。備受爭議的選區劃分顯然也成為了布局中的布局。

　　顯然，行動黨政府也已察覺政治氣候和民情的改變。但在該黨看來，並根據過去的經驗，認為只要執政黨在政治活動空間加予調適，應能應對改變了的情況。正是這一思維，政黨政治活動的空間有所擴大，尤其是放寬對在野黨的言論空間。例如：允許大專院校主持政治議題的座談會、報章公平報導在野黨的言論和活動新聞。這期間再也沒有利用組屋翻新做出政治威脅和對特殊的政治人物採取強力的政治轟炸。因此，逐步改變了原有僵硬與不對稱的政治氛圍。

　　這次大選行動黨總共推出 24 名新一代的獲選人出戰，以取代退出政壇的老將舊人。其中點名為第四代執政團隊的五、六位新人更是強力推薦，以顯示其重要性。為了贏得選民的重新委託，該黨提出了「風雨同舟、共創未來」的政綱。要點有：

- 我們（行動黨）尋求您的委託，以便創造機會，讓大家都享有更高的收入。
- 改善低收入新加坡人的生活。
- 讓每個孩子發揮所長。
- 每個鄰里都有好的小學。

第二章　挑戰李光耀時代的政治賽局

◆ 建設活力四射的城市，溫馨可愛的家園。

◆ 改善我們的鄰里。

◆ 幫助我們的年長者保持活躍、健康和生活充實。

借勢造勢，全面出擊的在野黨陣營。五月大選是自 1980 年代以來，在野黨難得的機遇。促成這股趨勢的原因和動力，正是社會發展與進步為他們提供了立足點，而人民行動黨政府長期政策的某些失誤造成的負面影響為他們製造了彈藥。當然，這麼多年來的「臥薪嘗膽」，深耕細作的從政者，總算看到一絲曙光。有趣的是，選前各方人馬一改過去瞻前顧後的情勢，蠢蠢欲動。而政府較開放的態度則給予了他們更大的勇氣和推動力。新媒體的炒作無疑火上加油更加促成了氣勢。當然新媒體為在野黨陣營提供了前所未有的平臺。

就這樣，處於在野黨陣營中的工人黨先聲奪人，氣勢最強，朝向建立第一世界國家、第一世界國會的口號最響。原本有點異軍突起的革新黨，卻選前遭遇滑鐵盧，人才出走，突然間氣勢大減，得益者成為了國民團結黨和新加坡民主黨。這股改革風隨著選前的加溫，則進一步帶動了更多原有體制的離心者和異議者，公開表態而成為競選的熱門人物，深深地吸引了人民的目光。也為新加坡人民黨和民主黨增添了數名大將。一時間彰顯在野黨陣營的氣勢如虹。其他較小和新成立的政黨當然也不落人後，躍躍欲試。

從以下各參選政黨的政綱和候選人的布局，就可以看出各自的政治能耐和目標：

工人黨競選宣言要點
· 國家監管與公民自由

投票年齡降低至 18 歲。

檢討《公共秩序法令》。特別是禁止拍攝工作情形，警方可下達解散指示等條例。

- 司法與公共秩序

與其將罪行列為死刑，應讓法官根據個別情況做決定。

死刑應有兩名法官審判，一致通過才能執行。上訴時，死刑同樣得獲三司一致通過。

- 資訊通訊

制定「資訊自由法案」，允許人民向政府索取資訊。

- 經濟

減少頒發政府獎學金，並允許一些獎學金得主轉到私人領域工作。

有效控制房地產價格和店面租金。

新加坡在野黨陣營中，以「潮州鐵漢」劉程強領導的工人黨氣勢最強。
Copyright © Pauline Tan 陳佩瑩攝

第二章　挑戰李光耀時代的政治賽局

- 人口與移民問題

    給予父親至少 6 天有薪陪產假，其中一半薪資由政府承擔。

    獎勵僱主實行靈活工作制，提高工作與生活平衡。

    移民人數不應超過國家基礎建設的速度。

- 住房

    組屋定價應根據合格購買者的收入中位數調整，並以 20 年貸款期為衡量。

    靈活評估租賃組屋申請者。

- 醫藥

    為所有年齡層推出強制性基本醫療保險計畫。

- 教育

    探討小學至中學直升制度。

    特別學校應與教育部直接資助管理。

- 社會

    廢除居民委員會和公民諮詢委員會，讓基層活動自行發展。

- 交通

    廢除公共交通理事會，由陸路交通管理局直接監督公共交通。

    讓樂齡人士享有全天乘車優惠。

- 體育

    新加坡應派足球隊參加大馬盃，建立國民團結意識。

    全國體育協會的領導人應是體育界人士並由體育界推選，而不是政治人物。

• **人力**

應定期給予低薪工友入息補助，金額應按生活費調整，而且更多為現金。

把退休年齡延後至 65 歲，或確保員工在 62 歲至 65 歲能繼續受聘。

• **退休金**

不應在經濟衰退時削減退休金繳交率。

除了基本利率，也應定期分發紅利給退休金會員。

允許人民在 60 歲便提取退休金，並讓面對經濟困境者在必要時提取部分退休金。

這次大選，工人黨總共推出 23 名候選人。分別參加 4 個集選區（阿裕尼、東海岸、義順、摩棉——加冷）和 3 個單選區（如切、後港、榜鵝東）。從候選人的布局來看，他們集中攻打阿裕尼集選區，也力圖保住後港單選區。該黨集中最優秀的人才，包括老將劉程強、林瑞蓮和新兵人氣王陳碩茂在阿裕尼集選區的意圖，顯然是為了突破集選區自 1988 年設立以來在野黨深受限制的局限。劉程強的走出後港被看成是他政治生涯中的一次決戰。

國民團結黨競選宣言六大項

• **經濟成長模式**：適度引進外來人才。減少中等技能外來移工數目；在就業方面，優先照顧新加坡人；協助提高中低收入階層的薪資；以及支持中小企業的成長等。

• **政府開支**：增加醫療開支以減少人民負擔；增加醫院床位以應付日益高齡化的人口；增加對公共交通的投資。

• **消費稅率**：從目前的 7% 調低為 5%；基本必需品豁免消費稅。

- **政治領導層**：培養有志於服務大眾的政治領袖；削減部長薪水，使其與全國薪資成長掛鉤；擴大「人才」的定義，不僅限於高收入者或菁英；減少擔任政治職位的人數。
- **國防**：透過精簡訓練，把國民服役期縮短為 15 個月。

該黨在這次大選中總共派出 24 名候選人，是在野黨陣營中人數最多的一個政黨。這個自 2007 年才退出新加坡民主聯盟，而另起爐灶聲稱「百納海川」的政黨，競選提名後態勢不錯。他們分別競選 4 個集選區（馬林百列、裕廊、蔡厝港、淡賓尼）和 4 個單選區（黃埔、拉丁馬士、先驅、蒙巴登）。特別引起矚目的是推出了前獎學金得主陳禮添、潘群勤夫婦。該黨在布局上顯然不如工人黨集中火力攻打某個集選區，而是把精銳部隊擴散開來，四處出擊。

新加坡人民黨競選宣言要點

- 在國會上代表新加坡公民的心聲。
- 關注公民的生活需求，對此制定並推行政策。
- 廢除集選區等不公平制度，建立多黨代表國會。
- 制定公平、穩定且經濟上可行的政策。
- 提高生產力並提倡具包容性，鼓舞人心的工作環境，作為長期經濟成長的支柱。
- 改善環境以拉近貧富差距，並更公平分配社會財富。
- 確保樂齡者有足夠退休金並可負擔醫藥費。
- 調節生活成本並確保住屋供應充足，價格在人民負擔得起的範圍內。

該黨元老詹時中歷經多次黨內紛爭與重建，幸得在大選前徵召了

高級公務員方月光和幾名新秀，得以總共派出六名候選人分別參選碧山 ── 大巴窯集選區和由夫人羅文麗代徵波東巴西單選區。而詹時中的跨戰比鄰大巴窯集選區，棄守原有的單選區，也被看成是勇敢尋求突破的一種努力與大膽嘗試，特別是在他身體健康情況大不如前的境況下出征。

新加坡民主黨的承諾

- 民主黨的國會議員將獻出 50% 的議員津貼以提升對居民的服務，並設基金幫助經濟有困難的居民。
- 不會未經居民授權，而將市鎮理事會的盈餘投資於高風險投資專案。
- 與居民攜手合作，把市鎮理事會管理得比人民行動黨的市鎮會出色。
- 除了接見選民，民主黨將進行季度市政廳會議（Town Hall Meeting），收集居民對不同政策的意見。
- 取消基本生活用品和食物的消費稅，並把其他消費稅減至 3%。
- 推行「新加坡國民優先」政策，確保僱主優先給予公民工作機會。
- 取消最低退休金存款政策，歸還人們的血汗錢。
- 降低藥物、求診、綜合診療所和醫院的費用。
- 設施最低薪資制。
- 把師生比例從 1 對 40 減至 1 對 20。

該黨的政治形象因受自身領袖的政治言行所影響，在人民中，常引起各種不同的眼光和評語。不過，大選提名前，該黨卻迎來了一批高學歷和知名人士的加入而有異軍突起的態勢。其中以前總理吳作棟的私人祕書陳如斯的來勢最為強力。該黨總共派出 11 名候選人參選 2 個集選區（荷蘭 ── 武吉知馬、三巴旺）和 2 個單選區（裕華、武吉班讓）。從候選

人的布局來看，該黨試圖透過攻打集選區以求突破，顯然是關鍵點。

新加坡革新黨的政鋼

- 提供更廉價和更好的低收入住屋。透過增加土地供應和允許私人業界的更多參與。
- 透過現有繳交的退休金以支付設立普及健保制度，取代現有保健儲蓄和健保雙全。
- 基本養老金，所有受益者只要工作和繳交足夠年限的退休金得以享受之。
- 改革退休金制度以使所繳交的退休金能用以支付健康、失業保險和基本自動養老所需。
- 普及兒童受益計畫（作為部分最低保障收入）以取代目前有利於高收入婦女依據稅率計算。
- 給予在職者最低保障收入，以取代目前的就業制度。並將之與兒童福利和稅務制度融合。
- 制定最低薪資制，以鼓勵企業提高生產力。
- 改革外籍勞工政策。在新加坡人優先之下，確保企業獲得所需的熟練技工。
- 對於中等和以下收入階層，在整體開支占較高部分的某些類別，如食物給予減低或豁免繳交消費稅。
- 從學前到中學階段，提供普及與強制免費教育。
- 擴大大學生收生額。為改進國民教育素養而增加投資。
- 增加對年長員工和婦女的援助，以使他們重新進入和留在勞動市場，獲取所需的新資歷。

- 國民服役減少到 18 個月，並儘早實現為期一年的目標。
- 新公民或永久居民需履行國民服役或繳付若干稅務取代。
- 民營化淡馬錫控股和政府投資公司，並將股份超過五年分發給新加坡公民。
- 透過低稅率為持續經營與營造良好的外來投資環境。
- 為中小企業提供更多支援，以便成長為世界級的企業。
- 廢除限制言論自由，以鼓勵為 21 世紀知識型經濟所需要的創新和創意。
- 減少政府的浪費與無效率。從大幅度削減部長薪水開始，並以工作表現和直接所享有的福利掛鉤所取代。

革新黨兩年前，自 J.B 耶勒南的兒子肯尼思·惹耶勒南接管該黨領導權後，原本氣勢逐漸上升，無奈黨內分裂導致元氣耗損。因此，提名時該黨只能派出 11 名候選人。由肯尼思祕書長領銜出征西海岸集選區和宏茂橋集選區。由於名聲和勢力受影響，即使提名後，相對於主要在野黨，已無法強烈吸引人民的關注。

新加坡民主聯盟政綱

民盟的競選口號是：「一心為民，以民為本，新加坡人為先」。而該盟有一個夢：

- 生活開支將放緩。
- 低收入家庭負擔得起的組屋。
- 將收入差距縮小。
- 作將首先提供給新加坡人。
- 醫療費用將不再是一個貧窮新加坡人的憂慮。

第二章　挑戰李光耀時代的政治賽局

　　這個集合了幾個不同政治組織的聯盟，雖然有過不錯的聲勢。但隨著分裂和各自為政的機制下，氣勢已過。因此，提名時也只能派出 7 名候選人。參加白沙——榜鵝集選區和由該黨祕書長林睦荃出征榜鵝東單選區和人民行動黨以及工人黨候選人形成唯一的三角戰。

　　競選政綱。行動黨為大選提出的政綱是較全面和具體的。重點放在整體國家建設和選區建設兩個層面。因此，政綱所要轉達的訊息，就是希望未來五年能獲得選民的重新委託，朝向建設一個更加美好的家園作為該黨的施政目標。

　　反觀在野黨陣營的競選宣言，並沒有任何一個政黨有提出完整的替代政策。不過，在施政的諸多層面，的確提出了與執政黨不同的政策或看法。這種情況的出現或許有兩種解釋。即以現有在野黨政治能耐的確還無法辦到，又或者這是他們的競選策略。因為像新加坡這樣一個受到諸多條件限制的小國，經濟政策的遊動空間並不大。與其期望和執政黨的政綱相似，不如避開更為有利。正是由於在野黨並沒有在創造財富方面提出必要的政策主張，而重點在於如何分配財富，以致無法讓人民了解他們的整體政策的可行性。這無形中也削弱了在野黨陣營的政治能耐與可信度，而成為它們的軟肋。

　　競選陣容。人民行動黨這次推出的候選人，重點放在吐故納新，以建立第四代執政團隊的長遠目標為基礎，並結合現有執政核心，以期能夠為新加坡繼續打造一個亮眼的新加坡。整體來看，並沒有特別亮眼的候選人浮出檯面。前左派第二代代表王乙康和普傑立的參選，不失為選情的一個特點。提名前引起爭議最多的候選人陳佩玲和臨陣換人的事件，則為該黨增添了不少的花邊新聞。顯示該黨的競選準備工作仍然存在漏洞。

　　在野黨陣營在這次大選的表現，可以說較之過去有了長足的進展。參選人數高達 82 名，幾乎全面參選，破歷屆紀錄。更有甚者，此次參選

的候選人，在學歷和個人資歷等方面皆有更突出的背景。其中多名前獎學金得主的參選便是嶄新的情況。可以說，在野黨陣營已打破長期人才凋零的局面，並將對今後的政治生態產生重大的影響。

競選布陣。整體上，行動黨的布局，試圖以實力對實力的策略考量來抗衡在野黨陣營的出擊。因此，基本上是讓原有選區的主要人馬留任並結合新人為組合迎戰。這次的選情，較之過去已有了不小的改變。一是提名後，只有丹戎巴葛集選區自動當選，其他選區都必須競選；二是選區多，戰線拉長，執政黨已經漸失人才優勢。因此，較難集中人才與實力和在野黨較量。

可是，儘管參選的在野黨多達六個，發展與政治能耐不同，但他們卻能在選前透過協商取得席次分配的基本共識。除了榜鵝東單選區出現工人黨和民主聯盟的候選人同時參選的例子外。所有的集選區和單選區都只有人民行動黨和反對黨競爭，這為在野黨的得票率和勝利增添了籌碼。

憂喜參半和遊走於維穩和思變的選民情懷

大選提名後，隨著選情的激烈，政治爭論早已把民眾情緒挑動起來。面對如此局面，不同政治傾向選民的心情變化各異。向來支持政府的選民，不得不為改革之風越吹越烈而感到憂慮。而長期力挺在野黨的選民則喜在心頭，總算盼到新局面的出現。至於占約40%的中間游離選民，則搖擺於該考量維持穩定還是尋求改革為主，催促著選民做取捨。因選情改變而投向支持在野黨陣營的中間選民大有人在，而受困於兩難取捨的選民也不在少數。不少選民便是處在這樣的心態中，注視著選情的發展，以便自己能做出最後的抉擇。

第二章　挑戰李光耀時代的政治賽局

競選策略與策略的運籌帷幄

4月27日提名後，雖只有十天的競選活動期限，選戰所引起的反響，不再是和風細雨，而是波浪滔天。執政黨的原先策略布局和競選宣傳日顯與民情脫節。在野黨陣營則出盡全力，利用民生問題，痛斥政府長年以來的不是和不足。相比之下，執政黨顯然已面對嚴重的挑戰和考驗而漸處防守。這樣的選戰益發考驗從政者的策略思維和策略運用的應變能力。

2011年新加坡大選　參選政黨形成的選區對壘表

12單選區

榜鵝東	行動黨VS工人黨 @民主聯盟	後港	行動黨VS工人黨
盛港西	行動黨VS工人黨	武吉班讓	行動黨VS民主黨
先驅	行動黨VS團結黨	裕華	行動黨VS民主黨
黃埔	行動黨VS團結黨	拉丁馬士	行動黨VS團結黨
豐加北	行動黨VS人民黨	如切	行動黨VS工人黨
蒙巴登	行動黨VS團結黨	波東巴西	行動黨VS人民黨

4人集選區

荷蘭—武吉知馬	行動黨VS民主黨	摩棉—加冷	行動黨VS工人黨

5人集選區

三巴旺	行動黨VS民主黨	義順	行動黨VS工人黨
東海岸	行動黨VS工人黨	阿裕尼	行動黨VS工人黨
碧山—大巴窯	行動黨VS人民黨	淡濱尼	行動黨VS團結黨
西海岸	行動黨VS革新黨	裕廊	行動黨VS團結黨
蔡厝港	行動黨VS團結黨	馬林百列	行動黨VS團結黨 @國民團結黨
丹戎巴葛	行動黨不戰而勝		

6人集選區

白沙—榜鵝	行動黨VS民主聯盟	宏茂橋	行動黨VS革新黨

注：行動黨不戰而勝的丹戎巴葛選區為李光耀所屬選區

第四節—促成時代交替的政治賽局

行動黨競選策略與策略的運籌帷幄。從策略層面看，執政黨把建立第四代執政團隊，作為這次大選的主要策略目標。而其思維邏輯就是透過「風雨同舟、共創未來」的政治綱領和打造一個更美好的社會作為策略定位。這樣的策略考慮幾乎和過去的策略思維一脈相承。因此，整個選區布局的思考方向也就跟著過去的思路走。

從策略的層面看，這次執政黨的競選策略有被肯定的，也有被批評的。肯定的層面是時機良好（經濟狀況，成長分紅，競選硬體工作準備充足）。然而，最嚴重的問題出在對民情和民心的了解出現巨大誤差，以致在整個競選策略上產生嚴重的失準。競選基調無法與選情變化相對應，導致競選一開打，雙方就極力爭取策略主動權。而原本掌握策略優勢的執政黨突然發現漸失主動權，變成策略防禦的被動態勢，而個別選區更是呈現力量對比的逆轉。

競選期間運籌帷幄的目標和功能，最關鍵的問題是當執政黨的競選基調與布局的失準所造成的被動局面，要如何扭轉進而重新掌控主動權。提名後，執政黨的宣傳重點一方面在於突出自己的政績和未來的發展承諾；另一方面則是針對在野黨提出的議題做出反駁與澄清。並且，各選區大致上由領軍或部長出面應戰。在在野黨拚命炒熱民生問題的助長下，執政黨並無法逆轉被動的策略姿態。

直到 5 月 3 號，吳作棟資政指出行動黨的策略將由防禦轉為反攻，才使選情出現好轉。5 月 4 號，李顯龍總理在珊頓道舉行午間群眾大會，放低身段，出人意表地做出道歉以及表明會聽取民意和做出改變。這一深具歷史意義的表態，無疑為執政黨贏回了一定的民心，阻止了中間選民的進一步流失。

選戰結果，外因透過內因促成了政治體制的轉型，突顯了危機中的

第二章　挑戰李光耀時代的政治賽局

契機。執政黨能化契機為機遇，並最終引領時代的跨越，具有贏得策略勝利的意義。

競選熱門課題的爭論

一、政治體制與第一世界國會

李總理認為新加坡國會辯論水準超越先進國家，並認為「我們（行動黨）已考試過關」；呼籲選民給予行動黨政府多一點時間解決人民關注的問題；尚穆根否定劉程強「備胎論」；王瑞傑指決策人若忙著在國會爭論，國家將難在競爭環境中立足；楊榮文指出為滿足人民未來需要，行動黨應自我檢討與改革；提出行動黨有必要轉型治國理念，並獲得總理支持。

二、在野黨的監督與制衡作用

李光耀資政發表宣告強調「把焦點放在根本原則上」，和阿裕尼選民如果投選在野黨「會後悔五年」；維文則指責民主黨人只是「投機者」；黃永宏告誡選民若為了私利而投選反對黨是危險的；黃根成辯稱伊斯蘭祈禱團頭目馬士仕拉莫在拘留所逃跑事件已交待清楚。

三、經濟模式

民主黨候選人陳如斯建議淘汰製造業，貿工部長林勳強批評將打破人民飯碗；哈莉瑪則說不是人人有能力轉換服務業；林文興則反駁陳如斯批評政府道德方向迷失的指責，突出兩個 IR 整體帶來的好處；尚達曼保證消費稅五年內不調高，並驚訝在野黨提出的政見沒意識到國際社會的根本現實；楊莉明指陳如斯最低薪資制無實在好處，並可能造成大量工作流失。

四、選區的建設和治理

楊榮文呼籲工人黨公布阿裕尼集選區發展計畫；馬寶山以阿裕尼的組屋售價和後港的相比；楊榮文表示他對李光耀資政提到，如果阿裕尼選民投選工人黨，下來五年必將後悔的言論並不擔心會受拖累。

五、組屋，教育與醫療體制

馬寶山認為工人黨的建議將使組屋貶值，強調年輕夫婦負擔得起新組屋價格；批評劉程強主張調低土地價格以建造較低廉組屋的看法等於動用國家儲備金；許文遠認為 3M 制度是個獨特的制度，可避免陷入西方國家醫療保健制度面臨的困境等等。（引自《聯合早報》、《海峽時報》報導）

這次大選，朝野雙方的口誅筆戰中，留下不少深具代表性的言論。有些談話不僅轉遍四方，受人矚目，牽動神經，更因爭議你來我往，一波接一波，讓人看了聯想翩翩。就像執政黨以第一世界國會議員和第一流政府，以應對工人黨第一世界國會的競選口號；劉程強用「備胎論」和「副駕駛」等生動吸人眼球的政治比喻來說明在野黨的功能。

應該說，最具震撼性的言論，莫過於李光耀在 4 月 30 日記者招待會發表的言論。面對著提名後選情的升溫，行動黨似乎將面臨失去阿裕尼集選區的危險。因此，李光耀說：「如果阿裕尼選民決定往那個方向走，那他們將會有 5 年的時間來後悔」。此言一出，即被媒體廣為報導，各種解讀紛紛出爐。網路上抨擊之聲不絕於耳，認為是在「恐嚇」選民，反感至極。在野黨抓緊話題不放，強力駁斥。工人黨更在萬人群眾大會號召選民「用選票拿回自己的權力」，把「工人黨送進國會」，該黨主席林瑞蓮更向選民承諾如當選，居民絕不會「懺悔」。就當時對選情的影響，李光耀的發言無疑產生了負面效應。

第二章　挑戰李光耀時代的政治賽局

5月3日，當記者問及楊榮文對李光耀的談話的評語時，說他不擔心被李光耀的言論拖累。這番話的用意雖見仁見智，但選後結果，或許已不解自明了。

在野黨陣營的競選策略與策略的運籌帷幄。整體上來說，在野黨陣營的競選策略雖然無法步調完全一致，但他們能夠取得一對一的競選態勢，可以說是先取得了某種便利。不過，分別來看，在野黨又各有其優劣勢，以致無法形成最強大的聯盟而給予執政黨最大的攻擊力度。選戰開打後，最能吸引人民目光的要算工人黨，其次是國民團結黨、民主黨和人民黨。而革新黨和民主聯盟的聲勢漸弱，而變成區域性的反對黨，較少受到人民的關注。

在野黨陣營中，在競選策略和策略的運籌帷幄方面，展現傑出表現的首推工人黨。可以說他們在整個競選期間，盡領風騷。這應歸功於工人黨在祕書長劉程強的帶領下已取得長足的進步。而劉程強本身也已練就一身政治火候，在選戰中展露出領袖的風範。

年初，當人民對大選議論升溫之際，工人黨應是意識到要在執政黨亮麗的政績基礎上做到政治上的突破，只有找到能引起人民共鳴的議題才能促成改變。而要達到戰勝強大對手的武器，就是利用選民的切身利益問題引起人民共鳴。這便是工人黨競選策略思維的源頭。正如工人黨主席林瑞蓮所說，「人民」是工人黨的祕密武器。在這樣的思維指導下，工人黨巧妙的設計出朝向建立第一世界國會的競選口號，並把它包裝成具有策略目標的政治訴求，以迎合要求改變的民心民意。

工人黨競選活動的運籌帷幄之所以能夠取得如此重大的突破，正是它在競選前，透過競選口號為該黨樹立起的口碑與形象，達到先聲奪人的氣勢。提名後，形成強中強態勢，因而造成全國選民聚焦在該黨身

第四節—促成時代交替的政治賽局

上。阿裕尼集選區也就成為了所有選區的焦點,工人黨更把所有選民的目光投在劉程強的領袖魅力身上。這就無形中逐步把劉程強塑造成不可或缺的政治人物,進而牽動了選民的認可與催化選民思想轉變的政治效應。工人黨更看準在野黨組織群眾大會的優勢,把這一宣傳形式和功能發揮到淋漓盡致。

　　工人黨在後港體育館舉辦的最後一場群眾大會,就有這樣的氣勢。據說有超過 3 萬群眾出席,盛況空前。為了親身體驗工人黨群眾大會的氣氛和影響,當晚我也曾到場參與。我雖是早到,但已人潮洶湧,現場的氣氛的確讓人有著不同的感覺。大會開始前,民眾從全島各地,以不同的方式,步行、駕車蜂擁而至,把附近道路阻塞得水洩不通。大會開始後,臺上演講聲,臺下哨聲、鼓聲,還有吶喊聲交織在一起,支持者的熱情,旁觀者的專注,還有種種為了不同目的和期許而來的非新加坡人,融合成人山人海,展現出別有意境的畫面。這就是工人黨掌控群眾大會的能耐。

2011 年新加坡大選,工人黨在後港體育館舉辦的最後一場群眾大會,據說有超過 3 萬人出席。

当然,工人党之所以能攻破集选区,取得前所未有的胜利果实,与该党能够派出特强的候选人团队有着密切的关系。这又归功于该党长期采取理性、务实与负责任的从政理念息息相关。

反观国民团结党,虽派出最多候选人,事后证明即使所得票数可观,却仍毫无建树,虽败犹荣。究其原因,错在缺乏焦点与集中火力。而民主党的主力团队强攻武吉地马集选区的失败,可以说自有其前因后果。前因在于民主党的形象不被看好,后因则是团队初建,未能发挥最大效益。人民党失去波东巴西单选区,也无法拿下大巴窑集选区,可以说已尽人事,非不战之过也。而革新党的表现平平,以及民主联盟痛失保证金则说明,选民基本上是分成两边占的选情。

竞选热门课题的争论摘要:

一、政治体制改革的需求

工人党强调建设第一世界国会。陈硕茂认为多党民主机制有效运作,政策会更好,民生也能更好,并指新加坡现有机制就是缺少民主监督。因此,需要有效的在野党透过现有机制加强宪政民主的运作。林瑞莲说:「第一世界国会」是要建立适合新加坡制度。刘程强的备胎论引人瞩目,并呼吁选民用选票拿回自己的权力,投反对党等于买保险。让更多「铁锤」进国会,确保政策获得充分辩论。

国民团结党陈礼添建议成立独立委员会检讨政治人物和公务员薪水,杨忠文认为良性竞争是民主的进步。

人民党方月光呼吁选民把这次选举当成对集选区的革命投票。詹时中认为在野党有能力多组织一个 A 队。下一届大选,在野党将能组织替代政府。

革新党的肯尼斯批评行动党跟不上世界和民主,并认为行动党的政

綱只是「泛泛而談」。肯尼斯促選民「將惹耶勒南送回國會」。

二、外來人才和移民造成的影響

國民團結黨駁斥人力部長顏金勇控制外籍員工的政策不全面。革新黨認為「移民政策存在缺陷」。陳如斯表明參選的理由是不同意政府引進大量外籍勞工和建立賭場。

三、貧富差距和中下層人民生活的困境

國民團結黨吳明盛批評「人民擁有瑞士般的高生活費」。劉程強說工人拿不到第一世界的薪資。革新黨等提出最低薪資制。

四、國民購買不起高價組屋

工人黨的林瑞蓮認為討論組屋價格課題，重點應是人們多久才能還清房貸，「回收成本」的概念並非要政府倒貼。國民團結黨吳明盛強力批評行動黨的組屋政策，認為組屋不應被當成賺錢工具。

五、醫療體系和弱勢群體及夾心層面對重重壓力

民主黨的戈麥斯公布影子醫療保健計畫以替代行動黨的現有 3M 制度。

六、經濟模式

陳如斯反駁 600 億元只是國庫的「零頭」。革新黨陳智祥批評退休金制度的缺陷，無法使人民得到保障。團結黨批評執政黨「若把國家當公司，執政者只看到數字看不到人情」等等。（資料引自《聯合早報》、《海峽時報》報導）

第二章　挑戰李光耀時代的政治賽局

改變時代的關鍵時刻

　　這場大選最具策略意義和戲劇性的變化，屬於人民行動黨領袖的當機立斷、改弦易轍。而選戰的激烈程度，毫不遜色於1950、1960年代的政治賽局。眾多多年難有參加投票的選民，終於等到了這樣的機會，因而對選情特表關注。這就造成不僅傳統媒體還是新媒體對大選的報導和議論，空前的廣泛與全面。而每個群眾大會，尤其是在野黨的群眾大會，特別是工人黨所主辦的群眾大會更激起人民的熱烈參加與響應。

　　面對著如此選情的變化，選民日益受到競選議論的衝擊，以致坊間和評論界也深受影響，而不斷對選情做出不利於執政黨的評語和預測。經過提名前後在野黨的集中宣傳與鼓動，甚至是誇大民生問題的嚴重性下已成為左右選情的主軸，而不再是執政黨所提出建設更加美好的新加坡願景。

　　在此情況下，執政黨的選情已處在被動和下風。而改革風則越吹越旺，民心的變化來勢洶湧。在此關鍵時刻，外交部長楊榮文5月3日向總理呈請行動黨必須作出檢討和改革。

　　5月4日，李顯龍總理終於在珊頓道午間群眾大會向全人民民公開道歉。當時他說：「沒有一個政府是完美的，我們向來盡力而為。但還是出了一些紕漏，例如馬士仕拉莫從拘留所逃跑，以及烏節路一場傾盆大雨氾濫成災。……但是我們犯了錯誤之後，必將承認錯誤，並向民眾道歉，承擔責任和糾正問題。」

　　5月5日，楊榮文在阿裕尼最後一晚的群眾大會上公開表示人民行動黨必須對人民的訴求做出積極的回應。他說：「他和他的團隊經過辯論和自省後，認為政府確實需要自我檢討，行動黨必須做出改革，以新行動黨的姿態打造全新的國民團結，以滿足人民的未來需求」。

第四節—促成時代交替的政治賽局

一場驚心動魄的大選，就這樣在意想不到的變化中，出現了策略性的轉機。正是這個改變才有機會讓新加坡的政治體制朝向更加民主與自由的階段前進。

選戰結果出爐——勝敗已分、江山待變。5月7日，新加坡全體217萬選民各自投下他們神聖的一票。當晚公布選舉結果，最終人民行動黨以60.14%的總票數和總雙贏得82個國會議席而蟬聯執政。這樣的選戰結果，一方面，對執政黨無疑造成極大衝擊，得票率的下降，意味著選民的政治意識已趨向明顯的改變。另一方面，意味著今後人民行動黨在治理國家事務上，將面對著更加多樣化的政治訴求。而阿裕尼集選區的失守，導致現任四位正次部長落選，尤其是外交部長楊榮文的敗選，對執政黨無疑是一個打擊。

2011年新加坡大選　參選政黨得票率與席次

政黨	候選人	勝選席次	得票率	無需投票	總數
行動黨	82	76	60.1%	5	81
工人黨	23	6	46.6%		6
國民團結黨	24	0	39.3%		
人民黨	7	0	41.4%		
民主黨	11	0	36.8%		
民主聯盟	7	0	30.1%		
革新黨	11	0	31.8%		

在野黨整體總得票數占40%。比上一屆大選上升了6.6%。備受看好的工人黨眾望所歸，一舉突破贏得阿裕尼集選區，並保住了後港單選區的議席，成為了在野黨陣營中唯一的勝利者。而該黨派出的候選人因在如切單選區和東海岸集選區均獲得最高的反對黨得票票數，有機會問鼎在野黨非選區議員。原本堅守波東巴西單選區的人民黨代夫出戰的羅

文麗，則以微差輸給人民行動黨候選人司徒宇斌。不過，卻還有機會贏得非選區議員的席位。其他所有在野黨候選人都敗下陣來，而無法取得突破。整體上，在野黨陣營不管是贏得席位，還是全軍覆沒，這次的大選意味著他們開啟了一條新的出路。顯然，這樣的結局必將鼓舞著他們，把目光放在下一屆的大選上。

5月大選的深層意義

經歷這次大選，新加坡的政治生態驟然改觀。這是由於引起改變的經濟、社會和政治因素都與過去不同，因此，它對新加坡未來的影響，也會有所不同。儘管行動黨仍然是一黨獨大掌控政權。

顯然，競選過程的政治議論，讓政府、人民和在野黨，最終邁向一個新的共識，新加坡必須進入一個新的社會發展階段。這個階段不但指的是第一世界國家的經濟表現，且必須是一個能讓新加坡全體人民深受其惠的國家。一個更加公平與公正的社會，這是一個進步中的新起點。

因此，新的政府必須依據改變了的國情和社會結構，關注多樣性的訴求，制定新的政策，以適應新環境新需求。對比過去建國時期將重心放在經濟層面的政策，顯然已有所不同。

透過大選的衝擊，新加坡的民主進程有了更大的發展空間。即使在大選中人們也已意識到這種改變，並將繼續鼓舞著他們追求更多的民主與自由的活動空間。這一改變，對於向來處於威權治理下的新加坡人所享有的民主權力，無疑是一大進步。

令新加坡人感到欣慰的是這個分水嶺，竟然能夠透過和平合法，唇槍舌戰的大選取得，而不是仰賴像是中東國家突尼西亞那樣的「茉莉花」

第四節—促成時代交替的政治賽局

革命的模式,以革命或暴力手段達成。這樣的變革過程,也正如東亞研究院院長鄭永年和香港東方大學人文學院院長霍韜晦所指出,深具「新加坡式的優質民主」特色。

伴隨著大選而出現的歷史新時代,或政治分水嶺,就意味一個嶄新的政治生態的出現。這一改變又為新加坡國家的未來命運和社會的變遷,延伸出新的變數。因為,決定發展進程的不僅需要執政黨的領導專才與遠見,也需要更多的政治智慧才能更好的駕馭更加動盪不安的國內外情勢。

在野黨陣營的表現和作為,顯然受到新加坡人的肯定和讚賞。的確,透過他們的付出和努力,新加坡才能迎來一個嶄新的政治生態。要不然,新加坡不可能在這個時刻出現如此強烈的變革訴求。也無法及時推動新加坡社會的改革進度而使人民受益。因為如果沒有大選,新加坡人的不滿和意見不可能受到政府如此的重視與加速處理。

不過擺在眼前的事實卻是,現有的在野黨的政治能耐尚有許多不足。從國家治理的層面看,至今在野黨還無法對整體政策提出對策,這是一個很大的缺陷,或者說存在著相對的危險性。這種狀況不能不引起人們的關注,這是因為處於如此境地的在野黨有可能做得很好,也有可能為選票而走上民粹主義政策和機會主義政客的道路。

這次大選所涉及的另一個層面是,新媒體的影響和作用。這個平臺的出現為新生代提供了前所未有的媒介作為議政的載體,的確發揮了它一定的影響力。這是因為占45%的年輕選民較傾向於使用這個平臺作為交流的管道,而或多或少受到相關言論的影響。不過,以現有新加坡新媒體的規模與議政的程度並非無遠弗屆。加上參與議政的群體的政治素養參差不齊。負面議論與缺乏深度的言論比比皆是,以致無法贏得更多

的正面支持和回應。新媒體的影響與作用不可忽視,更確切來說,有效地應用新媒體的平臺和影響力,以伸展議政的辯論空間,將會是未來的發展趨勢。

大選後,尤其是新生代的人們覺得經過這次大選,帶來了年輕人的政治覺醒。這種看法有其客觀性和現實意義。無可否認,透過大選,讓更多的年輕人參與議政,探索民主的發展進程。在一個從對政治冷漠的年代,走向一個尋求參與的年代,這本身就是一種進步。因此,可以說正是這種改變印證了年輕人的政治覺醒。不過,這種覺醒並不意味著年輕人已經進入積極參與政治領域的行動階段。而是處於初期的萌芽時期,尚有待大力的磨練與提升,方能展示年輕人的政治能耐與影響力。

新加坡當下的政治賽局,已不同於過去的年代。它既不是意識形態的較量,也不是簡單的支持執政黨或在野黨。而是必須具有更加全面和深刻,對歷史、社會、經濟和政治發展程式有所了解的新時代。離開了這些基本的認知,任何的政治行為都有可能是盲目與片面的。從這視角看,現今的新加坡年輕人,他們的政治意識還必須從感性邁向理性,從一般走進深層的階段,才有利於新加坡的國家建設。

第五節 —— 走向終結的李光耀時代

概括歷史的發展進程,人們總會以某一特定的階段作為表述的依據。這裡所指的李光耀時代,顯然意指自 1959 年李光耀成為新加坡自治政府總理開始,直到 2011 年 5 月辭去內閣資政退出內閣為止,前後長達 52 年。身為一位政治領袖,能在一個國家的建國過程中起著舉足輕重的角色,改變一個國家的面貌和命運,這在現代世界政治史上可說是少見的。

身為一個時代的代表人物，李光耀確實有其獨特之處。到底他是一個怎樣的政治領袖？其治國的成功之道為何？對於這樣一位傑出與獨特的人物，人們對其表現會給予怎樣的評價？所有這些都是人們關注與有興趣探知的。

李光耀透過自己或者不同的學者、記者，為他撰寫了為數可觀的著作。近年來，更多論述涵蓋許多未被涉及的課題與層面。因此，讀者不難從中了解他的理念、觀點和事實的根據。不論你同意與否，都是難能可貴的第一手資料。

李光耀是一個怎樣的領袖？

是一個偉大的實踐家而不是一個理論型思想家。身為開國功臣的建國領袖，李光耀集其畢生心血締造一個成功的新加坡故事的過程中，最能展現他的政治風格的，就是凡事實事求是，以務實與現實主義為依歸。從政期間的言論充滿睿智，卻從不大談政治理論和主義。問題不在於他不重視理論，也不是不了解各種理論的意義。而正是他對各種政經理論或主義有著獨特的見解，才使得他不受理論與政治意識形態的束縛。

李光耀就是一個這樣把畢生精力放在如何做好國家建設，而不拘泥於意識形態爭論的務實政治家。從歷史的視角來看，實踐家留下的往往是政績而不是思想體系的傳承。正如他一手打造的廉政體制、以菁英為核心的卓越民政體系和法治社會的有效機制等，對國家治理深具策略意義，但就哲學意義上來說，展現更多的是對人類文明思想的辯證應用。因此，他的光環不可能照得太遠太久。

第二章　挑戰李光耀時代的政治賽局

然而，李光耀身為一個在當代史上，留下足跡和影響力的國際知名政治家的政治睿智，卻讓他名副其實贏得了傑出政治思想家的稱號。

是一個政治策略家而不是策略謀士。身為一個開國功臣，他是否真的是個具備雄才偉略的策略家，還是一個善於運用策略手段的謀士。至今人民中尚存在不同的看法。引起爭論的焦點在於他在治國過程中，採取了強硬的手段對付其政治對手和敵人，以致至今社會上還存在著不滿、不平的聲音。

當然，要如何評定一個政治領袖的才幹是一回事，客觀地評斷一個政治領袖是策略家還是策略謀士是另一回事。兩者的分水嶺就在於前者的動機和實踐具有正面與積極的社會效應，而後者的動機和實踐則會導致負面、消極的社會效應。這樣的界定不會是絕對的而是相對的。也就是說，人類的社會實踐也有其反面教育作用，作為社會發展的一種襯托。

如果人們客觀地審視李光耀的從政動機及其社會實踐的結果，事實證明其為國為民的動機是毋庸置疑的。其掌政期間，就算是辭去總理職務，改任內閣資政期間，其對國家的治理所推出的國家發展方案，無一不是基於國家和人民的福祉著想，而且事實也證明大多數的施政是有利於國家和人民的，這是從動機與實踐層面的總體考量給以肯定的。

無可否認，政壇上無時無刻都存在著兩類從政者。一種真心實意為人民和國家的福祉盡心盡力；另一種卻打著為人民服務的旗幟，要不是脫離實際，就是假公濟私。為策略謀士的機會主義者當之無愧。

即使從具體的層面來看，李光耀總能夠在國家面對危機或關鍵時刻拿捏得準，在不同發展階段進退有序，就表明這是只有策略家才能成就的功績，絕不是策略謀士所能成全的。

話得說回來，李光耀的確在掌政期間因採取強勢治理，而使體制形成一種特殊的政治思維邏輯，以致在後期的國家治理引起負面的作用和影響。不過，他能功成身退，一改「躺在棺材也要跳起來」的個性與言論，正好從側面印證了他還是具有策略思維不同凡響的政治家。

是個菁英主義至上的推崇者而不是一個真正的社會主義者。李光耀的政治起步，從服膺社會主義思潮開始，也從聯合共產主義者的實踐中壯大自己的政治勢力。不過，究其政治理念，尤其是當他執政之後的思維邏輯以及政策導向，事實證明他所擁抱的正是菁英主義而非社會主義。

這裡所說的菁英主義指的是正面與普遍性的內涵，而不是負面、極端性的內涵。同樣的，這裡所談的社會主義指的是為了克制資本主義的壟斷而在憲政體制上催生出來的具有公正與公平的社會公正，或者說是布爾喬亞的社會主義，而不是馬克思意識形態中的社會主義。

在李光耀治國與指導國家建設的52年中，總是毫無保留地聲言和倡導，菁英對建黨建國的極端重要性。正因如此，不論是他對人民行動黨的建黨建設，還是國家政策的各個層面，無不深受菁英主義的影響。因此，如果說李光耀是一個菁英主義的推崇者並不為過。也正因如此，在他主政下的新加坡建國歷程公平與公正總會因各種現實的理由而讓位於菁英主義的需求。儘管新加坡憲法言明公平與公正是不可逾越的。

新加坡在這樣一位自信而又嚴謹著稱的政治家手裡，所塑造出來的國家模式與精神面貌就必然到處留下菁英主義的痕跡。在進步中存在優者得益在前，得享其成較多；在發展中優存劣汰，重優輕劣。在社會政策中強調個人負責多以國家或社會職責。

新加坡今日的所面對的問題，其中不少就是因為菁英主義的傾斜所造成的後果與弊端。

第二章　挑戰李光耀時代的政治賽局

治國成功之道：體制的根基。新加坡的體制根基（國體）有三個組成部分。它們是自由市場經濟、國家治理（政府）和法治。新加坡的成功首先取決於採納了自由市場經濟的體制運作。但新加坡式的自由市場經濟有別於歐洲盎格魯——撒克遜或美國萊茵斯模式的自由市場經濟。它是另類的國家資本主義自由市場經濟。新加坡政府的首要目標就是建立一個好政府。這個好政府不同於歐美所創導的兩黨替代式的運作模式。而是集中所有勢力達成建立一個強而有力的政府，以確保國家的施政受到最少的干擾。新加坡強調需要維持一個高度可信賴與透明的司法體系，以確保國家的安定、公正與公平。這個體制的確立與維繫是新加坡成功故事的見證。

毫無疑問，這個體制的運作模式的某些層面正受到異議者的非議和挑戰。未來的變化與發展將會是朝著怎樣的方向走，取決於政治生態的變遷。

體制的成功要素。新加坡雖然從自治走向獨立，並承襲著英國的憲政體制與法律架構。不過，在李光耀看來，這只不過是體制和機制的基本框架。要如何讓這一體制和機制運作順暢，絕不可依賴現有制度的自然發展，而必須不斷根據情況的改變而作出修正。正是這種務實的理念促使他在治理國事過程中，總能因勢利導而有所成就。換句話說，重視國家的具體（特點、優劣勢）情況而不是強調普遍原則為建國的前提。

李光耀深知人的優劣，明白人的長處與弱點。更加在意人在權與利中的辯證關係。因此，在他看來，體制的建設離不開獎勵與懲罰。建國靠菁英、治國要納賢、體制要倡廉肅貪、不搞裙帶關係、不講人情。不僅如此，他其實更加注重菁英主義下的獎賞多過於對後進的幫助。一句話，李光耀始終堅信世界是不公平的，人類也是不可能公平的。

李光耀的治國理念不是憑空臆造，而是經過深思熟慮後的智慧結晶。新加坡要如何走出一條自己的發展道路的政策依據，都是透過周遊列國，取經問道，對比國情與衡量各種利弊關係後的抉擇。因此，新加坡今日之所以能夠擁有龐大的外匯與國家儲備金的金融財務政策；之所以成為具有世界級的競爭能力的人才與教育政策；之所以能自強不息的國防、外交與內政自主，能與大國平起平坐的際遇，乃因務實兼具有遠見的政策導向所成就的。換句話說，不墨守成規，勇於改變與突破，正是他成功的內在因素。成功靠的是智慧而不僅僅是權力。

　　綜觀李光耀時代的建國歷程，他的成功還在於一手打造一個獨一無二的人民行動黨。一個備受爭議，卻執政長達 54 年並還將會繼續生存下去的一個政黨。這個政黨，既不是資本主義旗幟下的右派政黨，也不是社會主義旗幟下的左派政黨。而是一個走中間路線，因時制宜偏右或偏左的政黨，一個主動包容與吸納黨內外菁英階層的政黨。這是一個創舉。歷史將會如何評斷它的命運，只能留待後人作見證。

李光耀的功與過

　　李光耀本身就曾經表示，世人對其功過的評論留待蓋棺始能定論。不過，人們總是非常熱切關注他在新加坡的建國史中所扮演的角色及其功過的評語。評論界就有稱之為偉大的國家領導者。當然，也有持異議者一再表達不同的看法，甚至稱他為政治上的獨裁者。

　　持有正面評價者認為，李光耀無疑是個偉大的政治家。其貢獻與功績卓越。新加坡有今日的成就，他厥功甚偉。因此，儘管在建國過程中曾經有過政策的失誤或偏頗，乃因情勢猜想失準；要不然就因個人理念

第二章　挑戰李光耀時代的政治賽局

的執著所造成。而非個人的動機不純。

持異議者認為，李光耀的功過評論重點不是放在國家建設的成就上，而是國家發展進程中的負面影響。主要的非議點是國家治理沒有做到公平與公正地對待反對派；受華文教育者深受體制的傷害以及在菁英主義政策影響下，社會的發展導致兩極化。

從歷史來看，儘管人們對於李光耀的評論會出現不同的版本，但結論只有一個較符合事實。政治是人類生活的必要組成，政治鬥爭更是現實與無情。誰能在這波濤洶湧、變幻莫測的激流中生存與發展，靠的不是單純與熱情，更重要的是實力與智慧。

2011年的五月大選為李光耀時代畫下了句號。身為一代風雲人物，他的功績將永遠寫在新加坡的史冊上，煥發出光芒。人民不僅將會記住他的貢獻，更會珍惜這個時代所孕育出來的新加坡精神。

歷史發展有軌跡，時代變遷有痕跡，人的思想有邏輯。一個耄耋之年的智者，用一生的心血所譜寫的「生存的硬道理」將會是未來的指路明燈，還是新時代的智慧創造歷史的新篇章，只好留待下回分曉。

為什麼李光耀時代會走到終點？

作為一個時代，它具有自己獨特的內涵與特徵。儘管李光耀時代無法留下永不磨滅的思想體系，但以其智慧而建立的建國歷程所形成的成功模式，無疑卻具有著一定的時代意義。至少對新加坡人民和這個國家的發展有著直接與正面的影響。其中尤以菁英治國、反貪倡廉所塑造的治國文化，將繼續對新加坡的發展有著重大的影響。

這個時代的終結，有別於許多國家的朝代或領袖。很多國家和領

袖，儘管長期身居權位，往往人亡政亡，或者人走政亡。不是被暴力推翻就是在民眾運動的壓力下崩潰。李光耀時代卻走出一條完全不同道路。李光耀早已不是實權執政的第一把手，而是透過其一手建構的治國模式，發揮影響力而形成一個橫跨半個世紀的治國歷程。他是以功成身退的姿勢讓自己創造的這個時代畫下句號。

任何時代或朝代都會有始就有終。之所以會有李光耀時代，是因為他不僅奉獻畢生心血，而且更是功績卓越。之所以會走到終點，是因為體制的設定與運作面對改變了的社會結構和政治生態。因政策受到時空局限而出現問題，以致促使一代傑出領袖最後走到時代的終端。

後李光耀時代

大選後，人們都把新加坡形容為一個新時代的開始，或者稱之為政治的分水嶺。也有一種說法叫李光耀時代的終結。總之，它的中心思想就是新加坡已進入一個發展的新階段。

對於這個新階段的內涵，至今並無完全一致的共識。從選後李顯龍表態的：「擱置爭議、修復裂痕」便可看出，這個新時代意味著政治生態的改變為重點，而不是所有國策的改變。這種解讀與意願是否就是新加坡人，尤其是在野黨所要追求的改變與新時代，顯然還存在著差距。或者新的共識還有待發展與形成。

從深入的探討這次大選所促成的歷史新時代的來龍去脈，就不難理解，正因其中蘊含了多方面的因素在發揮作用。因此，了解這些因素就成為先決條件。

首先它是在李光耀和吳作棟還在內閣的時刻出現。不容忽視的事實

第二章　挑戰李光耀時代的政治賽局

是，儘管李顯龍掌管國家權力，但兩位資政，尤其是李資政對新加坡的發展有著重大的影響。從國家的執政層面看，整個內閣成員在這之前都不可能跨越李資政的思維與政策導向。因此，新時代的到來，尤其是李資政和吳資政退出內閣後，整個情況便有了很大的差別。換句話說，新時代意味著一個不再受李資政思維與政策導向完全主宰的發展階段。

正是這個改變，新時代意味著新加坡正邁向一個有待塑造和建構新的發展模式。而這個新階段，可能包括了經濟、政治和社會等層面所需建構新的模式。也就意味著可能出現不同的發展思維和政策導向。選後政府的意願，很明顯將會在政治生態上作出積極的改變，以適應新時代的需求。

正是這個改變，即為在野黨勢力提供了發展空間，甚至有可能走向兩黨制或多黨制。然而，執政黨的意願顯然還是有所保留。人民行動黨能夠走多遠，跑多快，目前都還言之過早。就算在野黨有心要朝向兩黨制發展，他們是否有這個能耐如願以償，同樣存在未知數。因此，單就政治生態的發展而言，新時代意味著改變已成事實，但發展與變化卻存在著變數。

如果擴大到經濟層面的改變，就面臨著更多的挑戰與困難。一方面政府不可能輕易放棄實行數十年的基本政策和發展方針，來一個大轉變，從以經濟為發展中心轉為以社會發展需要為先的經濟體。即使政府願意如此，這個改變過程也將會是漸進緩慢的。另一方面，新加坡賴以生存的條件和選擇的空間並不多。這就意味著不是經濟模式改變以適應人民，就是人民改變心態和訴求以適應經濟發展。未來將會如何，需要更多時間進行磨合和克服種種挑戰。

同樣的，從社會轉型的角度來看，要使新加坡進入一個更加公平與

第五節—走向終結的李光耀時代

公正的社會,新加坡所能選擇的政策空間並不多。現有經濟、社會政策和安全網,並不能根本解決現存的不足與漏洞。但援引目前西方的社會福利政策,就更加是一種倒退,遲早會將新加坡引向經濟崩潰的邊緣。因此,要使新加坡轉型為一個更加公平與公正的社會,必須在兩者間求取平衡。最大的困難不是社會政策的調整,而是經濟發展模式的調控是否能起著有利的影響。

正是這種各種層面的關係相互影響著改變的過程,無疑為改變注入了極大難度和變數。總而言之,新時代意味著政府、在野黨和人民都必須面對新的現實、新的挑戰、新的發展進程。

新時代方在起步,變遷才在開始。在這承前啟後歷史分水嶺的轉捩點,新加坡的路該如何走下去。沒有一言九鼎的領袖為民指路,也沒有現成必勝的捷徑。前路漫漫,征途艱險。新加坡人民何去何從,分裂必然走向沒落,團結才能迎向光明。唯有從歷史發展的智慧中尋找成功的祕訣,作為前進與發展的動力源頭,結合新時代的新需求,才能跨越重重障礙,乘風破浪,再創高峰。

新時代象徵著新的國家發展方向,新的政策導向,新的政治格局。一言以蔽之,新加坡正處在一個前所未有的轉型期。而這個包含了三個層面,即經濟、社會和政治領域的轉型期,更由於各個領域所處的狀況有別,而顯得錯綜複雜,以致新加坡正面對著改革轉型期的最艱難階段。

在新舊時代交替之際,作為帶領國家的行動黨政府,能否放下包袱,輕裝前進;能否改弦易轍,破舊立新;能否統籌兼顧,運籌帷幄,將相當程度決定未來五年新加坡社會發展能否再創新篇的關鍵所在。

第二章　挑戰李光耀時代的政治賽局

第三章　後李光耀時代的新政改革

第一節 ── 新時代的區分與定位

新時代的定義與區分

顯然，新加坡人民對後李光耀時代所涵蓋的意義，還存在不同的解讀。因此，我認為以事態發展所呈現出來的相關言論，而不是著重於學術上的詮釋，或者更有助於了解變遷的真相。

在我看來，新時代的定義具有以下的內涵：

新加坡之所以會在2011年5月大選迎來一個被稱之為「歷史新時代」、「政治分水嶺」、「新常態」或「後李光耀時代」的降臨，正是基於5月3日起，新加坡前外交部長楊榮文向李顯龍總理表達行動黨政府需要改變，到5月4日李顯龍的表態：「沒有一個政府是完美的，我們向來是盡力而為，但還是出了一些疏漏，例如讓馬士沙拉末從拘留所逃跑，以及烏節路一場傾盆大雨後氾濫成災……但是我們犯了錯誤之後必將承認錯誤，並向民眾道歉，承擔責任和糾正問題。」以及5月7日大選成績公布後的談話提到「這次大選所帶來的明顯改變，不僅是政黨，所有人民都必須調適以面對新的政治景觀」，說明人民行動黨政府的意願和決心為改革基準。5月11日前內閣資政李光耀和吳作棟聯合發表宣告決意退出內閣，以便李顯龍總理可以完全自主對國家的未來發展負起全責，由

第三章　後李光耀時代的新政改革

此肯定了人民行動黨政府決心朝向新時代邁步。從這個意義上來說，就是以身為新加坡建國功臣李光耀的離開內閣，不再直接參與內閣政策的制定為分界線。

5月19日，選後新的內閣成立並公布新的部長人選。李顯龍一方面大刀闊斧改組內閣，撤換備受民眾批評的前副總理黃根成、國家發展部長馬寶山、交通部長林雙吉；另一方面，公開表明政府將會「準備一切從零開始檢視問題」，對過去的政策進行檢討。由此，肯定了新的內閣已走出改革的一大步。從這個層面上看，意味著一切政策都可以從頭開始，正好象徵著新時代的豁然起步。

由於新時代是透過5月大選而誕生，選後新加坡政治生態的變化就成為檢視事態發展的試金石。因此，可以從兩個方面看出這種改變的進展。在野黨陣營作為催化時代改變的推手，在選後的言論與動作，雖沒有一致的改革方向和政治進程，卻明顯較過去積極與活躍。彰顯了新加坡的政治生態正朝著相應的軌道前進；而執政的人民行動黨更是抱定順應時代潮流而重新定位、革新政策，採取更加開放、包容的姿態以應對變化了的新加坡國情。因此，從這個層面審視事態的發展，也可以證明新時代語境、新的政治生態正在塑造中。

至於這個被稱為新時代的政治變遷，將會如何演變，以及它將會延續多久，這只有留待日後分曉。因為，沒人能預知新加坡的政治體制和政治生態，在十年、二十年後將會如何演變。但有一點是可以肯定的，那就是改變已成事實，而且必將持續下去，任何政黨或個人都無法改變這個發展趨勢。威權已走進歷史，這就是歷史發展的必然產物。

新時代的思維邏輯、架構與定位

李光耀時代和李光耀對後李光耀時代的影響。作為一個時代的交替,必然有個承前啟後的過程。既然這個時代交替是在和平與有序的情況下進行,而有別於其他國家透過革命或群眾運動達到新時代的降臨,那麼這個過程就必然有其延續性。更何況,李光耀時代代表著進步與繁榮的成功模式,而不是獨裁、腐朽與落後。促成時代更迭的最主要原因是這個時代還有著體制衍生的弊端與不足以及政治民主的局限。

因此,兩者之間的轉變就不可能完全的切割與對立,而必然是會朝向保留與延續那些仍然有用和有價值的理念、政策和機制,並在這個被事實證明是對國家和人民都有好處的考量點上給予肯定、維護與堅持。這是個原則性而不應受到政黨政治左右的大前提。基於這樣的事實基礎,儘管新時代有其本身的使命和任務,卻不可偏離這樣的大前提。

這意味著什麼呢?雖然李光耀時代結束了,但以李光耀為代表的成功要素依然將會對新加坡的發展與未來的一段時期產生影響。而已耄耋之年的李光耀雖不是國家政策的直接參與者,在他依然活躍政治領域的期間,其言論就必然會受到重視與關注。從國家層面看,後李光耀時代不可避免還會受到他的恩惠和衝擊。他的見解和言論對於年輕一代的人民的衝擊與反射尤其深刻。

若從人民行動黨內部觀察,其影響之深,不言而喻。數十年的政策思維與治理模式,從上到下所形成的影響根深蒂固。要改變這種思維模式與處事方式,不僅需要調整思維導向,更必須融入實踐的執行過程中,這個改變需要很大的動力與毅力。在自我更新的過程中,人民行動黨的領袖能帶領他們走多快、多遠,取決於領導者的政治決心、勇氣和智慧。

後李光耀時代的到來,更意味著單有人民行動黨和人民行動黨政府應

第三章　後李光耀時代的新政改革

時做出改變還不夠，參與制定和執行政策的行政機關和官員的思維與服務態度也必須隨之改變才行，否則，政府的改變也就不可能及時到位。這又是李光耀時代帶來的利與弊。值得慶幸的是，新加坡的行政體系素有高效率的名聲，這為他們的改變提供了保證。當然，做為一個執行體系，機構眾多，人員龐大，改變需要的時間與外部配合也是非常重要的。

李光耀時代的光和熱會在後李光耀時代閃耀；李光耀時代的影子會在後李光耀時代逐漸消逝；李光耀時代的功與過會在後李光耀時代那一個時光隧道口顯露無遺，人們懷著希望和期待。當然，也有人希望「水落石出」的那一刻能早日到來。

建構新時代的思維邏輯、架構與定位。作為一個新時代，從它的出現到明確新時代的定義，從區別兩者之間的共同點到不同點，從基於兩者之間的差異導致策略思維、架構和定位的不同，便成為了思考新時代建構的起點。由此而產生的後李光耀時代的建構過程，也就有了評斷的基準。因此，探索與釐清兩者的差異是首要的。

要如何才能緊扣後李光耀時代的特徵？我認為可從三方面詮釋。一、李光耀時代經濟體制發展帶來的成敗和利弊；二、社會政策的基點和主軸導致的成效與缺陷；三、政治體制中的優劣與不足。

就經濟體制而言，李光耀時代意味著以自由市場經濟為主導而形塑的積極引進外資，打造強大的國家資本主義和扶持國內中小企業共存的經濟體，在面向與融入全球經濟一體化的時代背景下，決定了新加坡必須沿著既有的體制、架構和定位，爭取持續發展的空間。但過去半個世紀的經濟發展，在成長模式、產業結構、勞動力結構等層面都已面對必須做出改變的情狀之下，策略上的思維正規化轉移，體制變遷中尋求架構創新，以適應改變了的情狀，也就意味著重新定位有了客觀的必要。

就社會政策而言，堅持了半個世紀的社會政策雖然在過程中為適應國情不斷作出調整，在總體上達到了建構國家、社會和個人的治國方針和目標，打造了一個成功的、獨特的新加坡。但原有的社會政策卻在發展過程中，面對無以適應改不了的社會結構，以致政策的普及性和社會功能出現日益嚴重的脫軌。這為重新思考適應新時代所需的社會政策成為了客觀的重點。換言之，它意味著新時代所需的社會政策有其新的社會背景，一種因應社會結構改變所需的政策導向。這一思維邏輯的轉變，雖然不會根本改變原有社會政策的基點，但政策所需的廣度和深度必然促使社會政策的主軸發生巨大的變革，這為重新定位提供了依據。

就政治體制而言，既然執政黨和政府都毫無疑問地確認，新加坡已經進入發展新階段，並認可政治上的更加開明與開放，由此推動和形塑著一個全新的政治生態。這一改變不僅意味著思維邏輯的改變，從威權體制過渡到更具適應新加坡國情的憲政民主，也將引發原有體制架構的變革與創新。對執政黨和政府而言，從建設一個由行動黨主導下，實行強人民主善治的憲政體制到應對兩黨輪替制的政治架構，無疑是一種重新定位後展現的思維正規化轉移。

第二節 —— 新政改革的起始階段

國家領導人的言論

為了詮釋新政改革的程式，自 2011 年 5 月大選以來到 2014 年底，就執政黨和政府已經和即將推動的新政改革，可區分為第一個時期的起始階段和第二個時期的推進階段。這是因為，從過去第一代政府建構新加坡成

第三章　後李光耀時代的新政改革

功體制的實踐顯示，這個過程將橫跨10至15年。或許如今新加坡的國情與過去截然不同，對新時代的建構所需時間也會有所不同，但要建構另一個成功的後李光耀時代，絕非若干政策調整的短期權宜之計，而是面對未來至少三、五十年的發展進程所需的策略布局與體制建設。因此，第一和第二階段的政策導向和改革歷程，不僅意味著新時代的重構是否建立在客觀、全面與務實可行的思維邏輯、架構和定位上；也意味著這個改革歷程能否循序漸進，從起始階段、推進階段、完善階段到全面推廣與施行階段的全過程中，為達到新時代的策略目標提供保障。

既然為新時代，首先，需展現在體制和政策上的改變，調整與創新。而最能展現這一點的莫過於總理李顯龍的言論與政策頒布。從這個角度出發，便可以追溯到當李總理肯定新時代的來臨的那一刻起，他所發表的言論便成為具有歷史意義的表述與見證。

2011年5月21日，李顯龍在新內閣宣誓儀式的演說時指出：「沒有什麼東西是神聖不可以侵犯的」。他也強調：「我們需要建設一個有利於新加坡長治久安的政治體制。即使我們的社會多了不同的聲音，新加坡的政治也不應該陷入水火不容的對立局面，否則我們就無法為新加坡人創造自我提升的環境和機會。」這一談話象徵著新時代在政策上從此過渡到另一個新階段。政府為了彰顯其決心，李總理即席道明政府將成立委員會對部長薪水制度進行檢討。這一表態，印證了政府大選時向人民做出承諾將會聆聽人民的心聲，也讓所有政府部門和官員有所依從。

2011年5月28日，李顯龍對行動黨議員發出操行守則，強調政府須與過去採取不同方式的治理。但對於確保人民數十年來對行動黨保持信任的為民服務精神，不損害行動黨所設下的誠實與正直的高標準，這兩點必須牢牢地堅守，絕對不能改變。

6月12日，李顯龍在出席世界經濟論壇東亞峰會20週年特別紀念會上，表明政府將會更加關注年輕人的世界和需求，因為「如何幫助這個善於即時溝通，並想立即得到答案的一代，以調適他們的期望、價值觀、習慣和想法等，從而適應一個已經有所改變，但尚未轉變為能讓他們立即得到所要的一切的世界。」由此可見，接下來，新加坡政府在制定政策時將會更加關注這個族群的需求和特點，無疑為政策的改變提供了新的思路與發展方向。

7月15日李顯龍在主持新加坡藝術學院的開幕式時指出，新加坡所要建構的藝術願景，到2025年時讓文化藝術成為民眾生活的一部分，而參加和享受文藝活動的新加坡人比例，也從目前的五分之一提高到一半。而藝術與文化策略檢討委員會接下來將在網路上徵詢大眾意見。這是政府力邀更多人民參與制定政策的一個案例。政府也會在其他方面這樣做。

他在8月9日新加坡國慶日獻詞中進一步強調：「政府將竭盡所能助年輕一代建立成功人生」和8月14日國慶群眾大會的演講，李顯龍強調為了適應新時代的需求，重點放在以新加坡人優先、扶助弱勢群體、透過調整政策舒解民憂，並突出政府力求在「政治和政策上都做對」，且肯定：「新加坡的基本方向不變，而是會漸進地改進現有政策」。他重申當全球經濟仍烏雲密布時，「新加坡必須專注於兩個重點，要處理人民感受到的緊張和壓力，並追蹤以及對外部挑戰做出反應，同時要有正確的策略。我們必須確保政治和政策正確。如果能夠這樣，我們便可使全民團結共同建設新加坡。而要政治和政策兩者都正確，我們就必須從政治開始，這是我們要做的。」這一談話，結合著先前的言論，他進一步鋪開了改革過程的政策導向所應遵循的原則。

第三章　後李光耀時代的新政改革

與此同時，李顯龍也對外國投資家的憂慮表態：「我們明確並維護促成新加坡繁榮的因素，並將決心堅持對我們和對他們都有利的政策。」

9月10日李顯龍進一步對即將來臨的國會辯論表示，國會辯論應鼓勵各種觀點的表述，讓具有與政府不同觀點的人民覺得有人代為提出，並認真考慮了他們的想法。他強調：「這是國會辯論的目的，至於它的形式將如何演變，我們拭目以待。這取決於辯論的動態；議員們的貢獻；以及他們是認真討論課題，還是把它當作爭取政治籌碼的戰術。我希望他們能朝具建設性的方向前進。」

9月11日，李顯龍出席中區地區發展理事會，談到他對在野黨的態度時指出：「國會辯論形式將如何演變，取決於辯論的動態。議員們的貢獻，以及他們是認真的討論問題，還是把它當作爭取政治籌碼的戰術。他希望他們能朝向具建設性的方向前進。」這一談話意味著未來政治生態的演變，新加坡政府所將採取的對策會依據國會內在野黨的表現而定。換句話說，政府允許更開放、更包容的政治爭論，但政府希望看到良性競爭，有建設性的辯論，而不是對抗性的政治賽局。

由此觀之，李總理對建構新時代所需的經濟、社會和政治等層面的論述，正好展現了身為建構新時代的主導者，與過去有所不同的新思維、定位和政策導向。

政府部門的新政動向

2011年9月，新加坡第十二屆新內閣成立。各部門基於各自的職責範圍，在部長的帶領下，先後對相關部門的政策和措施進行了重新的審視與調整。讓人民看到了改變的跡象和一些新任部長的新作風。不過，

整體來說，不是每一個部門的首長都有突出的表現。各政府部門所呈現出來的態勢不僅先後有別，而且政策的調控空間與尺度不一。造成這種情況的原因，一方面可能是因為有關部門的政策調控空間不大，因而看不到明顯的動作；另一方面可能是有關部門首長尚需對情況做更深入的了解與討論，而不急於作出表態。

不過，有幾個政府部門首長，特別是與民生問題相關的部門，如國家發展部、交通部、衛生部、教育部和社會、青年與體育部和人力部等，雖然部長對政策和施政作風各有千秋，大致上都展現了新的思維和作風。顯然不能說所有部門首長的表現都盡如人意，卻不容否認已湧現改變的新態勢。

在所有的部門中，國家發展部長許文遠的施政作風要算是最突出的。面對申請組屋時間等待過長，組屋價格難以負擔等急待處理問題，採取多方面的應急措施，如透過加速組屋單位的增建，改變預購組屋的規定，提出調高組屋申請者的收入上限等。許部長更馬不停蹄地利用新媒體在網路上公開談論建屋發展局的新動向，透露更多即時相關消息，以便大眾能在獲得更充足的資訊之下行使個人的權利與決定。

大選前後，交通部因涉及的民眾最廣最多，受到了最多人的責難。飽受公共交通擁擠困擾的人民，熱切期待著問題能有所改善。呂德耀部長接任後，自然引起了最多人的關注。新官上任，走入人群，搭大眾運輸、實地觀察和體驗公共交通問題的嚴重性。一改部長只坐在辦公室的舊有作風，的確有了新的開始。

不過，事過多時，部長並沒有提出具體的應急對策。在人們焦急等待改變之時，7月初，交通部長因公共交通系統的經營模式和反對黨展開了一場爭論。當工人黨重複競選時的主張——把大眾運輸系統轉為國

第三章　後李光耀時代的新政改革

營化的建議，立即受到呂部長的反駁和否定。彰現部長對改革公交難題的蕭規曹隨，引來了不少議論和批評。

原本由許文遠主管的衛生部，儘管近年來有了很大的改變，為體制設定了多層機制，如3M（保健儲蓄、健保雙全醫療保險和健保基金），允許慢性病人動用保健儲蓄支付部分醫藥費等。但隨著提供高品質的醫療服務，醫藥費上升加速，人民的負擔，尤其是低收入族群和患有慢性病的族群深感壓力難以承受。加上醫院床位短缺現象有加劇的趨勢，導致該部門面對著的問題日益增加。

要如何解決這些迫切的問題，顯然，成為了新上任部長的當務之急。而整個醫療體系的重新規劃或調整，則成為今後的考量重點。

2011年6月25日，新任部長顏金勇接任後對報章談到：「我們必須繼續確保採取正確的政策，不論是人力或醫療政策。但我們需要重新審視政策帶來的社會代價，並設法求取兩者的平衡。」

7月6日顏部長發表了衛生部今後的施政目標，他說：「除了進一步調整目前醫療體系下的3M制度，有三個能夠加以改進的領域是：擴充現有的基礎設施，確保有充足且優質的人力以及應付人口老化。」

新任教育部長王瑞傑，據說是第二位當選後就成為正式部長的領導人。雖然他曾在民事服務時接觸過教育體系，但初次參政就被引進內閣而成為部長，對他和對政府都是一個考驗。

新官上任，王部長先是進行了解該部門上下有關情況，收集資訊與回饋。2011年6月25日王瑞傑受訪時指出：「經濟效益不應當是全部和最後的，政府需要重新聚焦在社會文化方面。」

7月16日他對教育部今後的發展方針時指出：「全球的教育系統目前面對的挑戰，是如何讓孩子做好準備，因應未來可能出現的變化與不

確定性。我們孩子需要的技能已與上一代不同，他們需要掌握創意與批判思考，社會與情緒管理，應用科技等技能，並有意識地了解發生在海內外的事。同時，他們要有優良的品行與韌性，以應付未來的挑戰。」這番話讓人對他掌管下的部門寄於期待。

2011年9月22日，他終於在每年一度的工作藍圖大會上，公布了該部今後20年將以「學生為本、價值為導向」為教育發展重點。他指出這個改變是隨著時代的要求而更新。從1959年起的生存導向，到1979年以後的效率導向，再到1997年的能力導向的演進而來。

所謂「價值」，包括「自我價值」、「道義價值」和「公民職責價值」。自我價值給予學生自信心和自我意識，培養他們堅韌不拔的意志力。

「道義價值」培養學生在多元種族、多元文化的社會，尊重、負責、關懷和賞識他人。「公民職責價值」則培養學生成為堅強、有毅力、有知識、有見聞、國家有難，能奮起捍衛祖國的好公民。

為了從「能力導向」轉往「價值導向」，教育部將設立品格與公民教育組，全面規劃學生的品格教育課程，檢討課程發展活動評分架構。教育部也會修正行之有年的「卓越學校模式」、「獎勵計畫總藍圖」，回歸以學生為本，發展全人教育的目標，減輕教師的行政工作量，以及重新界定「好學校」的定義。

陳振聲是另一位出任社會發展、青年與體育部代部長的新人。接任後，該部急需處理與面對的問題主要有：樂齡人士、弱勢群體以及年長者沒有足夠的錢養老和負擔醫藥費等相關課題。

2011年6月23日，他指出應從兩方面加強對相關問題的處理。就是透過擴大人力資源和重新規劃工作，從人力供應和需求兩方面面對挑戰，以期推動在家庭照護、日間照護和住院照護三個方面得到更好的配合。

第三章　後李光耀時代的新政改革

2011年7月16日，陳振聲進一步提到，接下來他將更關注屬於中低收入的「邊緣群體」。並表明，過去政府主要幫助社會中最底層的低收入族群，隨著經濟循環週期越來越短和不穩定，屬於中低收入的「邊緣族群」，如年長一輩，受教育不高，在技能提升和轉換方面有困難的人，甚至那些面對來自薪水較低所帶來的區域性和全球性競爭的較低層專業人士、經理、執行人員和技師等，也將會給予這一族群更及時的幫助。

在談到解決之道時，他認為社會安全網的第一層也是最重要的一層，就是確保中低收入者有一份能養家餬口的工作，因此協助他們提升技能尤為重要。其次是確保有安身之地，一家人生活在一起，孩子能在穩定的環境中成長。安全網的第三層是確保這些家庭的孩子有接受良好教育的機會，能夠幫助家庭走出貧困。這也是陳代部長認為最有效的一層。安全網的第四層是確保這些家庭得到應有的醫療照顧，當這四層安全網仍然無法「網住」需要幫助者，社青體部便是最後一層安全網，幫助那些老弱病殘和弱勢群體，確保沒有人民露宿街頭，忍飢挨餓。

由副總理尚達曼兼任人力部長後，為了舒緩人民的普遍不滿的外來人才和勞工政策，該部除了收緊引進人數和速度外，也相應提高了工作準證的門檻。

這就是把原本持有工作準證最低級別Q1持有人（即熟練工人和技師）的底薪，將從2,800元提高到3,000元，並須是畢業於優秀大專學府。較年長者的薪水須更高，以對應他們的工作經驗和技能。中等級別的P2準證持有人的底薪則從4,000元上調到4,500元；最高級別的P1準證持有人的底薪則仍維持在8,000元。

尚達曼在解釋政策調整時指出：「這是因為經濟成長促使工作準證持有人的顯著增加，截至2011年6月的年比達28%，較之去年的14%增

加一倍。他也強調外來人民占本地勞動人口的比例不會超過三分之一，以確保本地人一直是勞動人口的核心。並將定期檢討工作準證的底薪，確保它足以反映本地員工的薪水漲幅。截至2011年新加坡有14.2萬個工作準證持有人，占本地專業人士、經理和執行人員的12.5%。

從上述部門頻頻採取新對策，以尋求緩解新加坡面對的棘手問題，確實展現了行動黨政府決意改變的承諾和努力。

專案檢討：政治職位薪水

新加坡的部長薪水，深受人民的詬病，選前選後議論不斷。李總理在新內閣成立時，政改的第一炮就是針對部長薪水制的檢討。突顯政府重視民意和深知問題的嚴重性。為此，政府委任以餘福金為首的部長薪水檢討委員會自成立後，就接獲各界人士提呈了數百份的意見和建議。由此可見，新加坡人對此課題的關注已非一般的熱忱，而是抱著極強烈的改革期待。

儘管我們無法了解如此眾多的人民所提呈的意見是什麼，但從媒體和知名人士的表態，也可從另一方面窺探新加坡人對此課題的想法。

2011年5月28日、6月5日、6月19日和8月7日早報記者和評論員分別發表了題為〈拔除人民心中的那根刺〉、〈對部長薪水有想法嗎？〉、〈今年下半場〉和〈千金難買對不起〉等文章，各人從不同的視角和著眼點對課題提出了看法：

「政府一向堅持『高薪納才』的立場，國家領導人也為此作過無數次的解釋，但有些道理不是說了很多遍就能贏得人們的認同。在大部分人們的心目中，部長所領取薪水過高，這個問題一天不解決，人民心中那

根刺就永遠無法拔掉。」

「部長薪水為什麼不應這麼高,因為不論是和世界上其他國家比,還是和國民收入中位數比,都說明這一點。」主要的原因有三點,「他們薪水那麼高,怎麼可能理解人們的生活?他們的薪水還不都是我們納稅人的錢?做部長是為社會服務的一門職業,需要奉獻精神,應該有犧牲」、「這些思考當然不無道理,但如果接著問下去,卻發現沒了下文。這可能就是大選後遺症吧?大家都激動起來急著表態,害的暫時沒有想法的人感到壓力」。

「近年來的不少研究均發現,高薪不但不是生產力的保證,有時反而產生相反的效果。《商業週刊》報導稱,美國企業總裁與普通員工的平均時薪差距,1980 年是 42 倍,1990 年是 85 倍,2000 年飛到 531 倍。美國投資者責任研究中心(IRRC Institute)去年公布的研究發現,在標準普爾(S&P)500 企業當中,有 15% 支付總裁高薪,但相較之下卻沒有為股東帶來更好的收益。另一個調查發現,總裁年薪 50 萬美元的企業,比那些支付總裁年薪數百萬的企業,還能為股東創造更高的效益。這些研究結果,恐怕隱含了官僚懼於道歉的心理因素。公務機關的效益無法從利潤衡量,相反的,錯誤反而容易把工作的不足具體化。道歉被視為承認錯誤,進而影響表現評估,最後可能損失年終分紅獎金。基於對普遍人性的認知來推論,高薪讓道歉的代價變得太大,不但會降低官僚道歉的意願,更會誘使他們基於『多做多錯』的擔憂,在日常責任歸屬上互相踢皮球。」

「如果更多人質疑的是制度本身的價值觀,例如部長的薪水水準也應展現從政者應有為國服務獻身精神,而不是一個超級專業人員,有關的檢視與修訂就不只是個技術問題,而是對價值觀的追求與信念。」

第二節—新政改革的起始階段

前常任祕書嚴崇濤在 2011 年 6 月間發表的一篇文章中提到：「我認為，政府政策有兩點需要更改而不是作出調整。首先是部長薪水的基準。目前的基準被視為是政府包贏的情況。更糟的是，它被認為是政府在為自己的利益服務。」

「一個更好的基準，是 50 百分位數（percentile）的中位數薪水（median income）。如果中位數薪水是每月 4,000 元，也就是說至少 50％ 的就業人口的月薪是 4,000 元。如果我們同意政府的核心角色的任務是提高人民的生活水準，那中位數薪水便是評估政府表現的一個好方法。部長的工作遠比一般受薪人士複雜，因此，他的報酬可以是這個平均數的 10、15、20 或 25 倍。部長的月薪可以介於 4 萬和 10 萬之間，以年薪來說則是介於 48 萬和 120 萬。」

其實，新加坡在野黨對於部長薪水制早有批評和建議。2011 年 2 月民主黨發表的「影子政府預算案」中，便明確地建議把總理的薪水定在人民薪資中位數的 30 倍。革新黨也認為部長薪水應以人民收入的中位數為依據。工人黨則主張政府參考其他先進國家的部長薪水。該黨主席林瑞蓮所點名的國家有丹麥、芬蘭和挪威。

2012 年 1 月 4 日，李總理公開表示接受由余福金領導的政治職位薪水檢討建議書。在這份建議書裡提出了各政治職位的薪水調整如下：

總理年薪減至 220 萬元，下調 36％。 （從原先首 1,000 名收入最高公民排名第 175 位，下滑到第 382 位。）
總統年薪減至 154 萬元，下調 51％
MR4 級部長（初級部長）年薪減至 110 萬元，下調 37％。 （從原先的第 700 位下調到 1410 位。）
國會議長年薪減至 55 萬元，下調 53％
國會議員年津貼減至 192,500 元，下調 3％

第三章　後李光耀時代的新政改革

同年1月16日，主管公共服務的副總理張志賢在國會提呈了名為《一個能幹並兼具奉獻精神政府的薪水報告書》，經過多日的辯論，這個被譽為裸薪的政治職位薪水制始獲得通過。

第三節 —— 新政改革的推進階段

新政改革的路線圖

儘管選後行動黨政府開啟了新政改革，但進度顯示，改革方向和路徑有待明確。在野黨陣營也還在炮轟政府的不足，新加坡人對現實與未來仍存在諸多抱怨與期待。在此情況下，如何推進改革，才能贏得民心以維繫政權，無疑讓執政黨面對嚴峻挑戰。

2012年8月26日，李顯龍在國慶群眾大會上，勾勒出一幅以「希望、心靈和家園」為主軸的新加坡願景。他說：「新加坡應是一個以信心和希望共同迎接將來的地方；一個大家以寬厚胸襟對待彼此和其他人的地方；一個為我們的子孫建構最美好家園的地方。」但要如何將這一願景具體化，明確改革路線圖，並作為人民重新取得共識的基礎，以推動改革的進程，他表示將成立「全國對話委員會」作為尋找共識的途徑。並委任教育部長王瑞傑為委員會的主席，領導全國對話會的進行。

2013年1月，因擔任議長的行動黨議員柏默捲入緋聞辭職，榜鵝東議席因而需舉行補選。行動黨候選人許寶琨在補選中，以12,875票對16,045票輸給工人黨候選人李麗蓮，導致行動黨以明顯票數落差失去議席，突顯民間的不滿有增無減。這導致執政黨不得不作出更深刻的反思。

第三節―新政改革的推進階段

2013年2月25日，國家發展部長許文遠在兀蘭區域中心進行訪問時透露，新組屋價格將會保持平穩。這是因為國家發展部已在一年前，讓預購組屋的價格與轉售市場脫鉤。這一宣布雖來遲了一年，卻突顯向來處於「黑箱」作業的政策改變，有了新的方向。

同年3月，許部長更在國會提出四大課題，讓人民和各相關者進行思考，以便為棘手的組屋課題尋找解決方案。四大課題是：

一、新加坡人民的擁屋情況。目前有80%的人民住在政府組屋，當中90%居者有其屋，這是否已達擁屋的極致？將來可能透過轉售組屋得到的回報可能越來越低，我們該如何平衡組屋作為「住家」和「資產」的角色？

二、公共住屋類型。組屋種類與設計方面目前已有許多選擇，為滿足未來的生活需求，政府還應提供怎樣的住屋選擇？

三、可負擔得起的新組屋。預購組屋價格已漲到相當於家庭收入的五倍多，不少首次購屋者感到焦慮，怎樣才能讓他們負擔得起預購組屋？

四、協助年長人民利用住屋套現。隨著人口高齡化，除了現有的屋契回購計畫、出租房間與換去小型公寓，有沒有更具創意的方案讓年長人民換組屋套現，以便安享晚年？

8月6日，教育部長王瑞傑在新加坡經濟學會的常年晚宴以「新加坡經濟：重新面對挑戰」為題，重點闡明以三大策略應對未來的經濟挑戰。其要點是：一、建立和維持穩固總體基礎；二、積極重組經濟結構；三、追求包容性經濟成長。談話中，他著重說明「我們最好的社會政策，是一個在勞動力市場和教育系統裡製造機會的健全經濟政策。」並為此有必要做好三方面：一、繼續深化我們的基礎 —— 比如教育與終身學習；

二、提供人民負擔得起的住屋,作為分享經濟成果的具體方式;三、透過累進稅制,針對性地協助弱勢群體,避免過度不平衡。

8月9日,李顯龍在國慶演說中明確表示將調整治國方針,以建設更公平的社會。他認為人民嚮往的新加坡,是「一個能夠為國民提供各種機會求取成功、充實人生的國家;一個對成功有廣泛定義、讓人民能夠各種途徑攀登不同高峰的國度;一個為人民提供安全網、他們得以安身立命的社會;以及一個弱勢群體能夠獲得幫助、成功者也願意為他人付出的社會」,以此進一步說明如何朝向建設一個更加美好的新加坡願景。

8月11日,榮譽國務資政吳作棟在馬林百列區國慶千人宴上指出,新加坡似乎遇到了「中年危機」,面對的挑戰更為複雜。因此,過去適用的政策需要更新,甚至需要徹底大檢修以確保它們能繼續發揮作用。而人民和政府也需要建立新的社會契約。

8月14日,「我們的全國對話後」主席王瑞傑談到如何應對人民的多元性的意見和訴求時強調,長短期利益平衡須是新加坡的執政特色,在制定政策時絕不能走民粹路線。

至此,透過領導人從不同層面的表態以應對似乎處於膠著的國情,終於讓政府意識到改革必須進入深水區,觸及基本面,才能營造和帶領國家向前邁進。

2013年8月18日,李顯龍在國慶群眾大會闡明政府已根據新理念、新思路決定新的策略方向,以帶領國家走上新的發展道路。

他在演講中提到:「過去的一年裡,我和同僚苦苦思索,什麼治國方針對新加坡有效?我們該做出什麼改變?我們該如何繼續繁榮昌盛?」接著說到:「現在我們必須在建設國家方面採取策略性的改變。」

為此,基於「新加坡是建立在個人、社會和國家這三個支柱上,而每

個支柱都有它扮演的角色，有互補作用。」在解釋這個架構時，他說：「個別人民努力工作，為自己和家庭儲蓄。不論是工會還是志願福利團體，社會把人們集合起來幫助其他族群；不論是商會還是宗鄉會館，每個組織聚集起來，互相扶持。」這樣，「從全域性來看，政府創造促進蓬勃經濟和良好的工作條件，在教育、住屋和醫療方面，為人民投入大量資源，同時確保國家福利開銷低而且具針對性，稽核標準嚴格。」這樣做是因為：「今天的情況變了，如果我們過度讓個人靠自己努力，他的力量是不夠的，尤其是弱勢群體，如低收入家庭和年長者。」正因為「有些事情是個人無法獨自辦到的，而有些事情是要大家一起努力才會做得更好。因此我們必須轉移平衡點，社會和政府必須更努力幫助每個新加坡人。」

為了突顯新加坡政府策略方針改變後的政策思維，他即席宣布在醫療、住屋和教育三方面具有「策略調整」的新政策。其醫療改革的要點是：健保雙全提升為全民化的終身健保雙全；社保援助計畫取消年齡限制；中低收入人民到醫院看專科醫生津貼增加。住房改革的要點是：讓組屋保值，讓未來組屋買家負擔得起新組屋；擴大特別退休金購屋津貼到四房式單位，提供住屋提升津貼協助二房式屋主。在教育改革方面的要點是：每所小學須為和學校沒有任何關係的小一報名者保留至少 40 個名額；小六會考成績鑑別制度將從積分制改為等級制；進一步擴大直接招生計畫。

顯然，這樣的策略方針改變，既說明新加坡執政黨和政府對國情與社會結構帶來的衝擊與影響，有了更確切的掌握，也展現了政府重構好政府所需承擔的職責。因此，它具有著幾個重大的意義。

從歷史來看，政府明確闡明國家發展進入新階段，所需做出的策略、宏觀與微觀層面的調整，意味著後李光耀時代的建設，已從議論與探索的階段進入已有明確發展方向的階段。作為一個歷史新階段的建

第三章　後李光耀時代的新政改革

設，在沒有強人政治的時代，延續著建國的成功核心理念，透過民主協商體系運作，以塑造國家的興盛與未來。這需要真正的賢者治國與從政；需要務實與建設性的在野黨陣營的監督與問責；更需要人民同心同德的參與與付出。

從現實的層面來看，現有的策略改變所帶來的影響與衝擊，雖需假以時日才能見效，這是因為改變不僅針對著既有的經濟和社會難題，也在充分考量了為中長期尋求持續發展的需求。這也顯示，一個建立在宏觀穩固經濟發展基礎上的策略規劃，對新加坡的生存與興盛息息相關。

從政策的調控的角度來觀察，調整後的社會政策基點，既不是過去堅守的模式，也不是完全的福利主義政策。政府基於社會結構的新形態，針對性地對有需要的人民伸出援手，重新確立國家、民間團體和個人的義務與承擔。如此一來，在重新建構一個溫馨家園和社會的層面上，提出了新的任務與要求。這與近年推動的政策有所不同，或者說，是摒棄了從強調經濟成長，再透過財政轉移，縮短貧富差距，改變為從體制上確保重新分配，實現縮短貧富差距的鴻溝。

從政治層面來看，新政的出爐與發展方針的進一步明朗化，道出了一個可貴的事實。儘管兩年多來爭論不停，眾說紛紜，但透過一個觸及民心的全民協商過程所孕育出來的豐實成果，正好成就了新加坡歷史平穩過渡的前提，也從中展現集體智慧的力量。這一改變，即印證了新時代的特徵，5月大選展現的民意訴求，讓執政黨和政府打破舊思維、舊框架，邁向新里程。

國家治理模式的演進

全國對話委員會。新加坡的國家治理模式在 2011 年大選前，在學界一直被定位為強人政治的威權體制，儘管這一評論不為執政黨所認可。這是因為在該黨看來，國家治理的功能與目標，無非是照顧與改善人民的生活，並為人民和國家的長遠利益著想。既然行動黨政府始終秉持和貫徹這一理念，並使國家富強，人民豐衣食足過上好日子，這樣的善治的好政府遠遠優於徒有其名的兩黨輪替制。

在行動黨一黨獨大的治理下，雖然實行從上而下的執政與治理，但執政黨也深明掌握民情民意的重要。因此，執政之後，就極盡所能透過各種管道，如由民政官負責政策的意見收集、具體化和執行任務；如人民協會把人民組織起來，配合政府相關政策的推進。這樣做，在獨立初期，放眼於對由抗馬共領導的非憲制奪權，之後延伸至抑制對抗性憲制政治生態的發展；在施政過程中設定民意回饋機制，如 1980 年代的民意組，2000 年後改為民情組。然而，大選結局顯示，這種國家治理模式，不僅意味著難以維持，也說明過去的民意回饋管道早已失去功能。

即使由政府主導為特定目標推動的全國協商機制，如 1989 年至 1991 年 2 月，完成名為《新的起點》的報告書，重點勾勒新加坡未來 20 至 30 年的發展大計。第二次在 1997 年 8 月至 1999 年 5 月，提出了「新加坡 21」願景，以及第三次在 2002 年 2 月之 2004 年 4 月推動的「重造新加坡」的全國協商中提出 74 項建議，有 60 項獲得政府接受和付諸實行。所有這些，都在大選時受到越來越多人民的質疑，明顯的暴露出預設的國家程式與目標，無法適應經已根本改變了的國情。

為了應對新的國情，2012 年 8 月 26 日，李總理宣布成立「我們的新加坡對話會」(Our Singapore Conversation)。同日，「我們的新加坡對話會」

第三章　後李光耀時代的新政改革

臉書網頁和網站正式啟用（www.OursgConversation.sg）。顯然，對話會的成立承載著與過去不同的性質和目標。這可從幾方面看出：一、在思維邏輯與定位的轉變。過去所有的民意收集皆在政策制定後採取的徵詢與回饋。如今，卻在自知無法全面掌控與完善政策的考量下，放低身段與民共商國策；二、承認國家已進入成熟的民主階段，尊重在野黨參與國是的辯論；三、處於多元性社會結構的新國情，尊重民意，廣納民智已成為凝集政策和社會共識的新需求，突顯與過去菁英包辦的不同施政作風。

全國對話會是以對話會、網路媒體和調查三個平臺進行。對話會是主軸，網路媒體是輔助，而民調則擔負起就相關重大課題的民意回饋，提供政府和相關部門決策時做參考。

對話會為期一年，分兩個階段進行。2012年9月15日，由「全國對話委員會」的首次會議，就透過模擬製作報章封面，描繪2030新加坡景象。委員會主席教育部長王瑞傑表示：「我們所做的只是一種激發想法的方式，我覺得它很有效，因為它延伸了我們的想像。我們並沒有討論這些想法是否可行。而我們還有許多協商方式，協助新加坡人共聚，商討我們的共創未來。」

同年10月13日，由這個領導委員會召集的首場全國對話會，就當前新加坡面對與人民的關注的課題，便已擬就了一份10年後人民想看到的新加坡的六大願景：全民充實快樂；放寬成功定義；強化良好價值觀；強調新加坡身分；打造活躍樂齡；政府開放更多資訊。由此可見，首場對話所框定的基調，顯然涵蓋層面廣泛，可供議論的空間有待發揮。

自此，這個為期一年的與民共商國策的對話會，從委員會的成員、參與者、主題的設定到對話的形式，都展現了與過去不同的狀況。歸納起來，有以下幾點：

對話會的形式具有多樣性、多層次，從專業團體、民間團體、學

界、制服團體，政府部門到個人以及海外僑民等參與。對話會分為兩個階段。第一階段從 2012 年 9 月到 2013 年 3 月。半年內原本預計舉辦 30 場全國對話，結果舉辦了近 200 場，約有 1 萬人參與。曾經參加這一階段對話會的就有人協與基層組織、工會、青年團、大專論壇、海外僑民組織等。而個人參與的還包括採用方言，以樂齡為主進行的對話。這一階段對話會的內容因不受限制，對話過程中常會出現話題交錯、籠統，甚至有時呈現各自表述的狀況。不過，整體來說，在對話會協調人的幫助與歸納下，對話會總是能從多元的意見中歸納出大家關注的議題，作為對話的意見總結。

經過半年的廣聚民意，作為第一階段全國對話形成的願景是：

◆ 更強的互助精神。
◆ 負擔得起的生活費。
◆ 以新加坡人為核心。
◆ 優雅的樂齡生活。
◆ 更充實的生活。
◆ 更多元的成功定義。
◆ 更好地照顧弱勢群體。
◆ 強健的家庭。
◆ 讓民間有更大自主權。

第一階段。對話會也收集了新加坡人眼中，希望看到的新加坡社會景觀。最常見的 12 個觀點是：

◆ 有超越學術和物質成就的多元成功定義。
◆ 在工作以外，有空間追求其他目標，生活過的更充實。

第三章　後李光耀時代的新政改革

- 有一個人人機會平等,能安居樂業的強勁、充滿活力的經濟。
- 有凝集力強的家庭。
- 生活費人人負擔得起。
- 優雅的樂齡生活。
- 有堅韌而廣大的社會安全網,照顧弱勢群體。
- 強化凝聚力,重新喚起互助精神。
- 以新加坡人為核心。
- 是個以良好價值觀為導向的社會。
- 政府和人民更好地合作。
- 有一個對人民負責、高效和可靠的政府。

第二階段。從2013年2月底到同年9月。對話會便以上述願景為深入探討的方向,並把對話會鎖定包括教育、醫療和社會服務等為主題。與此同時,因2013年1月政府發表「人口白皮書」引起的爭論,無可避免延伸至對話會而成為新的熱門話題,因此,對話會領導委員會認為有必要透過對話會作更深人的探索以尋求共識。

對於第二階段對話會應如何進行,領導委員會主席王瑞傑在2013年3月23日向報界發表談話時指出對話會可分為三大類。除了有個別部門參與,針對住屋、醫療、教育和就業等熱門課題討論外,全國對話會也應繼續就「希望、家園和團結心」三大主題在開放式的交流中進一步探索。他說:「我們不再是解決簡單的技術問題,例如需要增加多少地鐵列車?這是可以計算、然後相應解決的。擁有政府組屋的意義?某個政策有什麼用意?教育的目標是什麼?而我們如何達成?等等……這是很複雜的課題,關乎我們的價值觀,涉及取捨。因此我認為我們需要展開對

話會,讓人民共聚一堂,參與、聆聽不同的觀點,共同討論一些我們必須做的抉擇。」

從 2013 年 3 月展開的第二階段的對話會,其中就有以「我們如何為所有人創造希望和機會」、「如何打造一個人人有歸屬感的家園」、「如何關懷我們的同胞」以及「如何建立身分認同」等課題。

第二階段總共舉辦超過 660 場包括各種類型的對話會(參看圖表)。

參與機構估計	超過 40 個(不包括政府機構)
使用語言:	7 種 英語、華語、馬來語、坦米爾語、廣東話、福建話、潮州話
時間總數估計	1,645 小時
參加者估計人數	457,000 人
對話地點	75 個
估計場數	660(由對話會祕書處、社群團體及政府機構主辦)

參與者有來自政府相關部門,如國防部、人力部和人民協會基層組織,工運及屬下青年團;民間自發性組織,如由 10 名藝壇人士草擬《藝術宣言》供對話會討論,救世軍為弱勢群體課題召集的對話會等;大專院校如大學先修班(Pre-University Seminar)研討會、新加坡國立大學校友會、北爍學校等對話會;傳統媒體如「早報開講」提供華語討論平臺等不勝列舉。

對話會最後總結出五大願景為:

@ **讓社會充滿機遇(Oportunity)**

無論家庭背景如何,都有機會和各種途徑發揮潛能,追求理想,過更好的生活。在全球經濟情勢不明朗之際,保持經濟穩定,確保勞動人口有競爭力,創造更多優質的就業機會。

@ 讓生活得到保障（Assurance）

讓住屋、醫療保健和公共交通等基本生活需求更負擔得起。增進社會集體承擔的同時，強調自力更生和未雨綢繆，並透過提前規劃應付不測。當不幸失業或至親犯病，能獲得援助度過難關。

@ 同心同德，殊途同歸（Purpose）

擴大社會對成功的定義，讓人民有平衡和充實的生活。除了經濟成就，也重視國家認同感、儲存歷史文化和集體記憶，同時尊重彼此的差異。也要鼓勵人民守望相助，熱心公益。

@ 互相扶持，不離不棄（Spirit）

根植社會共同價值觀，強調家庭、社會價值觀和社會凝集力的重要性。尊重和照顧弱勢群體，打造一個擁有互助精神、更團結和有人情味的社會。

@ 互信互重，有所擔當（Trust）

期待有建設性和有意義的交流，對影響社會的政策發表看法，在人民與政府間建立信任與問責關係，探索更多討論和資訊公開的空間。觀點分歧的人民，也應相互了解彼此的立場。

2013年8月10日，「我們的新加坡對話會」祕書處，就上述願景和對話會相關消息編寫了一本圖文並茂、深入淺出，厚度只有48頁的小冊子——《我們的新加坡對話會「回顧與展望」》(*Reflections*) 作為總結。

對「我們的新加坡對話會」論政方式與效果的評論

對話會開始時，在一片期待的聲浪中，也出現了不同的評語和看法。儘管政府和相關組織曾呼籲在野黨也應加入這次全國對話會，可是在2012年10月17日，由新加坡國立大學的學生政治協會舉辦的座談

會，革新黨的肯尼斯就把它定調為是一場政治秀，所有的角色和劇情都是導演安排好的，與其說是對話會，不如說是一場獨角戲。工人黨非選區議員餘振忠則認為：「不同的政黨透過不同的方式和人民連繫。」該黨主席林瑞蓮在同年10月26日透露，儘管已受邀參與全國對話會，但工人黨領袖決定現階段不參加。她說：「工人黨即使在個人名義下受邀，仍將被視為代表政黨，因此我們的看法是，公民對話在工人黨領袖缺席的情況下，更能達到其區域性的目標。」正因此，10月13日舉辦的第一場公民對話，林瑞蓮和另外兩名反對黨人士方榮發和國民團結黨祕書長潘群勤雖受邀卻沒有出席。

同年12月15日由馬林百列社群舉辦的全國對話會，活躍於公民社會的本地知名部落格寫手區偉鵬參與對話會後表示：「對話過程沒有特別讓人有參與感，它不過是排解怨氣的安全閥。」他也說：「舉行自由和民主的辯論能讓整個過程更有意義，在這樣的環境裡，擁有另類觀念的人可以因為當選而有機會實現自身的想法。目前這個過程還是『請願型國家』，而人民只能透過請願訴求變革。」

可是，政府對對話會的進行與回饋無疑是極其重視。這可從2013年財政預算案出爐更多具有針對性的措施；衛生部、國家發展部、教育部等在過程中就相關課題做出的改變，以及李總理在2013年8月國慶群眾大會宣布的策略調整，與住屋、醫療和教育政策的新政策，展現出對話會帶來了巨大影響和效應。也因此，2013年8月14日，對話會主席王瑞傑認為，為了延續對話會的精神，政府將會增加資源，強化與民眾對話的能力。

總之，儘管還有新加坡國民和在野黨，對對話會持有不同看法，且不管他們的論點是否站得住腳，從國家治理進入成熟民主階段的考量，從擴大民間論政的範圍與層次的需求來看，這樣的模式的採用與推廣，顯然是具有其積極的意義。

第三章　後李光耀時代的新政改革

「人口白皮書」引起的激辯
(*A Sustainable Population for A Dynamic Singapore*)

　　新加坡政府所實行的人口政策，是另一個引起最多非議的課題之一。大選過後，政府從政策調整以減少引進外來人口，一是提高外籍勞工工作準證的門檻，二是放緩吸收新移民為永久居民和公民。可是，2011年9月28日，新加坡統計局公布了2011年的人口趨勢報告，截至是年6月，新加坡公民一年增加了26,500人至總數326萬人，永久居民則減少9,000人至53萬人，而非居民人口則增加6.9%，達139萬。非居民包括持有工作準證、就業準證、長期社交訪問準證及學生準證等在本地逗留的外人民。新加坡總人口已上升到518萬人。

　　在一個國民出生率已經下降到只有1.15%，而人民人口老化加劇的新加坡，面對著如此情境，政府下一步的對策會怎樣？確實使每一個新加坡人倍感關注與焦慮。

　　問題在於，外在外來人口繼續增加，出生率還在下降並無跡象獲得有效舒緩，現卻又得面對著總人口增加的趨勢，這該如何是好？

　　人口政策牽涉層面極其廣泛和深刻。這其中關係到經濟成長可能帶來的短期與中長期影響；社會結構的變遷和社會政策的變革與調適；政治上的變革與承受力等。解決的途徑牽涉了經濟形態、社會模式、思維邏輯與價值觀等各種層面。因此，新加坡人必須不斷對此課題進行不斷思考和辯論，才能找出更佳的辦法以應對這一艱鉅的挑戰。

　　2012年7月，政府為了能及時作出必要的應對，人口與人才署公布了《我們的人口，我們的未來》專題報告，發放更多資料，提出新加坡未來人口的願景，讓更多新加坡人參與討論，以便權衡輕重，為新加坡的

將來共同做出決定。專題報告指出,基於人口高齡化和出生率下降,將使新加坡面對日益嚴峻的勞動力短缺和影響競爭力。因此,為實現可持續的人口願景,政府將從「建設凝集力強的社會」、「打造優質生活環境」和「打造可持續發展和蓬勃經濟」三方面著手,檢討人口政策。

政府希望透過這次檢討與諮詢能對人口問題提出對策。政府也將會在年底擬出一份「人口白皮書」以公布政府的最新看法和決策。

政府發表「人口白皮書」引起的爭論。基於多方面的考量,在國家人口與人才署的主導下,經過包括專家在內的諮詢,2012年底完成了新的人口規劃總藍圖。有關報告做出的《人口白皮書》和附帶的《土地資源規劃書》終於在2013年1月29日公諸於世。

在新的人口政策(預估)中,突出了三個重心,即持續的經濟發展、新加坡人為核心、美好的家園。政府也為了實現經濟轉型、應對資源不足與社會壓力負面效應加劇,而設定長期規劃所需的基礎建設,如交通網路、住屋、獎勵生育配套等。為此所需的經濟發展形態(GDP成長率下調;新生勞動力下降、白領工作占人民勞動力三分之二)以及居民和非居民的比例等的基本方案,是為白皮書的重點。而人口規劃則預計到了2050年,新加坡的人口成長有可能達到690萬人。

可是,人口白皮書公布後引起的關注點,已把視線集中在白皮書提到的未來人口成長的預估數字「690」萬,當成是預設的人口目標,這使得原本對外來人口和移民激增深感不滿的民眾,倍感負荷,更多的質疑和排斥油然而生。無形中促使輿論倒向反對的一方。

2013年2月4日,由負責人口及人才署的副總理張志賢在國會動議時通過白皮書時指出(大意):請國會批准《人口白皮書》作為人口政策的路線圖,以應對新加坡人口問題的挑戰,以及批准《土地資源規劃書》

第三章　後李光耀時代的新政改革

作為支撐新加坡未來人口的土地使用計畫。

對於政府的解釋，所強調的用意和目標，即刻在國會內引起議員們的強烈質疑和詢問。國會中的在野黨議員和非選區議員，當然是表達了不同的看法。即使是人民行動黨議員也提出了諸多詢問，其中以摩綿——加冷集選區議員潘麗萍、荷蘭——武吉知馬集選區議員連榮華的看法，也持保留態度。

隔天，白皮書才在連榮華提出的修正動議下，以 77 票贊成 13 票反對獲得通過。連榮華的修正動議做了兩項修改：刪去「人口政策」字眼，清楚寫明 2020 年後的人口預測是為協助土地資源和基礎建設的規劃，並非人口成長目標；以及連帶寫明政府將關注四個事項：一、優先處理當前的基礎設施不足的問題，尤其是交通；二、趕在需求的前方，策劃、投資和落實基礎建設計畫；三、確保各種人口政策的好處、更好的工作機會和薪酬惠及新加坡人；四、對我們的人口政策和各種假設進行中期檢討，應考慮到新加坡和新加坡人需求的改變，以及國內外形勢的改變。

對國會最終通過的白皮書，總理和部長在總結時也重申，政府將在 2020 年做中期檢討，並表明對人口政策持開放態度，希望人民繼續參與討論。

這個爭論，很快就蔓延到國會外，新加坡人透過不同管道也表達了極大的不滿和質疑。2 月 16 日在芳林公園舉辦的抗議人口政策白皮書集會就有超過千人出席。因此，造成政府領導人不得不四處出動，解釋政策的原意和目標。

如此強烈的反彈顯示，一方面，白皮書雖然徵詢過專家學者的意見，也從民情聯繫組和全國對話會等的諮詢與回饋中做參考，最後決策層才定稿，可是，另一方面，反對聲音同樣來自專家學者、民間團體、

商會組織、在野黨陣營，甚至不少行動黨議員。網路媒體更是非議之聲不絕。這說明白皮書的確存在不足。

人們議論的焦點顯然投放在 690 萬人口規模的預設，難於獲得各界的認同。而白皮書就相關對策被認為只著重在硬體建設，而忽視了兼顧人民的心理。並且從諮詢到形成最後的策略規劃過程，出現了深廣不足的缺陷，其呈現過程更有溝通不足的弊端。

因此，情況顯示在眾說紛紜中，既存在理性的看法和訴求，也參雜著強烈的不滿情緒。由此讓一個原本應透過更深入與全面探討的嚴肅與棘手課題，受到牽扯而變得更複雜。

新加坡政府的治國與施政能力，雖有目共睹，但這次的事件卻說明政府在政策的制定與執行的不足。《人口白皮書》的出爐顯示，執政團隊因國內外環境的劇變，再也無法像過去那樣相對容易和準確解讀與評估事態的發展。尤其當國民對發展程式出現的問題，持有多元性的看法時，政治賽局便有可能導致國家面臨嚴重分化的局面。這種全新環境的挑戰，意味著不僅執政者需要更開放和包容的施政作風，也需要改變思維模式，才能更具針對性地制定人口政策。

長遠看，新加坡人口政策的策略目標，離不開建設一個可持續發展的先進城市小國。從現有的國情與面對的問題考量，解決問題的管道離不開經濟體制轉型導致逐步減少對外來勞動力的依賴，從而舒緩整體人口的壓力和成長速度；透過創新的途徑和手法，提升人口出生率，並適度引進移民成為居民，形塑優質的人口成長模式；更有效的土地規劃和應用，以開創持續發展的空間。說到底，這需要新加坡政府在動態治理過程中，不僅把相關的四個層面處理好，而且也能創造出最大的互補作用。

第三章　後李光耀時代的新政改革

為致敬致謝的「建國一代配套」

新加坡政府會對建國一代表達感恩與謝意，應可追溯到國家領導人的治國理念，一方面治國者一切以民為本；另一方面深悉沒有人民的支持和參與，國家不可能不斷取得發展與進步。這尤其當國家處於落後與動盪的年代。因此，新加坡得以建構一個成功的國家，人民的付出和貢獻功不可沒。

隨著新加坡的從第三世界走向第一世界，絕大多數的新加坡人，透過全民就業、居者有其屋、良好的教育體系、公共服務、社會基礎設施的普及與提升等，或多或少都能從中受益。然而，也隨著新加坡的成功與發達，處於不同社會階層的人民卻隨著社會的進步面對著不同的境遇。因所得不同，產生了不同的問題與訴求。

究其原因，可以說涉及許多層面。自1980年代中後，衡量新加坡貧窮水準的吉尼係數便日益上升，新世紀以來更是處於先進國家的前段。正是這一發展趨勢，既說明了事出有因，也突顯成功的國家構成面對著新的挑戰。

顯然，政府為了應對貧富差距帶來的社會問題，也為了新加坡即將迎來建國50週年慶祝，以表達對建國一代的功勞，因而提出將給予建國一代特殊的照顧與獎勵。但要如何定界誰應獲得此援助，卻引起了人民的議論紛紛。這是因為基於新加坡人口結構，建國一代應從何時算起？考量點是什麼？配套所需承擔的資金又是多少等等，都需做出客觀與理性的考量，才能使這一對策產生最大最好的政策與社會效應。

2014年初，總理李顯龍終於公開表示基於建國一代致敬致謝的考量，政府將在2月21日財政預算案公布「建國一代配套」。他對建國一代的定

義是：生於1949年12月31日或之前，並在1986年12月31日或之前成為公民，在本地生活或工作的第一代新加坡人。這群2014年已達65歲及以上的人民，在新加坡於1965年獨立時至少滿16歲。在那個年代，多數人十多歲就開始工作。這個年齡層的人也包括1967年首批應徵召入伍參與國民服役者。所有符合以上條件者都將受惠。越年長，可得福利越多。

2014年2月21日，財長尚達曼在預算案中宣布的「建國一代配套」做了如下的規定與澄清。這就是政府將會一次過撥出80億元設立建國一代基金，作為照顧45萬名2014年年滿65歲及以上人民看病求診的開銷。尚達曼解釋既然配套是為感謝建國一代做出的貢獻，因此，不論其家境如何，合格的年長者都將能享有配套的好處。政府預計上述基金將能在未來至少20年承擔建國一代的醫藥費。下列圖表列明援助配套的主要內容：

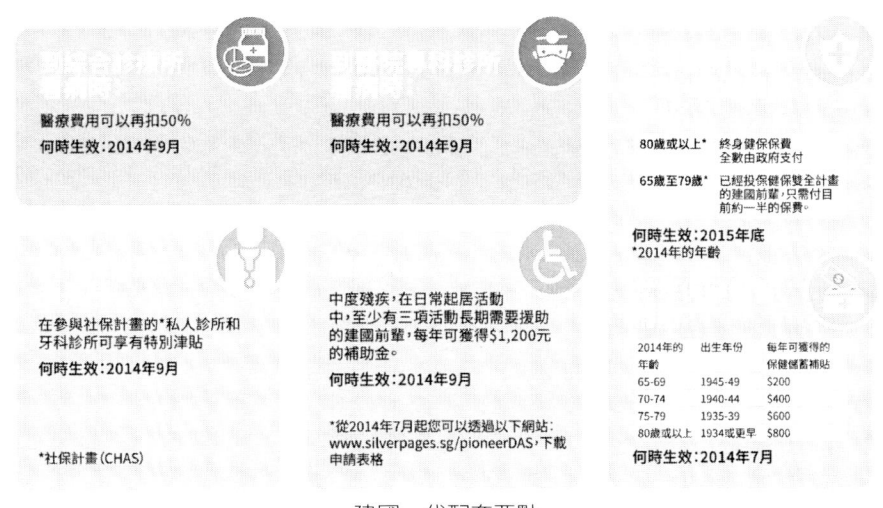

醫療費用可以再扣50% 何時生效：2014年9月	醫療費用可以再扣50% 何時生效：2014年9月	80歲或以上＊ 終身健保保費全數由政府支付 65歲至79歲＊ 已經投保健保雙全計畫的建國前輩，只需付目前約一半的保費 何時生效：2015年底 ＊2014年的年齡
在參與社保計畫的＊私人診所和牙科診所可享有特別津貼 何時生效：2014年9月	中度殘疾，在日常起居活動中，至少有三項活動長期需要援助的建國前輩，每年可獲得$1,200元的補助金。 何時生效：2014年9月 ＊從2014年7月起您可以透過以下網站：www.silverpages.sg/pioneerDAS，下載申請表格	2014年的年齡　出生年份　每年可獲得的保健儲蓄補貼 65-69　1945-49　$200 70-74　1940-44　$400 75-79　1935-39　$600 80歲或以上　1934或更早　$800 何時生效：2014年7月
＊社保計畫（CHAS）		

建國一代配套要點

建國一代配套的出爐，正好顯示了行動黨政府在重新設定社會政策時，改變了過去固守的基點，展現了尋求解決因社會結構帶來的差異，針對性地為建國一代提供大量的援助，以面對日益高漲的醫療費和生活

負擔。這一改變，無疑能舒緩日益惡化的社會矛盾。正是這一改變，讓人們看到新加坡政府在應對貧富差距，以及高齡化社會帶來的棘手課題時，有其獨特與針對性的解決方案。即提出有效的為建國一代面對的困境給予具體的幫助，也預防了把財務負擔轉讓給下一代人。新加坡之所以能夠如此，一方面是長期以來政府為國家累積了強大的財富，透過取得的盈餘，而不是借貸以支付配套所需的資金；另一方面是，根據國情的需求，而不是政客宣揚的社會民主福利政策辦事。

隨著配套的出爐，政府也在 2014 年財政預算案就衛生部的撥款項目中，做出了重大的改變。新加坡政府為減輕人民普遍面對醫療費用高漲帶來的壓力，加大政府的醫療開銷。從 2012 年的 40 億，上升到 2014 年的 71.2 億。

終身健保突顯體制改革的深刻影響

根據李顯龍在 2013 年 8 月 18 日國慶群眾大會上宣布，政府接納終身健保計畫之後，隨即委任了一個由陳育寵領導的終身健保獨立檢討委員會。經過多月的廣泛徵詢民意與內部研究，委員會終於在 2014 年 6 月公布了該委員會的建議細節。

有關的建議細節涵蓋多個層面：

一、人人受保。這意味著所有新加坡人都能受保。即便是原本不受保的患病者和被保險公司拒絕的人；

二、終身受保；

三、將原有健保雙全的年保費索償上限調高，並取消終身保費索償上限；

四、保費將增加。為了應對保費的增加，有必要採取的對策包括年輕時保費高，退休後保費低的新保費架構；

　　五、保健儲蓄足以支付大部分保費。政府宣布調高退休金繳交率1%的新措施，將足以讓包括中等入息階層應付保費的調高；

　　六、政府將為中低收入者永久性的提供保費津貼，並為中高收入者提供四年過渡保費津貼；

　　七、每一個新加坡人，不論其健康情況和經濟狀況如何，都能獲得終身健保的保障；

　　八、無需申請。

　　隨著獨立檢討委員會建議的出爐，衛生部長顏金勇也隨即給予肯定和接納，並宣布將在詳細研究建議細節後，政府將會在2015年7月公布各項相關的細節。

走出模式局限的公共運輸外包

　　嚴格說來，新加坡的公共運輸體系，在國家邁向工業化、城市化和現代化的過程中，就整體規劃，體制設定和營運模式，都處於變革中求取不斷進步與完善的過程。因此，長期以來，新加坡公共運輸系統的建設與經營效率，確實曾被廣泛認可。可是，隨著國家發展步伐的加速，伴隨著經濟政策和人口政策的重大改變，原有的體制和運作模式的負面影響加速出現。這導致嚴謹與前瞻性的規劃出現落差，出現基礎建設承受度欠缺；經營模式的向盈利傾斜促使管理與維修無法兼顧，導致事故頻生，效率下滑。這造成人們對公共運輸經營模式的質疑與爭論。

　　為了應對公共運輸困境，一方面，交通部和在野黨以及民間進行了

經營模式的論戰，2年多來，官方一再強調現有經營模式是可行的。另一方面，政府為了緩解交通困境，2012年財政部更撥出11億，作為緩解公共運輸困境的特別款項，打破了民營企業自負盈虧的原則。不僅如此，事態的發展卻更出人意料，交通部終於在2014年5月宣布，公共運輸系統中的巴士系統將從2016年起，以外包模式經營。

這個在2014年第十二屆國會第二會期交通部附錄中宣布的外包模式，具有以下的要點：

一、所有公共巴士的基礎設施，如轉運站和車廠，以及巴士和管理系統歸政府所有。政府將透過競爭性投標方式，讓業者出價競標經營權。獲得經營權的業者由政府支付承包費，車資收入則歸政府所有。

二、現有的巴士路線將被「捆綁」成12個套組，每個套組有25條至30條路線。三個套組將分配給本地和外地業者競標，經營權為5年，若表現良好可延長兩年；餘下9個保留給現有業者經營，為期5年。

三、為確保公共交通系統在財務上的可持續性，車資仍會定期調整。公共交通理事會負責制定車資收費，確保是人民負擔得起的。

四、巴士司機和員工的福利，將不會因經營者的改變而受影響。

五、在新經營模式下，業者將為既定的服務水準的達標而全力投入經營，這將有助於確保服務水準的維持與提升。

六、新模式將在2016年下半年推出。

交通部在被問到為何採納新經營模式時指出，該部是在研究了倫敦和澳洲的巴士系統後，才決定這麼做。由此道出爭論了多年的公交體系改革問題，終於走到了不得不改變的關口。就新模式而言，因保留了某種程度的實體經營者是民營化，因此，新模式雖非全面的國營模式，卻早已跨越了單純民營化的界線。政府更因承擔了前所未有的職責與財務

風險，而必須迎面解決新的挑戰，這一改變，事實上已使新加坡的巴士系統納入公共服務的領域，可能造成的利與弊，還有待實施後才能揭曉。

第四節 —— 尋找出路的新政改革

新加坡啟動的改革新歷程，從國情變遷所呈現出來的態勢，足以證明這是一種不可逆轉的發展趨勢。然而，情況顯示現階段性的改革重點雖然已從起始階段邁向推進階段，治國者已有了更明確的方向和路線，但是，要重新打造一個更加亮眼，或至少能在全球化的新世紀得以保持小紅點的光芒的新加坡，新政改革還有一段很長的路要走。

這是因為，新加坡能否快速有效解決因近年來施政過程中存在的課題，只是整體問題的一個部分；而策略調整和政策導向的偏向多元性、包容性、向左傾斜與更加開放，都只能說明方向性的正確。如此態勢，固然有助解決短期困境，也有助於透過漸進式的施政策略推進社會向著既定目標邁進。但隨著新加坡社會進入第一世界而引發的更深層次問題，即要如何持續取得成長而又能惠及整體社會，迎面而來有待解決的問題，無疑需克服重重困難，才能展現新姿態。

這就是說，新加坡當前的挑戰不再是能否生存下去，而是如何取得更加有價值的成長和維續一個高素養的社會。那些用於證明和闡述新加坡成功的根基和要素，應如何應用在改變了的新環境、新挑戰，還是必須尋找新對策、新模式，則成為了當前政府接下來改革的重點。歸根究柢，突破困境與形塑新模式的博弈就在於治國者的治理能力。

第三章　後李光耀時代的新政改革

全球化與爭取持續發展的博弈

冷戰結束，全球化由此誕生。新加坡的發展也跟隨著這個潮流走向全球化，而成為一個更加開放的自由市場經濟體。二十多年來，新加坡一方面隨著環球化帶來的機遇，搭上了經濟發展的快速列車，儘管過程中一再面對金融與經濟危機；另一方面，新加坡不可避免也受到全球化帶來的衝擊，在不同領域和不同層面上的負面影響。魚與熊掌不能兼得，快速的經濟發展帶來的社會代價同時存在，正是新加坡走過的歷史痕跡。

眾所周知，世界上有不少國家走上富裕的道路，每個國家都有著不同的背景和條件。像新加坡這樣一個沒有天然資源，小國寡民而歷史短淺的新生國度，能夠有一個成功的故事，本身就有其獨特的地方。因此，任何排除這個特殊性的政策考量，都有可能陷入脫離實際的深淵。同樣重要的，任何否定普世價值和歷史進程的需求，也是一種落後和倒退的思維。

顯而易見，一個沒有天然資源的國家，本錢薄弱，必須透過不斷的累積財富才能使國家富強朝氣。小國寡民，則人才和人力資源不豐，不借助全球化帶來的人才和勞動力全球化的契機，也就無法促使經濟快速成長。歷史短淺，科技實力尚無法與大國和工業化歷史悠久的國家相提並論。這就是譜寫新加坡故事不可忽視的基本國情。當然，獨特的地理位置也是上天賜予新加坡的珍貴禮物。新加坡過去的成功故事，會讓人們清楚地意識到，這就是新加坡生存與發展的硬道理。而對譜寫這個故事的締造者來說，這不過是個可變動的因素，但卻也是個不可或缺的關鍵因素。沒有一個惠國惠民的好政府，只能與成功擦肩而過，這已被眾多發展中國家停滯不前的狀況所證明。

第四節—尋找出路的新政改革

當下新加坡要面對的問題是,如何繼續應對全球化帶來的契機和挑戰。要正確處理兩者及其相互關係,以達到掌握先機,建立與發揮優勢,即有利於經濟成長,也能克服或減少不利影響,便成為政策考量的關鍵。

客觀了解與應對全球化帶來的利與弊,至關重要。無限的市場和人力資源,以及科技的張力與速度是有利的重點。而市場的大小則深受產業結構的左右和影響,以致成為勝敗的關鍵。1980年代後世界第三波的全球化移民潮和全球化人才流動的加速,則成為開放經濟體難以抗拒的外在引力或壓力。

因此,新加坡所能選擇的發展路線,就國際層面而言,不可能不走全球化,沒有市場和補充人力不足,便意味著新加坡不可能有持續的經濟成長。同樣的,國內生產毛額雖居世界前列,但整體經濟和社會結構與其他先進國尚有不小的差距。新加坡在全球產業鏈中並非處於領先地位,因此,經濟上我們只能跟著全球化的趨勢與時俱進而不可能影響潮流,更遑論帶領經濟走勢。

在考量新加坡所能選擇的發展路線時,也就不能不注意自由市場經濟的發展史及其優缺點。工業先進國目前面對經濟結構出錯和財務困境,就須引以為戒。這是因為,它不僅為我們指出自由市場經濟已進入一個實體經濟和虛擬經濟(金融資本主義)加速妨礙經濟復甦和危機循環加劇的時代;而且也為我們提供了活生生的教訓,即全面的自由市場和新資本主義經濟是造成弊端的禍根。因此,嚴防這種失敗模式或發展趨勢,便成為了政策的必要考量點。許多國家面對嚴重失業狀況無法有效解決,必須以此為借鑑。換句話說,新加坡無法不依賴外來人才和勞動力,但過分依靠外來人才和勞動力則將導致經濟發展使人民陷入不利境地,以致必將使社會付出巨大的代價。

第三章　後李光耀時代的新政改革

且看，全球化對不同經濟體以及新加坡帶來的影響是什麼？

全球化導致世界產業結構的重組與分工，意味著一方面為發展中國家提供了生產與市場最大空間，尤其是低中層級製造業，讓數以億計的城鄉貧窮者，脫貧解困，但也讓無數身處先進國家製造業的勞動者失去就業機會。在世界產業分工的發展趨勢下，加上全球湧現大量的新生廉價勞動力，驅使資本家利用廉價勞動力作為最大利潤化的槓桿，導致處於中度發展中國家面對巨大的壓力，尤其是處於底層的勞動者失去競爭力。全球化對就業市場的影響還不止於此，全球化人才與在地人才的競爭同樣導致在地人才面對巨大的壓力，甚至處於不利狀態。而科技的日新月異帶來的機械化、電腦化、網路化則加快熟練員工的失業速度。新加坡面對的情況就是活生生的例子。

全球化經濟發展的最嚴重後果，就是貧富差距擴大和財富的最大限度集中在少數人或集團之間。這樣的發展態勢導致，擁有豐富天然資源的國家的巨大財富掌握在少數或統治集團手中。擁有科技優勢的國家的少數人或集團擁有天文數字的財富。而金融市場的全球化，更讓金融家、銀行家成為世界級的大賭徒。全球財富從商品流通轉為貨幣流通則加速了這種財富的累積，世界正處於日益動盪不安的變化中。當前在全球流竄的熱錢比任何時刻都要來得多，也難以監控。這就是全球化帶來的巨大威脅和挑戰。

正如季辛吉（Henry Kissinger）所言：「我們全球化了世界經濟，卻沒有全球化世界的政治。」自二次世界大戰以來，許多先進國家實行社會福利政策，導致債臺高築。而民主政治的角力，導致民粹主義大行其道。入不敷出的財務政策使情況日益惡化。殘酷的政治現實，導致掌握世界經濟和政治主導權的國家，肆無忌憚地利用這種優勢，透過貨幣量化政策，把自身的財務困境轉嫁給他國。

在全球化中正在日益深刻影響著未來變遷的兩個趨勢,必須引起決策者的關注。這就是全球化產業分工的方式,已經導致中低階產業鏈,尤其作為發展中國家經濟成長的優勢漸失;二戰後的嬰兒潮所湧現的勞動力優勢,也隨著生育率下降和人口高齡化而漸弱,人口紅利正在遞減。

這就是我們所面對的國際大環境,有利也有弊。如何取捨,在於制定政策者的考慮重點放在那裡。追求的短期和長期目標是什麼。

經濟發展模式該如何改變?

新加坡現有的經濟結構和成長模式,是否需要做出相應的調整,還是按既定布局持之以恆?從經濟結構的角度看,在新加坡現有的工業化、城市化和現代化規劃中,已把勞工密集型工業轉為高增值的知識型工業。而目前政府重點投資與發展的生物醫藥科技和新媒體科技,顯然將會為新加坡現有的經濟結構注入新的動力和成長空間。近年來政府大力推動加強旅遊與休閒業,不僅拉動了經濟成長的新動力,也創造大量就業機會。這才讓新加坡在近年來一再的金融和經濟危機中,仍然取得了高成長。

問題是,隨著全球化的深入,特別是新加坡近年來透過大量引進外來人才和勞工,以帶動快速的經濟成長,已對新加坡造成難於應付的衝擊,實質上已達到無法承受的程度。單就經濟層面來看,新加坡不可能如此無節制地引進外來人口,作為經濟成長的重要手段;更不必說它已經在社會和政治層面引起負面影響。因此,這種經濟成長模式必須重新檢討並加以改變。政府目前的政策是透過提高生產力為主軸,方法是沿著自動與機械化和持續的培訓,以達到包容性的經濟成長,進而縮小貧

第三章　後李光耀時代的新政改革

富差距。問題是這樣的模式能否達到經濟重構的策略目標，確保經濟的持續成長，顯然有待觀察。

誠然，不論是以怎樣的模式來促進經濟成長，都離不開全球化和本土化兩個層面。就全球化而言，上面已經指出其利弊以及在考量政策調整時應加以關注的課題。就本土化層面而言，首先需要關注經濟結構的重建，既能提供或創造足夠的就業機會，也能從中減少對外來人才和勞動力的依賴，而且還必須確保這種改變是有利於持續發展的需求。換句話說，在提高生產力作為主要手段的主導下，現有的產業結構是否足以支撐經濟的持續成長，還是必須另尋出路或開闢新的成長動力？

從整體規劃看，有三個層面需要加以注意。這就是實體經濟和虛擬經濟、國民經濟和外資經濟、私人經濟和國家經濟的比重或不同考量點，必須和成長模式與持續發展掛鉤。在尋找出路或新的成長動力時，又必須能夠朝向縮小貧富差距和塑造一個能讓人民加強認同感和歸屬感的社會。同時避免犯上某些先進經濟體因全球化所導致的弊端。因此，它所涉及的層面極其廣泛和深遠。這不僅需要政府和相關部門的全力投入，也需要國民的積極參與。開闊言論空間，扎實做到雙向溝通，以使政策的制定真能達到集思廣益，從中展現新時代的精神。

自 1990 年代起，作為國家儲備的資金，對國外市場的投資越來越多。透過這種投資，新加坡固然獲得了很好的回報，也為國家的發展開支貢獻了巨大的財力。不過，這樣的發展策略對國內經濟建設可能引起的不利影響值得關注。沒有或缺乏根植本土化的產業結構，可能引起的副作用不容小覷。雖然國內市場小，主要領域，如能源業、海陸空航運業、通訊業等都已在政府半公營企業的掌控下。加上歷來政府大力提倡吸引外資，以致本土私人業界的發展極受限制。這種環境對培植本土企

業極為不利。儘管近年政府已加強對本土企業的扶植,把目標鎖在透過一連串的計畫,讓1,000間本土企業的營業額超過一億元,作為強化本土企業的比重。但在通盤考量新加坡的發展策略時,如何使不斷轉型的企業,獲得應有支持與提升,而不至於被淘汰;為能成為國內產業結構的重要一環,保持必要的實體經濟,以保住人民的飯碗,就不能只從成本效益做取捨。過去的政府官員思維顯然需要重新定位,這一點行動黨宏茂橋集選區議員殷吉星就曾多次在國會提醒政府。新加坡不應提倡保護主義,但極需要政府的積極獎勵與扶持。

從對經濟成長有貢獻和加強朝向溫馨社會的需求出發,新加坡政府需要把提高出生率和強化高齡化社會的服務產業,作為納入經濟政策調整範圍內。就像過去政府對待水資源的政策一樣,把看似不可能或者難於成為重要領域的產業做出長遠規劃和投資。這樣做,即有利於產業本土化,也有可能從中開發出國際市場,為持續成長作出貢獻。

新加坡在2014年的財政預算案中,的確展現了這種新的思維架構和政策導向,透過設立新機制和增加撥款,以營造一個利於體制建設的環境和發展方向。

從建設一個較全面和穩定的國家經濟,儘管國小人寡,發揮優勢是生存與加強競爭力的首要考量。但我們也不應忽視在必要的行業或領域建立自身的核心勞動隊伍。比如營建業和高齡化服務業。單就營建業來說,2014年僱用的人數就接近50萬人,其中大多數是外籍勞工和外來專業人士。這是一個永不過時的產業,有必要依情況的許可朝向建構本土化的產業鏈。這尤其當我們必須減少依賴外籍勞工的前提下,政府有必要從現在起加大力度規劃出發展方案。至於長期以來面對議論的,新加坡人不願意從事某些行業的觀念和表現,在全球化無處不面對更大競

爭的大環境下，改變觀念和行為，已成為不可迴避的現實。政府需要做宣導，國民需要學習接受和改變。當然，政府需要做的不只是規劃和宣導，更重要的是建設一個能讓從業者獲得良好的報酬和社會尊重的機制和辦法。

　　向來，新加坡政府對國民幸福指數，另有一番看法。現實是國內生產毛額並不能全面與準確地反映國民生活面貌和素養。能否建立符合新加坡國情的幸福指數並加以推行，確實具有實際意義。這樣做，將有助於結合國內生產毛額，觀察和評斷國民對生活和國家等方面的感受與認知，不僅符合世界評級機構的發展趨勢，更重要的是，它將有助於政策制定者從不同的層面和視角分析情況與擬定對策。否定或拖延對待只會讓問題惡化，也勢必要承擔為此而付出的政治代價。

社會轉型要如何應對？

　　多條補助線。就已發表的新政策而言，與過去具有兩個明顯的改變：一是透過財政轉移加大並放寬對弱勢群體和中下階層人民的補助；二是再次為政策尋求新的平衡點。前者透過實行多條補助線以達到最大限度的補助有需要者，與把有限資源給以最需要者。以下圖表列舉了政府所提供的補助專案，以及不同收入族群所能獲得的補助專案。基本上是根據收入最低者獲得最多的補助，以此類推直至作為國民應得的幫助和保障。

第四節—尋找出路的新政改革

補助計畫：
- 公共補助金計畫
- 健保基金
- 社區關懷中短期補助計畫
- 就業入息補助
- 社理會／公民諮詢委員會給高中及大專生助學金
- 幼兒園和學生託管津貼
- 額外公積金購屋津貼
- 特別公積金購屋津貼
- 教育部給高中及大專生的助學金
- 社保補助計畫
- 殘障者計畫包括：嬰兒和孩童提早介入計畫、啟發補助計畫
- 托兒費用津貼
- 殘障者計畫包括：日間活動中心、成人殘疾者療養院
- 中長期護理津貼
- 消費稅補助券包括：現金、水電費回扣、保健儲蓄帳戶填補
- 教育、醫療、房屋津貼

低收入　　　　中等收入　　　　高收入

　　總之，新加坡政府表明以多條補助線對應實行全民福利主義政策的同時，也以漸進式的改革和薪水配套政策應對最低薪資制。在重新設定「可負擔得起」的政策時，將積極尋求在住屋、交通、醫療、教育和生活費等五大層面做出實質上的調整。如組屋價格與市場脫鉤，加大放寬醫療涵蓋範圍和承擔，醫療保險延伸到終身受保等等。

　　誠然，這些新政策有助於社會政策的調適和彌補安全網的缺失，但新政策能否實施與到位，則還需多方配合與推進。問題是，新政不僅需要應對過去的缺失，還必須應對改變了的社會結構和民情。

　　改變價值觀成為努力的方向。建國以來，在現實主義的價值導向影響下，國家和國民皆把追求經濟成果作為主要的目標，並作為代表成功的象徵。在這樣的主流價值觀的宣導與影響下，國家獲得了經濟成就，躋身第一世界。可是，長期人文精神教育的缺失，早已把一個以儒家思想為主導的社會變成一個以自我為中心，並以追求物質需求為重點的功利主義社會。

　　其次，伴隨著良好的經濟成長，新生成長於日漸富裕的社會環境

第三章　後李光耀時代的新政改革

中,加上充分的就業市場,促成不少新生代養成難以面對困境和競爭壓力的性格。最明顯的表現在,新生代在成長過程中被告知,只要擁有好學歷人生便有了保障,追求比上一代更好的生活是政府和國家必須履行的承諾。重白領輕藍領,不準備吃苦,已成為眾多新生代的潛意識和特徵。

新加坡政府在施政方針中已明確指出,必須朝向建設一個多種成功模式的社會。教育部的新方針也強調以價值導向為重心。這樣的努力方向是正確和及時的。問題是政府需要怎樣做,才能有效地開創一個新的價值導向環境,同時利於國家和國民的精神建設。

新加坡要走出新格局,沒有任何的捷徑可行。這是因為在這個改變的過程中,現實的社會依然充滿務實的政策和行為,而引導人們改變觀念的努力,需要長期的潛移默化,加上自身的修煉才能產生作用。因此,這是一項費時費心才能成就的心理建設工程。

對於成年人的價值宣導,如果是涉及自身利益的層面,那是比較容易改變的。比如,對就業的選擇和面對吃苦的磨練,克服和改變職業的價值判斷。當大環境改不了,人們也就會逐步作出調整,假以時日,以適應這種改變。但對於修為和優雅價值觀的改變,則顯然是更加困難,這必須從小做起。

就職業層面的改變觀念而言,這牽涉到政府、僱主和員工。政府需要與時俱進,調整政策,創立新的機制和獎勵措施,鼓勵和允許人民朝向多元化發展,追求多元模式的成功途徑。僱主需要改變觀念,不能一味追求利潤而犧牲員工的利益,不顧國家的利益只強調公司的困難,這尤其是對年長員工的聘用。而員工則需要改變不切實際的要求和培養勇於面對競爭和壓力的心性,以適應更具挑戰性的大環境。

就學生層面而言，必須從小開始灌輸新的社會價值觀。而這種價值觀，誠如教育部長王瑞傑所言，應具備應對當前和今後大環境的挑戰所需要的品格與個性。而且也能在國家和社會的變遷中認清自己應走的大方向。政府和教育部所設定的目標，只有透過持續與細膩的途徑和手法，才能引起人們的注意和思考。達到潛移默化改變社會主流價值觀的目標。

就整體社會而言，要改變主流價值觀更不是件容易的事。正如政府推動的講華語運動已經 35 年，但小孩在家庭講英語的趨勢不減反增，就應證了單靠宣導是無法撼動人們深植腦海裡的價值判斷和習慣行為。大環境的改變顯然是促使價值觀改變的重要因素，但主觀努力也是不可或缺。而只有當主觀努力及時到位結合大環境，大趨勢才有可能促使改變產生推動力。因此，政府需要以歷史的視角教育人民所應遵循的價值導向，而不是以自身成敗的功過引導人們去認可，去追隨。人民需要隨社會的進步和發展，從物質層面的追求逐步提升到精神層面的追求，從短期利益跨向長期利益的考量；從單一社會價值觀進入多元社會價值觀。換句話說，過去被認可和追崇的價值觀念需要重新定位或納入新的價值定義。而只有這種新的價值定義被廣泛認可之時，主流價值觀的改變才有可能啟動和進展。

另一個政府需要做出調整和改變的一個重要層面就是，扭轉對歷史價值的判斷與尊重。只有當政府確實做到發展不僅僅是為了經濟利益，而能兼顧社會文化的價值之時，才會有利於主流價值觀的改變。

扭轉出生率低的對策。新加坡社會轉型所面對的課題是多方面的。長期而言，低出生率和高齡化顯然是最為重要的。

出生率無法達到人口替代率，並處於低標徘徊已成常態。這一現

第三章　後李光耀時代的新政改革

象，不論在東、西方都已成為許多國家共同面對的困境。造成此一現象的原因可謂不少，但說它是高度現代化社會的產物，並不為過。儘管各國政府提出諸多對策鼓勵生育，但至今成效不大。尤其是臺灣、南韓、香港、日本和新加坡的出生率一直處於低迷的情勢。

歸根究柢，這不是一個能夠透過金錢獎勵或提供友善家庭的教育與工作環境就能迎刃而解的課題。當然，金錢和友善家庭的教育與工作環境有助於改善生育率。但是，最具決定性影響的是價值觀的改變。高度現代化的社會生活和工作環境固然讓現代人，尤其是都市人受主客觀條件和環境的影響而不想生育或少生育。更重要的是隨著高度現代化，人們對生命和生育的觀念的改變，才是至關重要的。人們觀念的改變是有社會基礎為依據的。因此，改變也需要相對的社會環境和實踐的配合。既然觀念的形成歷經數十年的歲月，改變也同樣需要假以時日方能見效。

近期新加坡政府就幼兒教育，托兒服務的關注，既加強硬體建設，也從體制的完整性上，開闢了新的道路，如對幼兒教師的徵聘、改進待遇與培訓；托兒所與幼兒園的增建與費用的設定，既為緩解需求與供應的落差，也為幼兒教育劃出可負擔的平衡線。這從根本上改變了新加坡托兒與幼教的境況。無疑是值得肯定與期許的政策跨越，由此應會對促進生育率有所幫助。所有這些新政改變，突顯新加坡政府已把學前基礎教育延伸到幼兒階段，這是及時與深具意義的。

高齡化面對的挑戰。高齡化社會的降臨雖可預測和應對，並早已在新加坡國家治理的關注點上。不過，過去的對策並沒有展現力度和全方位的思考。還好，近期新加坡政府的思維和政策已有了明顯的改變，如對就業，養老，樂齡生活和醫藥照顧等層面提出新的對策。

第四節——尋找出路的新政改革

就業。新加坡現有的政策雖然鼓勵年長者繼續工作，但僱主和市場並不獎勵年長者就業。主要的原因是從僱主的角度出發，外來勞動力的優勢使本地年長者沒有受到重視。而其中因經濟結構性的障礙無法與外來者競爭的本地人就更成為了弱勢群體。政府經檢討後修改勞動法令，從 2012 年起延長年長者的僱用年齡到 65 歲，輔以若干福利的延續，並強調雙方都必須改變觀念，以利年長者的養老規劃，的確有助於改善情況。老年人固然是寶貴的人力資源，尤其是面對一個日趨高齡化的社會。但解決問題的方向依然是，政府的注意力和具體措施能否朝向建設一個人人分享社會成果的溫馨國度為前提。離開了這一點，所有的政策和措施就有可能滑入務實的經濟層面，而忽視社會層面的需求。

養老。在新加坡是一個涉及許多層次的問題。目前只有占 1% 的退休人士享有退休金。因此，嚴格說來，這不是一個擁有正常退休制度的國家。過去幾十年政府試圖透過退休金制度作為提供人民養老的保障，但隨著資產增值計畫，大部分人民的儲蓄早已投入購買組屋的分期付款中，加上保健儲蓄帳戶，所剩下可作為退休生活的現金並不多。自 1990 年代末起，政府進一步為退休人士設定終身入息計畫（年金保險），以讓年長者得以按月領取固定的金額作為退休生活之用，這在一定程度上，保障了他們的福利和退休生活。但不可忽視的是，社會上還有許多因存款不足無法透過這一計畫而獲得保障的長者，因而面對沒有足夠養老金的困境。

過去，政府在設計人民退休生活時，把部分責任放在家人的支持與承擔上。隨著社會結構的改變和高生活費的現實情況，造成越是無法過著有尊嚴的退休生活的族群，就越難獲得家人的支持和照顧。問題的產生不僅是因為人們的觀念改變，而且也因為現實生活的負擔已使這些群體捉襟見肘，難以兼顧。

第三章　後李光耀時代的新政改革

近期，政府鼓勵人民透過組屋轉售，以大換小或房契抵押作為養老，的確是一個好辦法。不過，這其中也面對部分人民的非議。有的出於家庭的考量，有的出於老年生活的需求，不想搬離熟悉的居住環境，有的甚至不願降級改變生活品質等等，以致使問題呈現複雜化。還好，新加坡政府正考慮擴大房契回購計畫，以便讓這一族群有更多的選擇。

整體而言，政府雖已加強社會安全網，並透過國家發展部、社會與家庭發展部，社青體部、人力部、衛生部等的配合和頒布眾多新措施，力求加速處理年長者面對的養老困境。總體而言，還有待制定完整的對策。

樂齡生活。一般而言，就物質層面來說，新加坡人的樂齡生活可以是快樂的。當然，也有少部分族群因沒有或缺少儲蓄而身陷困境，這些族群不得不在老年還必須為了生存而工作，又或者成為街頭的變相乞食者，以致難於過著有尊嚴的晚年生活，更不必說享受美好的黃金年華。

從社會走向高齡化生活需要的層面看，在加強社會安全網的同時，顯然政府有必要加強硬體和軟體建設。硬體建設方面從社群鄰里到全國範圍的所需裝置，應加速完善。在軟體建設方面，也需要規劃更好的活動和加強組織力量。鄰里，社區以致全國性的樂齡活動應當作國家建設的一部分來看待和執行，而不應被政黨政治所綁架。樂齡者是否生活得快樂和有尊嚴，除了政府的關注和提供日益到位的幫助外，改變樂齡人士的觀念乃是關鍵所在。許多樂齡人士因社會結構的改變，難於跟上快速發展的步伐，尤其是科技網路化時代的到來，以致形成思想代溝與生活方式差異，無法適應種種改變而難於走出個人的生活圈。新加坡的樂齡生活有待提升和開發。這就是國家和社會的共同挑戰。

醫藥照顧。新加坡已有良好的醫療體系和高水準的醫療服務。但這對於老年人來說有好也有壞。能夠接受良好的醫療照顧，固然對病痛和

第四節—尋找出路的新政改革

生命的延續有著正面的意義和好處。對於那些有能力負擔的人民來說，這是一種生命價值的提升。不過，高昂的醫療費用卻是人民、尤其是面對生活困境的人民的頭上一把刀。事實很簡單，進入老年，體力衰退、病痛頻生和惡化，預防性的檢查和醫藥費用已經不輕，萬一還需動手術，那就更加是筆不小的數目。手術後的醫療照顧，費用一樣是重擔。這是老年人民普遍面對的狀況。

政府發表的新醫療費津貼方案，尤其是「建國一代配套」，的確有助於減緩人民的醫療負擔。

高齡化面對的問題和挑戰永無止盡，關鍵在於思維和政策能否落實，體制和機制是否完善，執行與貫徹是否及時與圓潤。正如新加坡社會與家庭發展部長陳振聲所言：「新加坡社會服務系統的成敗因素除了人還是人。人是我們做任何事情的中心，人也是我們之所以能夠成就這一切的主要原因。」

外來移民與人口政策面對的挑戰。2014 年，新加坡外來人口已達 150 萬人，並仍在繼續成長中。情況顯示，問題除了引起人民的不滿，造成政治上的衝擊，它還涉及基礎建設的承受度，外來移民和本地人的矛盾與磨合過程。

基礎建設的承受度。這裡所指的顯然不只是目前面對的公共交通擁擠和組屋價格上升等問題，而是根據新加坡發展總藍圖（2006 年）的規劃。650 萬人口和現有 712 平方公里面積的前提下，住屋（12%）、基礎設施（15%）、工商園區（17%）、蓄水池與公園等休閒建設（19%）等規劃仍在所能承受的限度範圍內。當然，650 萬總人口並不是固定的，也不是不受時空影響的。而是可以根據發展需求調節與變動的。如果把外來人口的存在可能造成的影響考慮在內，那麼總的承受程度將會出現不同的情況。總面積當然也會有所變化。要建立一個可以讓人民感到安全、

舒適與健康環境的社會，就不能不注意外來人口和總人口成長的速度和品質。在一個完全城市化的小國，人口快速成長的負面影響會比過去嚴重，顯然必須受到決策者的關注。新加坡到底要一個怎樣品質的生存空間，就不能不慎重衡量經濟進展和社會有序發展的平衡問題。

外來移民融入社會。新加坡原本就是一個由不同移民族群組成的國家。照理說，不應該有外來移民和本地人的區別。不過，翻開新加坡的歷史，人們很快就會發現，這樣的認知還必須加以細分。就一般意義上說來，新加坡的確是一個移民社會。因為居住在這個島國上的絕大多數人，不論他們是什麼種族，我們的祖先都是外來的移民者。而這個國家從來沒有停止過接受移民。但歷史的發展卻因政治變遷出現過不同的斷層。自十九世紀起，土生華人社區的出現和在共產黨統治後整三十年的疏離年代，都造成了歷史的扭曲。正是這些特殊的政治變遷深刻的影響了新加坡的移民心態、價值取向的觀念，以致在不同的歷史階段，引出不同移民問題的爭論和矛盾。因此，原先同本同宗的族群，也會因為時代和政治變遷而產生差異和矛盾。這既是歷史也是現實。作為一個以華族占大多數的國度，近年來，人口的更加多元性，就益發使外來人對本地人產生衝擊、不適和隔閡。

因此，當下外來移民融入社會的課題，所涉及的層面不僅關係到如何適應這個國家的制度，價值取向，社會的多元性和包容性。而且還必須適應和克服因價值觀，風俗習慣等文化差異而出現的摩擦與衝突。由於外來移民的組成成分不論是種族、教育和職業各不相同，以致現今所形成的種族群體網路也各有區別和特徵。其中就以來自中國、香港、臺灣、菲律賓、泰國、印尼、印度、孟加拉等都各有其網路和集合點。因此，從國家的層面看，這個融合過程有待加強，始能最終達到多元性的整合與共存。從族群本身的層面看，積極地保留和發揚族群的文化和網

第四節—尋找出路的新政改革

路,既能加強新加坡多元性的特色,也有助於透過學習和交流,達到互相尊重和共生的目標。因此,盲目的沙文主義和排他性是百害而無一利的。也是新加坡社會所不允的。

外來移民和本地人的關係,至今還存在衝突和矛盾是客觀事實。問題產生的原因,一方面是因為外來移民的大量進入引起的負面反響。這些造成本地人感覺不適的因素除了競爭的加劇所帶來的衝擊,更重要的是部分外來移民展現出來讓本地人難以接受或不習慣的社會行為所形成的隔閡。尤其是特定的外來族群人口對本地人社會生活的影響。這是外來者需要克服和改進的。

造成本地人出現這種情況的因素是多方面的。近年來,公共生活的緊繃和壓力、經濟競爭的加劇,無不使部分人民的情緒受到拉扯,很容易把不適不滿轉向外來者。新加坡社會結構的改變,新生代早已淡化了對同族同宗的連繫和感情。幾乎失去了「根」的這一代,就更加難於理解新移民的苦與樂。更何況,成長在富裕的環境中,對國家的期許是何等的大而富於想像。因此,本能的反應加上外在的刺激,情緒的宣洩變成為了一種缺欠理性的行為。這就是產生衝突和矛盾的內外原因。

解決問題的途徑是多管齊下。政府必須從高處審視,掌握進度的快慢和鬆緊。兼顧經濟和社會的需求與平衡。新移民需要逐步走出個人和同族群的網路,進入鄰里和社區活動。透過商業、就業、學習的場所與機會,了解、改變和接納新加坡良好的社會行為。並以積極的態度影響新加坡人不足的一面。而新加坡人則需要理性的對待,接納新移民成為我們的一分子。必須明白兼容並蓄、求同存異之對新加坡的好處和必要性,也是對個人最大的受惠者。新加坡人的精神支柱和力量的泉源,就是建立自己的優勢和長處面對國內外競爭,而不是當個躲在保護傘下不思進取的乘客。

第三章　後李光耀時代的新政改革

總之，政府在改革的起始階段，具有著較為明確的思維正規化轉移，在推進階段，具有較明確的方向和路徑；另一方面，突顯政府在應對施政困局所採取的應急對策，雖然無法展現全方位的改變，卻至少突破了困境惡化的局面。這一改變，既為起始與推進階段定下基調，也為未來的發展需要留下變革的空間。目前的發展態勢，已有越來越明確的思路和策略，這為新加坡譜寫美好的另一章奠定了新的基礎。

第四章　後李光耀時代的政治賽局

第一節 ── 彰顯各有所圖的政黨動態

銳意變革的人民行動黨

　　面對 2011 年的 5 月大選，同年 8 月民選總統選舉的衝擊和鉅變，對執政了超過半個世紀的人民行動黨來說，要如何改變自己，才能迎戰根本改不了的國情，無疑是個嚴峻的挑戰。一是作為政黨要如何自我更新，以適應新時代的新需求；二是作為執政黨要如何面向改變了的國情，採取果斷與前瞻性的策略部署，以應對新時代的需求。這意味著行動黨和政府必須具有重新出發的決心、勇氣、能耐和智慧，才能開創一個歷史新時代，確保該黨能再創高峰。

　　黨的自我更新。該黨失去阿裕尼集選區所蘊含的政治意義，被界定為政治分水嶺，就意味著幾十年來的施政理念和作風，已經走到了難以維續的國情。因此，改變成為必須。但是人民行動黨要如何改變自己，才能既不落後於形勢的發展，也能堅守透過實踐證明是有效與良好的政黨政治，重新獲得人民的信賴而得以維續政權，這又是個不易解決的難題。路要怎樣走，這就要看該黨在新的政治生態中，如何有效地把握契機。這也意味著在已呈現分化的黨內外認知中，首先必須尋求與取得黨內共識，進而才能重建在新的認知基礎上，把重新定位的治國理念推廣

第四章　後李光耀時代的政治賽局

到政府和民間去。

2011年7月，行動黨祕書長李顯龍在在答謝退休行動黨議員的談話中指出：「我們必須以包容，而且是協商式的方式來治理國家，同時不削弱政府的角色。」這之後他多次強調，行動黨必須以「人民公僕」的心態，堅持為民服務。如此言論，顯然是基於過去因菁英政策帶來脫離民眾，政策制定過程過度依賴菁英主導的弊端。

同年10月，5名資深領袖退出行動黨中央執行委員會，他們是建國總理李光耀、國務資政吳作棟、黨主席林文興、黃根成和楊榮文。同年11月初，該黨委任六名新人成為中委成員。他們是陳振聲、王瑞傑、傅海燕、陳川仁、潘麗萍和謝建平。從入選名單看，這樣的安排具有著年輕化和時代過渡的意義。

同年10月該黨先是透過行動黨青年團舉辦邀請公眾參加的國是辯論會，接著讓行動黨婦女組以「孩童優先」檢討現有政策，以測探基層與民間的反應。

2012年11月24日，行動黨在黨改選前舉辦了包括非黨員，約有600人參加的大型研討會，環繞在5個主題進行探討。即竭盡所能；積極分享、迅速向前；堅守信念、實現個人抱負；達到社會目標、全球競爭力；本土契合性和包容政治；果斷政府。從上述主題顯示，行動黨的反省已意識到帶領全黨前進的動力，必須來自黨內共識。這樣的主題即具有指導性，也有啟發性可供參與者的議論和思考空間。

同年11月27日，該黨召開約1,600名包括幹部黨員參加的黨代表大會。大會中，李顯龍重點提到人民行動黨須要改變黨的政治角色，他說：「在政治色彩較淡的過去40年，行動黨在國家獨立後可以在非選舉期間較低調，把治理國家的工作交給內閣。黨可以讓部長和議員默默地

在幕後耕耘和為民服務，到了大選時才交出成績單並以此說服人民。」如今行動黨面對的卻是不僅要有「好的政策，也要有好的政治」。他還在大會上提到，今後的選舉已沒有穩贏的選區，他提醒行動黨人要有「打死不走」的精神。

首次以人民行動黨主席身分發言的許文遠在致辭時指出，該黨正面對「不對稱」的政治生態和競爭。這是因為執政黨必須照顧全人民的福利，也得實行長遠對人民有益的政策，在野黨卻只需要批評政府，鼓吹受歡迎的政策並挑起人們的情緒。他並從選後檢討委員會，從各支部收集到的回饋總結出四點發展趨勢：

- 大多數新加坡人希望行動黨執政，但他們同時希望國會出現更多反對的聲音。
- 新加坡社會已經更政治化，這激勵了在野黨，使他們派出條件更好的候選人。
- 本屆大選出現更多年輕選民，他們不光受網路資訊影響，也感染了政治應有改變的情緒。
- 生活在數位時代的人們更容易建立連繫，可是網路上反對政府的資訊和負面情緒也被帶入現實生活。

為此，他認為：「我們必須改變我們的政治，讓它依然具建設性也依然以新加坡人優先。我們的政黨和政策也要相應改變，以反映政治現實。」

根據黨章和慣例，人民行動黨在黨代表大會上選出中委共有 12 名，候補中委兩名。大會也宣布由顏金勇取代黃永宏領軍一組人馬，為行動黨物色下一屆大選候選人。

第四章　後李光耀時代的政治賽局

2012 年 12 月 14 日，人民行動黨在中委會增補 6 名候補中委，總共 18 人組成第 32 屆中央委員會並選出：

主席：許文遠（國家發展部長）

副主席：雅國博士（通訊及新聞部長）

祕書長：李顯龍總理

第一助理祕書長：張志賢（副總理兼國家安全統籌及內政部長）

第二助理祕書長：尚達曼（副總理兼財政部長）

財政：林瑞生（總理公署部長）

助理財政：尚穆根（外交兼律政部長）

委員：陳振聲、傅海燕、顏金勇、王瑞傑、黃永宏、維文、陳川仁、哈莉瑪、黃循財、潘麗萍、謝建平

其他職務：

組織祕書：顏金勇、黃永宏、陳振聲、張思樂

行動黨青年團主席：陳振聲

行動黨婦女團主席：傅海燕

2012 年 11 月 24 日，李顯龍在談到行動黨的角色時指出，執政的人民行動黨必須代表政治的「中間立場」，但它不應只反映民眾的訴求，而應承擔引導並形塑民意取向的責任。與此同時，為了兌現它的政策承諾，其終極考驗更在於贏得大選。

為了改變民眾對行動黨近年來脫離民眾的印象，自大選後，行動黨議員、黨工在每週與選民會面時，越來越多人穿上白衣白褲，試圖喚起民眾對行動黨的昔日好感。

2013 年 4 月，一位曾歷經三個朝代，向來低調的行動黨議員張有

福在報紙訪談時指出,如果行動黨想要在未來贏得選舉,就需要做出改變。他認為行動黨今後應:別再空投議員;需引進更多草根議員;找回政治觸覺;縮小集選區;讓決策過程更透明。由此反映出在行動黨內的反思中,即有了更敢發言的議員,也有一針見血道地出對該黨所需克服的層面。

2013年12月7、8日,一連兩天的人民行動黨代表大會通過了被概括為「三二一計畫」的6點行動綱領:

- 加強新加坡人的認同感
- 為所有新加坡人創造機會
- 維持開放又具同情心的任人唯賢制度
- 建設一個公平與公正的社會
- 制定以行動為主的民主機制
- 成為應對得當並負責任的政府

這一決議,無疑具有延續李顯龍8月國慶群眾大會演講的政策論述。由於這是該黨相隔25年後,再次提出的政治承諾和行動方向。因此,具有著新的內涵與意義。從時代對比的角度來看,顯然,人民行動黨會在此刻重新確立該黨的行動方向,關鍵在於時代變遷帶來的鉅變,必須做出相應的變革。如果從李光耀時代和後李光耀時代的治國模式的差異與需求來看,改變的理由便顯而易見。這是因為前者的思維核心在於「聽我們說,跟我們走」,而後者必須展現「相信我們,攜手前進」的策略轉變。換言之,突顯當下行動黨的治國思維邏輯、架構和定位與過去的截然不同。

為此,李光耀時代的強人政治,威權管理下建構強大的執政黨、好政府和強國富民的對策,已轉變為適應社會變遷而強調建設強而有力的

第四章　後李光耀時代的政治賽局

執政，重視溝通，聚集人民的力量和智慧，共創與共享社會財富、資源和機會的發展新階段。從中折射出國家治理模式的治國基本理念，如任人唯賢，政治誠信與清廉，公平與公正的不可動搖，需從匡正體制、產業結構和政策的缺陷中，開創新的格局；從修正與跨越過度強調菁英主義，及形成主流價值定義、體制和機制的設定、獎賞的過度傾斜等層面做出改變；從黨等於政轉為突出黨政各司其職的領導角色的新階段。

這也就意味著行動黨將面對兩大嚴峻挑戰：一是自我更新要及時、有效和展現戰鬥力；二是國家治理能力要能加強與延續。這又攸關到該黨能否開創新的途徑，吸收黨內需要的黨員和活躍分子；培訓黨工和新一代的基層領袖；網羅治國人才，不論他們的出身、背景、年齡，善用他們的才幹和智慧，為政黨、社會和國家貢獻力量。

從政策調控的視角出發，5月大選以來的新政策改革，既說明了該黨不僅已從反思與全民對話中，明察社會弊端與政策延伸的負面效應，以及政府必須做出的改變，並且也從中進一步明確了政策調控的方向和路徑。如今新的行動綱領所欲轉達的消息，則意味著該黨在政策調控層面，有了更明確的依據和定位。換言之，李光耀時代的經濟發展模式，高度強調 GDP 和經濟效益；向累積國家財富與著重個人承擔的社會政策傾斜，改為從政策向左取代。這也就意味著今後的政策基點轉為政府、社會和個人共同承擔的體制建設向另一個維度傾斜。當然，該黨也一再闡明，這樣的政策調整，不僅僅是為政治利益著想，而是基於社會結構的改變，政府有必要依據新的國情做出改變。這一點，從陸續公布的醫療改革、設立年長者小組、專門為建國一代的福利尋求有效的解決方案，的確已進一步展現出這樣的政策取向。

這次的行動黨大會，透過黨內領導人的闡述顯示該黨正力圖打造一

第一節—彰顯各有所圖的政黨動態

個強大的執政團隊,作為及時有效應對急遽變化的國內外情勢所需。這個團隊既需具有守護信仰,迎戰社會弊端、雜音,不利於民主機制的政治賽局,也能為創造優質工作機會,維護公平與公正的體制和機制建設,做出不斷的改變和努力。

李顯龍在會上提到,新一批從政者,尤其是第四代領袖的從政表現可圈可點。例如社會與家庭發展部長陳振聲,面對新加坡是否應設貧窮線的問題時,決定採取多條補助線,讓社會安全網更具準確性,突顯政策思維的創新。教育部長王瑞傑對教育體制的改革,從全人教育到每所都是好學校;放棄積分制,改以等級制等新政,顯示部長勇於從價值觀到體制,尋求走出困境的辦法,打造一個新的教育體系,以適應新加坡的未來發展需要。

誠然,過去因外籍勞工與移民政策調控失誤付出的政治代價,該黨應會引以為鑑。經濟重組導致的傷害及其影響,時刻在提醒該黨需步步為營。因此,動態的全面掌握,到位的對策與執行,調控的平衡點的拿捏,無一不是需要創意和智慧。行動黨政府能否在這方面避免陷入失誤或政策偏頗,不僅對新加坡的經濟轉型至關重要,更是考驗該黨政治能耐,尤其是相關部長能否應對自如的試金石。

正如李顯龍所言,行動黨不是光說不做的政黨,而是強調與注重行動的執政黨。然而,這次黨大會所要轉達的消息,能否滲透到黨內、社會和國家的每一層面,並非只靠決心和努力就能成功,而必須要有很好的溝通能力,施政能力與調控能力,方能在瞬息萬變中,乘風破浪,穩步向前。

作為政黨政治並遵循議會民主制而存在的行動黨,在邁入政治分水嶺之後開啟的自我更新過程,從該黨領導者的言論,組織結構的更新,

以及這一時期的政治表現，不難看出該黨在改變中既堅持了為民服務的建黨宗旨，也延續了任人唯賢的從政理念。但是，該黨要如何克服長期以來的體制弊端，開創新的格局，以加強黨內共識和行動實力，則取決於重新定位後的思維邏輯與架構的適應性和創造性。

政府的職能調整。作為長期執政的政黨，黨政一體的思維與體制架構根深蒂固。政治分水嶺之後，該黨就政治立場與客觀要求做出新的定位，這就勢必影響作為執政黨的治國理念和策略方針。

2011年6月21日，政府宣布將會透過三大策略促成「整體政府」運作轉型。在這三大策略下，設立 data.gov.sg 作為提供一站式資料目錄，以達到「共創更高價值」；提升民情聯繫組（REACH）的網站功能，以滿足民眾日益希望參與政策諮詢的期望，透過設立 Mgov@SG，集中40多個政府部門的手機專用服務，以達到「促進民眾參與」；「建設新一代網路基礎設施」以配合雲端運算（cloud computing）的快速發展，以達到成為未來以電腦營運方式主流的列車。

2011年10月27日，行動黨主席許文遠就5月大選作出檢討與分析。概括為執政黨失利的三大因素：即政府的房屋政策無法有效解決問題；行動黨給人與人民脫節的印象；政府在硬體建設及引導國家渡過經濟難關的成就無法牽動選民的心。並且為此擬定了四個應對策略：一、糾正政策不足之處以改善民生；二、加強對外連繫、積極聆聽並注意溝通；三、強化黨內的組織結構；四、勤於基層工作。李顯龍則在會上再次強調行動黨人要「永遠都必須保持謙卑」，「絕對不能以主人自居」來說明新時代的定位與出發點。

自此之後，執政黨針對失利的三大因素，按四大應對策略積極應對。為此所呈現出來的改變，首先著重糾正政策不足以改善民生，特別

是增建政府組屋與放寬申請條件，加大醫療體系的應對，改善交通擁擠等課題。

2012年9月，行動黨政府決定透過全國對話會以改變施政方式，從而打破過去自上而下的執政與決策過程。

顯然，該黨在應對改變的過程中，深具與時俱進的精神。2013年李顯龍在新年演說中指出，政府將會從全國對話會取得的民意回饋，「所提及的理想和願景，轉化為能改善社會的具體計畫」，並強調「我們會分析問題和制定解決方案以落實願景」。

2013年8月李顯龍在國慶群眾大會上的發言，明確表明執政黨對治國理念實行根本的改變，從而突顯執政黨已從應對困局，尋求克服和舒緩的對策中，過渡到從體制上正視與尋求根本的解決辦法。

就已改變的跡象顯示，行動黨政府的銳意改革思維便展現在：堅持在克服短期困境時，不忘政策的調整必須是可以持續的；在改善民生的同時，避免造成下一代人的額外負擔；在應對更加政治化的國情時，擴大民主論政的深度和廣度，但執政黨必須為國家利益引導民意，而不是讓政治賽局駕馭國家和人民的整體利益；與此同時，執政黨必須為贏得大選做考量與部署。

謀定而動，各展其能的在野黨陣營

2011年5月大選後，在野黨陣營的動態基本上可分為兩個面向。即擁有國會議席，如工人黨和人民黨，他們的動態具有不一般的進程；另一層面是沒有國會議席的在野黨將會展現的新動態。當然，不論是何者都必然會從加強黨內建設和擴大與人民的接觸著手，以使自己能獲得更

第四章　後李光耀時代的政治賽局

佳的發展機會。毫無疑問，工人黨試圖穩坐在野黨領導地位需要的前提下，勢必力爭處處突出自己的優勢；而其他在野黨則為了生存和壯大，勢必又會從不同的視角考量今後的發展策略。因此，就整個在野黨陣營而言，未來的發展，尤其是他們將以何種態勢出現在 2016 年大選，之間中存在很大的變數。

朝向自我完善的工人黨。工人黨的動態已隨著選情的改變而改變。整體上，該黨在新加坡政治領域的聲望、影響和作為與 2011 年 5 月大選前有了顯著的不同。一方面，透過競選的一再取勝，從擁有後港單選區、勇奪阿裕尼集選區，到榜鵝東再傳捷報，讓該黨聲勢如日中天，因而激起了相當程度的人民寄望該黨能為新加坡的政治變遷開闢另一片天。另一方面，正是這些進展與成就讓該黨面對了前所未有的職責和挑戰，需要該黨去應對和克服。工人黨是如何迎戰與邁步向前，不僅關係到該黨的興衰，也關係到新加坡政治體制發展的功能的健全與否。

備受關注的黨領導階層的更新問題：在 2011 年 6 月 7 日該黨改選中委會，黨祕書長劉程強表示正按原定計畫進行，陳碩茂和非選區議員餘振忠進入中委會。幾位新人受重視，他們是阿裕尼集選區議員畢丹星、莫哈默‧費沙、後港區議員饒欣龍和非選區議員嚴燕松。2013 年 9 月，該黨引進三名新人進入中委會，他們是律師陳立峰（43 歲）、大學講師吳佩松（40 歲）和卓鴻文（33 歲）。值得一提，該黨極為重視新媒體在新加坡進入政治分水嶺之後的地位與影響，這可從傳媒體在該黨組織結構中獨樹一幟，掌管和參與者人數眾多看出。

該黨選後出現的問題有：工人黨內爆發非選區議員席位之爭，前財政陳恩忠因無法得到席位而退黨，可說是工人黨不愉快的選後插曲；後港區議員饒欣龍因情色事件被開除離黨，則使該黨形象蒙上陰影；黨內元老傅日源博士因以個人名義涉及後港補選，而受到黨的紀律處分離

開，顯示出黨內不和公開化。

　　工人黨因擁有2個單選區和一個集選區，即展示該黨的政治能耐，也因此迎來了嚴峻的挑戰。要如何管理好選區與妥善處理區內事務，更是考驗該黨的管理能耐。2013年5月13日，工人黨在國會提出，阿裕尼市鎮理事會在交接過程中發現，由於Action Information Management (AIM)提供的管理系統是行動黨的，因而質疑兩者存在利益衝突。透過國會辯論，行動黨做出澄清說明並無越權或不合法的利益存在。辯論卻揭露了工人黨在接管後，採取了不符合作業程序的做法，以致被行動黨指責該黨把市鎮會問題政治化。同年6月工人黨管理的阿裕尼市鎮理事會，因常年清洗巴刹應不應另外繳費的問題，引起店家的不滿而在國會內外激起工人黨和行動黨激辯，事態演變為工人黨的政治誠信受到質疑。11月11日，約30名在後港中心大牌810的商店攤販，持續受到流動市場者的進入該地而影響他們的生計，卻因向市鎮會投訴不得要領而提呈請願書，以致引起該黨負責人出面調解。2014年2月工人黨管轄下阿裕尼——後港——榜鵝東市鎮理事會提呈的財務報告無法獲得獨立審計師的認可，導致最後由財政部的審計總長的介入。從中透露出的管理能力受質疑，無疑會為該黨帶來正面和負面的影響。好處是可從中意識到選區與國家治理的難度，壞處是因為政治賽局的需求，即使像工人黨這樣長期堅持建設性政治的政黨，也難免為了黨的生存和發展，讓原本屬於管理事務的問題有被政治化的跡象。

　　人們關切的是，既然工人黨提倡建立兩黨制，該黨今後將會如何應對。對此。2011年5月大選後，由新加坡政策研究院主辦的「選後論壇」，畢丹星回應公共政策學院院長馬凱碩教授問及反對黨是否已作好準備組織政府時談到：「說白了，要組織政府就需要贏得87個議席中的44席。我們現在只有6個議席，所以除非我們能夠推出44名優秀的候選

第四章　後李光耀時代的政治賽局

人,而他們都當選,否則我們也不可能組織政府。那是我們努力的目標嗎?是的,但最終這不是由工人黨決定,而是由新加坡人民決定。」

即使到了2013年5月,劉程強在接受新加坡非官方智庫,察哈爾學會副祕書長周虎城的訪問時,依然認為該黨「新加坡幾十年來一黨獨大的政治體制在2011年大選中有所改變,反對黨的發展也取得新的進步。但是,整體來看,我們畢竟還是處於起步階段……」他還強調個人「沒有當總理的野心」。

總而言之,榜鵝東補選,劉程強對民主黨說出「道不同不相為謀」,便可看出工人黨的自我定位,就是只願走自我完善的路線,以達成對在野黨陣營的領導。

群黨林立,各有所圖

人民黨。基於新加坡人對詹時中的了解多過人民黨。因此,自1994年該黨成立以來,黨組織曾面對內部分裂因而並沒有獲得可觀進展。只有到了5月大選前,因前高級公務員方月光及獎學金得主李勇偉等人的加入,才使得該黨聲勢突然壯大起來。詹等在大選中敗落後,其夫人羅文麗以非選區議員身分保留波東巴西議席,給予了他們難得的政治空間,為未來的政治賽局打拚。

詹時中是人民黨的政治招牌。顯然,該黨還需要高齡77歲的詹老領導。但黨的未來顯然需要器重新人方月光和李勇偉等新血。人民黨能否吸引更多年輕人的參與壯大聲勢,這是問題的關鍵。

身為非選區議員,羅說:「我要表現出我是可信賴的反對黨人,要代表全體人民發言。我也要反映其他反對黨人物的想法,因為他們沒有當

選，所以沒有機會進入國會，我可以替他們發言」，她甚至揚言：「我要在國會發表驚人的言論」。

2012年2月，人民黨再次爆發黨內分裂，原本受看好的後起之秀方月光及其他5名新進黨員一起退黨。造成分裂的導因據說是不滿領導人作風和發展方向。

審視詹時中長期從政的歷史說明，從1993年的詹被迫退出民主黨，另組人民黨；2010年與林睦銓派人馬等分道揚鑣到這次導致新秀另起爐灶，一再突顯這是他的軟肋或「死穴」。失去波東巴西單選區而沒有「根據地」之後，加上詹老也已年邁且健康欠佳的情況下，面對著新加坡「群黨林立」的政治生態，該黨要再創佳績，並非易事。

國民團結黨。該黨雖然在5月大選派出最多候選人，得票率不錯，卻因不同的因素而全軍覆沒。不過，透過這次大選，該黨的聲勢顯然獲得良好的進展。即成功招攬了幾位菁英分子，如前獎學金得主潘群謹和陳禮添夫婦、律師張媛容等，也塑造了政治明星餘雪玲，取得了一定的政治資本。可以說是該黨自2007年退出新加坡民主聯盟後，終於有了不俗的表現。

基於該黨祕書長吳明盛已表明將對5月大選的失敗負責。因此，該黨在2011年6月26日的中委會改選中，潘群謹已取代吳明盛出任團結黨的祕書長。而新人陳禮添、顏程偉、張媛容和餘雪玲均已進入中委會，展現了該黨已出現新的發展態勢。

大選後，新加坡政策研究院主辦的「選後論壇」，潘祕書長在會上表示：「團結黨經常更換主席及祕書長，前任領袖也經常留在中央執行委員會裡與現任領袖一起合作。其他反對黨的情況則不同，例如工人黨有劉程強。新加坡人民黨有詹時中，民主黨有徐順全。」

第四章　後李光耀時代的政治賽局

　　由於該黨沒有任何議員在國會為民請命，除了專注特定選區的基層工作外，曾先後表示不參加後港單選區、榜鵝東單選區的補選，從而顯示更重視在野黨陣營的理性聯合與競爭。與此同時，該黨也在特定課題發表看法或宣告，其中包括對政治職位薪水；緩解公共交通困境的建議；消費稅應從目前的7%減到5.5%；呼籲政府擴大公平考量架構範圍；伊斯蘭教婦女在職業場所應否戴頭巾等課題。

　　2013年10月27日，原任祕書長潘群謹因健康理由辭去祕書長一職，經緊急召開的黨選會上，由前蒙巴登單選區該黨候選人，律師張緩容接替。新任祕書長向媒體表示，該黨曾因祕書長一職的空缺影響了黨的活動，她將會加強黨內團結。並認為從政是一場馬拉松競賽，重要的是必須在關鍵時刻處於巔峰狀態，後半部比前半部重要，她寧願把焦點放在未來。2014年3月，該黨政治新星餘雪玲為了個人事業前往泰國，骨幹變動頻頻勢必影響團結黨的發展前景。

　　民主黨。大選前有一批高級知識分子和專業人士加入民主黨，無疑為該黨提供了改變黨形象和命運的機會。從大選結果看，人們對於民主黨的看法和期望，確實有了改觀。問題是該黨將如何融合新舊兩股勢力，以達到集中力量為下一屆的大選鋪路，還有不少問題等待解決。最關鍵的就是民主黨是否會放棄對抗性的政治鬥爭態勢，改以較溫和的形象出現。而新舊兩股勢力的磨合能否如願以償，還是同床異夢，甚至難免分道揚鑣，都存在可能性。

　　2011年9月該黨進行了中委會改選，從一批新人進入中委會看，如鍾金全被選為副主席，文森博士擔任財政委員，John Law 成為助理財政委員，並沒有形成全新的陣勢。而是新舊兩派各有所需。新人洪永元醫生和前金融管理局官員李娟都只擔任小組負責人，顯示新舊兩派的磨合尚需時日進行。洪永元醫生已在2014年5月加入新成立的新加坡人民核心黨。

5月大選後，由於新人的湧現，促使該黨具有新的實力，就國家替代政策作出探討和建議。為此，該黨先後就財政預算案（Shadow Budget 2012）、組屋政策（Housing A Nation）、醫療保健計畫（The SDP National Healthcare Plan 2012）、人口政策（Building A People Sound policies for a secure future）提出該黨的替代政策建議。2013年9月22日，該黨也推出針對馬來族群福利的報告書。此外，該黨也曾對熱門題材發表看法或宣言，是除了工人黨以外，最常在媒體曝光的在野黨。

　　2013年1月，政府宣布榜鵝東單選區將進行補選後，該黨便積極投入，並突出以替代政策作為競選亮點。可是卻在過程中，因無法與工人黨取得共識，在提名前突然退選，對該黨形象帶來極大的負面影響。

　　不過，民主黨卻持續在既定的選區，如武吉知馬、丹戎巴葛定期展開活動，為迎接下一屆大選做預先準備。

　　民主黨在選後的動向值得關注之處，就是該黨還參與在芳林公園舉辦的民眾和平集會，並與前政治拘留者等保持接觸。由於這些人指責受到政府不公不平的對待，這難免讓人覺得該黨的政治傾向與眾不同。

　　2013年10月5日，該黨選出了新一屆中央委員會成員。從出爐名單看，徐順全續任祕書長，各職位的替代人選並無出現亮眼的專業新人，從中折射出兩股勢力的融合並未帶來預期的成效。

　　革新黨。由已故政治元老惹耶勒南之子肯尼斯·惹耶勒南所建立、成立於2008年3月7日的革新黨，建黨初期的確引起人們的關注，並成功吸引了一批年輕的專業知識分子入黨。只可惜好景不長，黨內紛爭頻傳，大選前人才集體出走，元氣受損。該黨要重振旗鼓，面對嚴峻的挑戰。

　　大選後該黨繼續拜訪選民和召開座談會與民商討國事。

第四章　後李光耀時代的政治賽局

2011年10月，對政府在第十二屆國會提出的施政方針演說以及一系列新政出爐，該黨提出尖銳的批評，認為這一切都是「換湯不換藥」。2012年7月6日，祕書長肯尼斯指政府沒有依照憲法第144條款行事，在提供給國際貨幣基金組織（IMF）40億美元貸款前，沒有事先取得國會和總統的批准。因而到高等法院申請禁制令，結果卻遭到駁回，並下令他支付訴訟費。

同年9月，當政府宣布將展開全民對話，肯尼斯就對媒體表示，對話會只不過是「政治秀」。

2013年1月榜鵝東單選區舉行補選，肯尼斯以革新黨候選人參與競選。競選期間，他一再強調自己是所有候選人中，最有資格出任議員的人選。選舉結果卻顯示，他只能獲得區區的353張票，因而失去保證金。

如此狀況的革新黨，要想在群黨林立的新加坡政治生態中，異軍突起的機率是無法讓人看好的。

民主聯盟。由四個反對黨所組成的新加坡民主聯盟，原本在2006年的大選中有著不錯的表現，贏得了12.97%的選票。但在這之後，出於不同的政治考量，新加坡國民團結黨先於2007年退出，而新加坡人民黨也在2011年3月離開，以致該聯盟只剩下新加坡正義黨和馬來民族組織。

大選後，該黨祕書長林睦荃因參選榜鵝東單選區只得4.5%的得票而失掉競選保證金，選後表示引咎辭職。儘管該盟有意重新出發，但想要贏回往日的佳境，顯然不是易事。2013年1月榜鵝東補選，林睦荃重披戰袍卻再次失去競選保證金。

民主進步黨。民主進步黨在1973年成立前，原本屬於工人黨的成員。該黨先後以新加坡聯合陣線的名義參加過大選，但並無所獲。1988年大選後才正式命名為民主進步黨。

2013年3月，一批由方月光領導的前人民黨領導退黨後加入民主進步黨，方並出任祕書長一職，以領導該黨重振旗鼓。至於其他追隨者，梁威立出任助理祕書長，朱麗雅娜擔任助理財政、丁子強成為組織祕書。原有前祕書長蕭麒麟、前黨主席詹孝運及前財政陳清泰，皆留在黨內擔任顧問。

據新祕書長透露，接下來將著手壯大這個在過去20年來只參加過兩次大選的政黨，目標是在下屆大選來臨時建立起可挑戰兩個集選區及兩個單選區議席的實力。

第二節 —— 尋求變革的政治賽局

空前激烈的總統選舉

2011年5月，大選方落下帷幕，8月27日又迎來六年一度的民選總統選舉。這是自1991年民選總統設立以來，只有1993年舉行過一次總統選舉外，十多年來，總統都是在無對手的情況下自動勝選，以致國民早已對民選總統制存在諸多負面評語。

誠如評論界所言，這是又一個分水嶺，也是5月大選的續集。人民對於民選總統的到來，早因5月大選的餘震而投以不同的目光，甚至期待著另一場觸動人心的政治大事件。

按照新加坡憲法規定，民選總統的參選資格必須受到事先的審查與批准。因此，當有意參加競選人士一旦表態後，立即引起人民和媒體的關注與廣泛報導。這是過去所沒有的現象。

第四章　後李光耀時代的政治賽局

　　5月28日，行動黨前國會議員陳清木醫生率先表態。基於5月大選後，人民造成分裂，因此，他懷著這樣的念頭：「一個國家的總統可以成為團結全體人民的中心人物，無論政黨、種族、宗教、新舊移民，大家只要團結一致，都是新加坡人」，而有意參加民選總統競選。而早已傳聞有意參加民選總統選舉的職總英康（NTUC Income）前總裁陳欽亮，6月7日跟著亮相，肯定出戰。接著，6月24日，前人民行動黨政府副總理陳慶炎也表示國家正面對經濟危機和大選的影響，出於國家和人民的需求，他將會毅然披起戰袍，接受人民的委託。同年7月16日，前總理吳作棟的私人祕書陳如斯，剛以新加坡民主黨的身分參加過5月大選，也宣布有意加入戰局。他的參選「是為了讓人民有機會投選與執政的人民行動黨毫無關聯的總統」。最後還有一位前裕廊集團的財務副總裁關玉麟不落人後，決意再次參選。

　　就這樣，一場賽前評比陣容漸漸分明。一般說來，人們多以為陳清木和陳慶炎本屬前朝人馬，雖然競選總統的動機各有表述，但起初人們還是難以分辨他們之間的差別。而陳欽亮由於近年來的言論及參與社會活動的動態，讓人早已留下他對現有體制存在異議的印象。陳如斯則毫無疑問代表著和政府對抗的姿勢出現。因此，這種表態即刻引起了坊間和媒體的議論。各不同在野黨人員更根據自己的標準，對不同的準候選人給予支持。

　　鑒於受到5月大選的衝擊和影響，加上總統選舉有別於大選，它是超越政黨政治的。因此，所有有意參加總統選舉的人士，都異口同聲表明自己的政治獨立性，盡量撇清與政府或者過去的政黨政治關係。儘管有意參加者都來自不同的政治背景。這是此次總統選舉的特別之處。

　　值得關注的是，執政黨也一改以往的態度，不再公開表明支持自己屬

意的準候選人。改以由民間社團和工會出面表態支持執政黨心屬的人選。

正是這種新的姿態，促使候選人之間的情勢快速的引起變化。瞬間，各方表態，民間團體、商會和工會，一面倒地支持候選人陳慶炎。而原屬人民行動黨元老的陳清木則被冷落一旁，形成強烈的對比。這個態勢卻即刻引發了民眾的議論和非議。迅速地加重了人們對於政府不公平對待候選人的心理反抗。而陳慶炎所受到的非議變本加厲，甚至他兒子履行國民服役的事件也受到牽連而備受指責。

2011年8月17日為民選總統提名日。經過有關委員會的稽核，四陳均有資格參選。競選活動照樣只有十天。投票日前一天為冷靜日，投票日訂於8月27日。這一現象，無疑讓人民驚喜，能夠在短短的幾個月內迎來另一次選舉，而且選民有了更多的選擇。

提名後的競選情勢變化快速，各候選人根據自己近來的政治言論與表態，進一步闡述了自己的政見與承諾。與此同時，各候選人更透過電視廣播和群眾大會，印發傳單等宣傳方式，以宣揚政見與承諾，藉以加強宣傳的力道，爭取選民的支持。

陳清木的競選口號與承諾

身為人民的中心，以團結不同種族和宗教的人民。總統必須是一個獨立於政府的代表。

陳慶炎的競選口號與承諾

身為超越政黨政治的國家中心人物，並將成為一把穩健的手，以協助政府更好的治理新加坡。

陳欽亮的競選口號與承諾

以「人民之聲」作為總統的象徵，並承諾捐出一半的薪水做慈善。

第四章　後李光耀時代的政治賽局

陳如斯的競選口號與承諾

以「監督和制衡」政府為總統的最高職責。並承諾只領取 50 萬的總統薪水。

顯然，各候選人都用盡全力，施展各自的才華與智慧，以圖能贏得選民的青睞和支持。因此，人民透過候選人電視廣播、群眾大會和媒體的報導，甚至坊間的議論，不斷對各候選人的言行做對比和思考，以求能將手中神聖的一票投給最適合的候選人。

受熱議的競選課題。這次的民選總統選舉，不僅參選者歷來最多，而且在競選期間引起爭論的課題更是前所未見。這種情況的出現，正好說明了這次總統選舉的特殊性。在在說明它深受大選餘震的影響。各候選人極力擺脫原有政治背景的屬性，有的更力圖利用競選平臺試圖建立政治板塊。因此，受熱議的競選課題便集中在：

候選人的獨立性與道德權威。在這個課題上，各候選人的爭論點一方面在於指責對方因曾經參加或擔任執政黨的官方職位而變成缺乏獨立性或無法擺脫原有的束博，以致難以成為真正的超越政黨政治的候選人。另一方面，強調即使過去曾經是體制內的領導者或成員，自己也保持著鮮明的思考獨立性，因此，並不會因過去的關係而影響成為候選人的中立性。

至於候選人的道德權威，有的候選人認為既然存在不可分割的黨政關係，也就無法使人民相信這樣的候選人具有可信賴的道德權威，相反的，只有那些沒有和現有體制存在黨政關係的候選人才真正具有這樣的道德權威。不過，持異議的候選人則認為候選人的道德權威來源於選民的委託而不是由過去的黨政關係所決定。

民選總統的功能與職權。爭論最激烈的課題就屬民選總統的功能與

職權問題。按照憲法規定民選總統被賦予執行五項有關的職務與許可權。可是，候選人中有人認為既然是民選總統，他就應該對政府的施政提出意見，以反映民意民情，這就無形中有可能形成兩個權力中心。這樣的言論不僅混淆選民，偏離了原先設定民選總統的憲法精神。

在這次民選總統過程中，由於候選人陳如斯的競選口號是「監督與制衡」，他一再強調民選總統就應該代表人民擁有並行使這樣的權力。而其他的候選人則提出不同的看法而形成強烈的對比。

陳慶炎當選民選總統。經過提名前後的熱烈爭論，8月27日，新加坡270萬選民終於投下手中神聖的一票。開票結果，陳慶炎得票率35.19%；陳清木得票率34.85%；陳如斯得票率25.04%，而陳欽亮則只得到4.91%的票。結果陳慶炎以7,269票的些微差距險勝陳清木醫生而當選。

這樣的選戰結果，引來了各種不同的解讀。對於陳慶炎只獲得35.19%的選票，人們尤其深表關注。這是因為他是執政黨心屬的候選人，而且也得到民間社團與工會的鼎力支持。反觀原屬執政黨的元老陳清木醫生，雖然沒有獲得任何團體的支持，卻能贏得如此大量選民的支持。兩者形成了強烈的對比。這就再次證明人民行動黨政府在這次選舉中面對了另一次的嚴重考驗。說明許多選民即使不想看到體制的大幅變動，至少覺得人民行動黨必須做出更多的改變才能迎合選民的心意。

這樣的選戰結果，反映了人民行動黨內部的分化與思維改變。而促成這種變化的因素則有可能轉變成對該黨有利或不利的方向發展。關鍵在於執政黨領導階層隨時代變遷與應對的能耐是否能即時到位。

而極力主張民選總統應成為監督與制衡政府的陳如斯並沒有取得預期的高票數，這點反映出新加坡選民的政治意願，或者說更傾向與擁護

第四章 後李光耀時代的政治賽局

具有政治獨立性的人選而不是對抗性的訴求。

由於總統選舉是在大選後舉行，其所受的影響不言而喻，其中最鮮明的訊息就是再次彰顯人民要求執政黨改革的心意。這是兩者的共同點，也是時代發展的特徵。因此，這次的總統選舉有別於1993年的單純總統選舉，而是一次兼具政治意義的總統選舉。

然而，若從民選總統的角度來看，這次選舉同樣有著獨特的深刻意義。多人參選與政論激烈，則是民選總統設立以來的新動態，這樣的情勢顯然將成為新的風向。

後港補選為什麼行動黨不能反敗為勝？

2012年2月15日，工人黨後港區國會議員饒欣龍因緋聞事件而被開除離黨。該黨在開除饒的宣告中，強調因為饒的不負責任態度，即不否認、不澄清、不面對所造成的亂局，促使該黨採取「壯士斷腕」的舉措，為的是捍衛黨的形象和主張：透明和問責。

原本一起涉及個人道德缺陷的事件，由於當事人的迴避與失信，演變成一場「政治自殺」的不光彩下場，確實讓許多人震驚與失望。對一個剛在人民面前展示將為國家帶來革新的工人黨，無疑更是臉上無光。

根據憲法，議席空缺後須在3個月內進行補選。同年5月政府宣布補選投票日定在5月26日。提名前儘管有不同政黨和政界人士有意出征，提名後證實只有工人黨的方榮發和行動黨的朱倍慶成為候選人對壘。

對後港區選民來說，不論過去是基於什麼理由支持工人黨和饒欣龍，這樣的改變，所託非人的傷害之深不言而喻。經此一變，儘管個人

第二節—尋求變革的政治賽局

的考量和出發點有別,都不得不重新思辨其利弊和長遠影響。補選一旦到來,那一票該如何投,顯然就已經不再是過去那樣無所顧忌了。

補選結果出爐,工人黨候選人方榮發以 13,460 票占 62.08％ 勝出,人民行動黨候選人朱培慶以 8,223,占 24.15％ 敗北。這次行動黨派出優秀的候選人參加補選,選前原本備受看好,即使無法勝出,也應該取得可觀票數,有所進展。但事實是,選舉結果只微增 3％ 選票,成績乏善可陳。

後港補選,原本工人黨因自身議員的過失,被迫壯士斷腕,情理皆失,處境較不利;行動黨派出朱倍慶再次上陣,形象良好,口碑不錯,顯然處於較有利的面向。這樣的選舉結果,到底說明了什麼?

首先,不容忽視的事實是,後港是工人黨,尤其是劉程強苦心經營了 20 年的大本營,這一特性幾乎是其他在野黨選區所沒有的。單就劉程強與詹時中雖同屬久經考驗的政治領袖,兩者無疑存在著很大的區別。更何況,後港是個發展較久的組屋區,選民年齡層偏高。就這些層面看,事實也顯示,在整個補選宣傳期間,劉程強的鋒芒掩蓋過了候選人方榮發,以致成為了輿論的焦點。這樣的選戰發展,的確證明了工人黨善於應用和發揮劉程強效應,以扭轉不利的選情。

工人黨之所以仍可保持高票當選,顯然是得益於新的政治生態。這次補選,雖然選戰雙方的定調不同,卻無人能擺脫當下人民仍在強烈尋求改變的主軸。這就是大勢所趨。也正是朝野政黨能否順應時勢,擬定競選策略的關鍵。

從 5 月大選、8 月總統選舉,到這次的補選,都說明了新加坡人民的普遍心態。這一狀態的存在,對選戰雙方有利也有弊。在野黨乘勢力推,執政黨則需努力變不利為有利。

第四章　後李光耀時代的政治賽局

就補選而言，行動黨自去年大選後，雖力倡改革，也強調正處於「新常態」，可是，從這次補選的策略看，仍有跳不出舊思維的影子。所謂新常態，其時代意義就在於一切從頭開啟，改變成為主軸。因此，競選策略就必須放棄過去的策略，以新的思維開創新的競選格局。

去年 5 月大選，阿裕尼集選區行動黨的失陷，不是因為候選人不強，也不是選區建設承諾不吸引選民，而是新加坡人民普遍要求改變的心態與共識，這就是民情。是選舉博弈的基點，即是時代的特點，也是勢之所在。

因此，選區建設與誠信問題，這些在過去被行動黨作為競選策略的籌碼，早已成為不是問題的問題，甚至是易於產生負面影響。更何況，像工人黨這樣的在野黨，其政治抱負和信用良好，即使所言屬實，對其打擊也敵不過選民對大勢的關注。

總之，在這次的補選中顯示，行動黨的競選策略和競選優勢並無重大改進與突破。

榜鵝東補選行動黨遭遇滑鐵盧

2012 年 12 月 12 日國會議長柏默因涉及婚外情而辭職，人民的震驚有過之而無不及，為此行動黨也受到道德下滑質疑的窘境。加上新加坡民防局前局長林聲邦在 2010 年到 2011 年間，因涉及性與貪汙醜聞被判刑入獄坐牢。另一位新加坡中央肅毒局前局長黃文藝也在 2011 年 6 月到 12 月涉及性醜聞被控告，後獲得無罪釋放。兩起高級公務員的桃色事件，使得情色課題成為社會的關注焦點，由此帶來的衝擊和影響不言而喻。

第二節—尋求變革的政治賽局

2013年1月9日,李顯龍快速宣布補選日期定在1月26日,的確讓不少人感到意外。

補選日期確定後,除了行動黨以外,先後表明有意參選的還會有工人黨、民主黨、革新黨、民主聯盟和前人民黨新秀,後為民主進步黨的方月光等,至少六方人馬有意角逐。

提名結果顯示,人民行動黨派出專業人士,又被喻為「榜鵝之子」的許寶琨醫生為候選人。應戰的在野黨,除了工人黨的李麗蓮,還有革新黨的肯尼斯、民主聯盟的林睦荃為候選人競選。出人意表的是,原本高調準備參選的民主黨卻在最後一刻棄選,為此次補選增添了不少話題。

基於新加坡正面對重大變化的國情,即使同樣是補選,也有著共同點和不同點。參選者該以怎樣的競選主軸和競選策略,以應對這次的補選,顯然才是考驗他們政治能耐和智慧的關口。因此,參選者能否掌握策略主動,而贏得補選,就不能不察言觀色,知己知彼,方為上策。

簡要的說,大選是基於國家發展進程的利弊與得失,而形成對治國者信任度的檢測機制,用5月大選和8月總統選舉的結局來說明最好不過;補選則是檢驗這種階段性發展態勢所形成的焦點效應,後港補選則顯示了民心思變的發展趨勢仍在發揮作用。即使是補選,後港和榜鵝東也有共同點和不同點。選民無需受到政權得失所左右,中間游離選民對國家課題的關注,遠勝於對選區課題的關注。這與後港補選的選情沒有差別,這也是常被視為「補選效應」,使執政黨處於不利的狀況。可是,補選對候選人而言,無需因誠信受損失利。工人黨失信在先,行動黨失信在後,誰也撈不到好處。這是前所未有的戰情。至於候選人的資歷,既然能代表政黨出征,應各有其政治價值。對中間游離選民來說,候選人在競選期間的表現,不能不對結局有所影響。榜鵝東作為新鎮之一,

第四章　後李光耀時代的政治賽局

以中產階級選民為主，他們的政治意願，才是問題的關鍵。

2013 年 1 月 16 日，提名出爐，人民行動黨和工人黨一如所料分別派出候選人，革新黨肯尼斯和民主聯盟的林睦荃也披甲上陣而形成四角戰。

補選帷幕拉開後，選情的演變逐步形成「閃電」（行動黨）與「鐵錘」（工人黨）兩黨相爭勝敗的局面。輿論雖傾向於行動黨將會贏得選舉，但誰將會是最後的勝利者，唯有選舉結果出爐後才知分曉。

這次的補選，各黨的競選策略，較之過去都有所變化。各政黨候選人和團隊，透過挨家挨戶拜訪、群眾大會、新舊媒體等途徑所展現出來的資訊與架勢，的確提供了讓選民評斷的很好的依據。問題的重點在於不同的選民，將會基於怎樣的考量而投下神聖的一票。

競選期間，行動黨極力強調該黨正竭盡所能，開展一場全國性的，擴及各領域的政策改革歷程。而工人黨祕書長劉程強也表明，應當給予政府時間進行改革。這就意味著，在改革的問題上，兩黨具有著某種共識。這為選民提供了新的思考空間。換言之，評斷的準則已從指出政府施政的錯誤和不足中尋求改革，過渡到改革的高度、深度、廣度及其成效的層面上。

此時，擺在中間選民面前的問題是：支持一個全力推動改革的行動黨候選人，還是支持一個持續給予執政黨強力監督和問責的在野黨候選人。換言之，如果選民想要看到行動黨政府，因能擁有更好的團隊，以開展更有效的改革，就把選票投給他們；反之，如果選民想要看到在野黨，因能擁有更多的議員，以加強監督和問政的實力，就應選擇在野黨。

第二節─尋求變革的政治賽局

榜鵝東補選，人民行動黨遭遇滑鐵盧，許寶琨醫生（中）的落敗，顯示人民是理性還是非理性的訴求，都已變成左右變革的重要因素，尤其是對政治生態的影響。
Copyright © Pauline Tan 陳佩瑩攝

投票結果，工人黨候選人李麗蓮以 16,045 票占 54.5％的莫大差距而贏得席位。反之原本占有得票優勢的人民行動黨候選人許寶琨，卻只能獲得 12,875 票，占 43.73％而敗落。由此突顯相當數量的中間游離選民都投給了工人黨。而革新黨和民主聯盟的參選，分別只得 353 票和 168 票，而雙雙失去保證金。從中反映出選民的政治意願分為兩邊，以期形塑兩黨制的模式發展。

工人黨李麗蓮在榜鵝東補選中的高票勝出，反映出行動黨政府所堅守的菁英模式，在一定程度上，已無法獲得廣泛的認可。
Copyright © Pauline Tan 陳佩瑩攝

225

第四章　後李光耀時代的政治賽局

　　仔細觀察補選的結果，工人黨為什麼能夠以如此高票當選？其原因涵蓋了「補選效應」（選民不必擔心政權的改變）而傾向把票投給在野黨；而柏默事件讓部分選民失望；選區基礎建設的缺失也影響了選民的投票意願；進行中的許多重大政策調整，實際效果不明顯，改革進度無法獲得選民的認可，以致大多數的游離選民選擇了工人黨，意圖透過工人黨加強對政府的監督，以表達不滿。所有這些，再次印證了全國性議題依然是補選的重要考量，而使選戰變得有跡可循。

　　這次選舉的結果顯示，中間游離選民的思維特徵（尋求改變）和期望（包括理性與非理性的要求更多或更好）對這次補選的影響至關重要。由此出發，才能更好的解釋，儘管行動黨政府 20 個月來新政策不斷出爐，還是無法左右民心思變的發展趨勢。換言之，處於新舊時代的過渡階段，不管人民是理性還是非理性的訴求，已變成左右變革的重要因素，尤其是對政治生態的影響。

　　工人黨高票當選的另一個重要原因，應是它採取了精明的競選策略和定位。以退為進，迂迴前進的戰術。劉程強擺明該黨旨在監督和制衡政府的改革，而不是以替代政策和政府較量。這樣的定位，有效地化解了行動黨和輿論對該黨沒有提出替代政策，與在國會表現不足的缺點的質疑。更因為不受自身政策的限制，不僅避免了因替代政策的出爐，面對行動黨和選民的檢驗與批評，卻又能抓住行動黨政府政策的負面效果、改革中的不足展開攻擊。以逸待勞，行動黨做得對、做得好是應該的；做不好，達不到民眾的要求，便是政府的過錯，並將之轉化為該黨鞭撻政府的籌碼。這就是政治賽局的詭異與不對稱。

　　這次補選的結果再次證明，工人黨的競選功力不容小視。中間游離選民倒向支持工人黨，就更突顯工人黨比其他政黨的競選功力要來得深厚。其所能達到的競選宣傳效果，是其他政黨望塵莫及的。該黨所舉辦

的群眾大會，從大會召開前的吸引力、進行中的煽動性到散會後的震盪與張力，足以說明工人黨的優勢。正是這種能耐與充分利用群眾大會的宣傳手段，把該黨的品牌效應發揮到淋漓盡致，從而坐享其成。

就宏觀的角度，這次的補選結果所產生的深層影響，尤其是對政治生態的形塑，具有著重大的意義。

由於工人黨的高票勝出，這個補選的效應變得超越了選區勝負層面的思維局限，從而反映出行動黨政府所堅守的菁英模式，在一定程度上，已無法獲得廣泛的認可。行動黨政府如若要開創一個新的政治格局，就有必要做更深刻的反思與尋求對策。

透過補選的一再報捷，工人黨在在野黨陣營中的獨大，已成為一種新的發展趨勢。新加坡人可期待，由這樣的在野黨和行動黨政府對壘，將較有把握形塑良性競爭的政治生態。過程中出現泛政治化、民粹主義政策的可能性相對的小。然而，人們也不能忽視，工人黨競選策略的功力深厚，是否會導致該黨為競選勝利而讓政治賽局變成權力鬥爭的遊戲，同樣也是誰都說不準的。

第三節 ── 議會民主的推進，國會辯論的功能與效應

新加坡議會民主的歷史

新加坡議會民主制的歷史可追溯到 1948 年，從英國殖民統治者把議會制從西方引進新加坡實行以官委議員為主，民選議員為輔的立法議會選舉，至今已邁入 65 年。從歷史來看，新加坡的議會民主走過三個深具特

第四章　後李光耀時代的政治賽局

色的階段。獨立前的議會民主，本質上並不具備完整的民主和機制。獨立後的初期，也由於兩種不同意識形態的鬥爭，而使議會民主蒙上過於濃厚的政治色彩。1966年，國會內的在野黨——社陣，因放棄議會鬥爭，其13名議員集體退出議會後，新加坡議會民主才從對抗性的政治生態中解脫出來，邁入議會民主制的平穩階段。2011年5月大選引發對議會民主制的衝擊及其帶來的改變，象徵著新加坡議會民主的邁向另一個新階段。

　　如此演變過程，從議會民主制的功能與效果審視，就不難發現新加坡在建國過程中，這一體制的確產生了巨大的作用。儘管曾被指責「法令如毛」、「橡膠印」，但新加坡取得的發展與進步卻無人能否認，透過國會辯論和立法為新加坡帶來的正能量。從而反映出體制的建設也已取得了不斷的進步。這可從新加坡國會辯論的深具理性與良性論政的形態得到充分的展現。新加坡能夠避免像一些國家的國會變成爭論與打罵的鬧場，是與治國者遠離民粹主義與政治化的理念息息相關。

　　當然，若是以議會民主制的兩大核心層面對照過去的歷史，不論是以公平公正為核心的競選機制，還是以民主為核心的國會辯論和立法，都具有爭議和被詬病之處。這是因為，前者在公民權利（合法年齡、強制投票等）、選區劃分與選民人數的差異，單選區與集選區的差別，非選區議員和官委任議員等體制的制定和演變，嚴格說來，或多或少都存在不公平的痕跡；後者在國會辯論中因長期一黨獨大的局面造成的團體迷思，加上威權體制的形成，就更使國會辯論未能盡顯民主論政的功能和效果。

　　在進入歷史新階段的當下，對上述兩個層面的體制改革，就成為推進與完善新加坡議會民主制的客觀要求和挑戰。因此，今後在選區劃分、單選區數目和集選區人數等課題上應更能展現公平公正的精神。在國會辯論時，就應糾正長期以來的議員出席率不足的問題，克服議員沒

能按時出席國會辯論的缺陷。第十二屆國會自 2011 年 10 月開議以來，出現了後座議員資歷越久，發言越少的現象，應予正視和改進。還有就是通過法案時不足法定人數，顯示嚴重不尊重國會等弊端。

新加坡的國會辯論，必須朝向具有更高素養和辯論水準的目標前進。這就要求所有議員和部長等，除了官方職務與行程而無法出席國會辯論外，所有前座和後座議員都必須履行議員的操守準則，準時到會，積極參與辯論和立法，為更美好新加坡盡心盡力。唯有如此，才不辜負選民的委託和期望，也對得起人民提供的高薪厚祿。

第十二屆國會辯論

為了親自觀察和了解國會辯論程序，我以公眾人士的身分在國會開會期間列席旁聽。從 2011 年 10 月起至 2014 年 2 月的第一會期，總共召開的 46 次國會（包括 2014 年 3 月財政預算案辯論總共 75 天），我列席旁聽有 2/3。雖然我沒有全部和全程列席旁聽，但長期親歷現場的觀察與聆聽，結合對新加坡政治變遷，尤其是政黨政治的演變，讓我對第十二屆國會辯論，有著逐步深入的了解與評價的依據。

從以下《聯合早報》記者何惜薇整理出來的圖表（第一會期的天數、口頭與書面詢問總數），便可一覽新加坡國會辯論的概況。下述圖表已加上我個人整理的數字在內。

2011 年 10 月 ── 2014 年 2 月國會小結

- ◆ 第一會期總共 76 天（包括 2014 年財政預算案辯論）
- ◆ 約 770 個口頭詢問
- ◆ 約 1200 多個口頭詢問獲得書面答覆

第四章　後李光耀時代的政治賽局

- 約 700 多個書面問題
- 2011 年 10 月 10 日：第十二屆第一會期開始；

 柏默出任議長、議員就職、陳慶炎總統發表施政方針
- 2012 年 2 月 14 日：管委議員就職
- 2013 年 1 月 11 日：哈莉瑪出任議長
- 三個年度財政預算案

 2012 年 3 月 1 日

 2013 年 2 月 25 日

 2014 年 2 月 21 日
- 兩項動議：

 2012 年 2 月 14 日：《一個能幹和據奉獻精神的政府的薪水》辯論

 2013 年 2 月 4 日——8 日：《可持續的人口，朝氣蓬勃的新加坡》人口白皮書辯論
- 部長宣告：

 2012 年 1 月 9 日：地鐵事故

 2012 年 7 月 9 日：檢討強制死刑 2012 年 7 月 10 日：地鐵事故

 2012 年 11 月 12 日：感謝退休大法官陳錫強的貢獻

 2012 年 11 月 14 日：軍訓意外

 2013 年 5 月 13 日：市鎮會檢討報告

 2014 年 1 月 20 日：小印度騷亂

2011 年 10 月 10 日是新加坡第十二屆國會的開幕儀式。陳慶炎總統

> 第三節　議會民主的推進，國會辯論的功能與效應

在演說中指出，基於新加坡在社會、經濟和政治方面都已經進入一個全新的發展階段。更為多元的新政治氣候和社會發展下，建國已邁向更加包容性的階段。而這種包容性即表現在「取得成長並不是唯一的目標，我們追求改善的是有品質的成長，力求改善每一分工作，提高每一個員工的生產力，及協助公司企業發揮創意。我們要爭取具包容性的成長，讓所有公民而不只是幸運的少數受益。有高品質、包容性的成長，我們方能投資於人民、國家及我們的未來。」

而且這種包容性更加是「我們希望每一名工人都擁有熟練而待遇優厚的工作；每一戶家庭都有負擔得起的舒適家園；每一個年輕人都能發揮潛能，追求自己的夢想；每一個年長者都保持活躍，有尊嚴的生活。」換句話說，對比過去為一味突出國內生產毛額，造成貧富差距日益擴大的經濟發展方針作出了修訂和調整。至於政府要如何具體實行這種改變和採取怎樣的新政策則有待國會辯論時，由政府及相關部門作出解釋與辯論。從而尋求人民的認可與支持，共同努力為實現一個更加美好的新加坡而攜手前進。

10月17日起一連5天，朝野議員在國會辯論過程中，表達了對當下新加坡面對問題的看法。一般而言，行動黨後座議員，尤其是新議員的發言具有突破舊思維框架約束的明顯跡象，其中對政策和施政提出改革建議者不乏其人。工人黨議員林瑞蓮提出幸福指數和陳碩茂表明工人黨會在國會扮演「魏徵」的角色，也都引起了朝野議員的激辯。

經過五天的國會辯論，顯然新加坡已開創一個建設性政治的新常態。朝野雙方明確國會辯論的目的和作用。儘管雙方還無法在許多課題上取得共識，今後也將還會繼續展開激辯，但這無礙於理性和負責任的辯論與競爭。因此，此屆國會所取得的進展和成效是可貴的。可以期

待,這樣的政治互動將有助於良性政治生態的發展。

在野黨議員兩年來的表現

2011年的大選,工人黨以建立第一世界國會為競選課題,並一再強調為了健全新加坡的議會民主制,呼籲新加坡國民把在野黨送進國會,以便對執政黨和政府進行監督與問責。如此政治進程,的確引起了人民的共鳴,工人黨得以贏得阿裕尼集選區,打敗包括前外交部長楊榮文等強大執政黨團隊候選人,即可證明這一政治訴求對選民的影響的強烈程度。

2011年9月8日,對即將召開的第十二屆國會,劉程強表示不接受非正式反對黨領袖頭銜。「我不接受非正式的反對黨領袖頭銜。對我來說這貶低了反對黨。這有如國會裡的反對黨只能活在別人的影子裡,暗無天日。」

同年10月2日,工人黨議員對記者表明該黨議員將會在即將來臨的國會辯論中繼續採取負責任、理智與就事論事的態度。阿裕尼集選區議員畢丹星表示民眾可能抱著不同的心態,包括等著看執政黨和反對黨議員上演對決好戲,或希望反對黨更加咄咄逼人。他說:「語不驚人死不休是沒有意義的,因為這種論點往往站不住腳,或偏離主流想法太遠。這方面得取得平衡,我們也不希望被民眾認為是唯唯諾諾的反對黨。該反對的時候要反對,該支持政府的時候,支持也沒錯。」由此顯示,面對著即將召開的第十二屆國會,工人黨在選後的發言與態度極為鮮明。

關注的課題。在野黨在第十二屆國會辯論第一會期,就新加坡面對的問題以及行動黨政府在治理期間的政策和表現而提出的質詢,經統計

第三節—議會民主的推進，國會辯論的功能與效應

後的歸類，分別以 2 個圖表展現相關的統計數字和課題，以便人們在事實的基礎上窺探新加坡政黨博弈的概況。

圖表 (1) 在於統計工人黨議員從 2011 年 10 月 10 日，第十二屆國會開會以來至 2014 年 2 月 21 日年度預算案公布為止的第一會期，國會總共召開的 46 次會議中（年度財政預算案辯論為一次），工人黨議員在歷次會議前所提出的口頭與書面詢問數目。

圖表一：新加坡第十二屆國會工人黨議員的口頭與書面詢問

年分 質詢總數	口頭與書面詢問總數	工人黨議員
2011.10.10	總統施政方針演說	
2011.10.20	12/13	2/25
2011.10.21	11/4	0/15
2011.11.21	64/40	13/104
2011.11.22	37/3	0/40
2012.01.09	57/23	11/80
2012.01.16	58/12	7/70
2012.01.17	24/1	1/25
2012.02.14	35/21	13/56
2012.02.17	17/13	10/30
2012.02.28	8/7	1/15
2012.02.29	4/0	0/4
2012.03.01	1/1	0/2
2012.03.01	公布財政預算 Order Paper Supplement	議員就不同課題發言
2012.03.02	1/0	0/1
2012.03.08	5/2	1/7
2012.04.09	48/19	9/67
2012.05.14	87/26	5/113
2012.07.09	87/33	9/120
2012.07.10	51/4	3/55

第四章　後李光耀時代的政治賽局

年分 質詢總數	口頭與書面詢問總數	工人黨議員
2012.08.13	104/36	18/140
2012.09.10	77/23	12/100
2012.09.11	30/2	4/32
2012.10.15	79/30	13/109
2012.11.12	79/31	13/110
2012.11.14	56/6	7/62
2012.11.15	31/4	3/35
2012.11.16	13/0	0/13
2013.01.14	83/35	12/118
2013.02.04	66/17	10/83
2013.02.05	40/5	0/45
2013.02.06	17/2	0/19
2013.02.07	7/2	0/9
2013.02.25	公布財政預算	議員就不同課題發言
2013.03.05	3/0	0/3
2013.04.08	42/27	16/69
2013.05.13	90/31	11/121
2013.07.08	102/38	33/140
2013.08.12	88/27	21/115
2013.09.16	82/34	20/116
2013.10.21	92/41	16/133
2013.11.11	79/38	20/117
2014.01.20	93/24	18/117
2014.02.17	59/35	22/94
2014.02.21	6/3	1/9
2014.02.21	公布財政預算	議員就不同課題發言
口頭與書面 質詢總數	2735	355

圖表（2）於大致上整理出工人黨議員在第十二屆國會第一會期，透過口頭與書面質詢所涉及的課題。由於課題眾多，只能把課題以屬性歸

第三節——議會民主的推進，國會辯論的功能與效應

類而無法細分。目的在於從一般的統計中窺探工人黨議員在國會辯論中論及的層面及重點。這期間國會曾經提出、辯論與通過的眾多法案，因個人沒有全面了解，感覺工人黨議員參與辯論不多，沒有另作統計。

概括說來，工人黨議員關注的課題重點放在民生問題上。這可從口頭與書面的質詢中多是環繞在住屋、醫療、交通、教育、就業、生活費和外來移民問題顯現出來。為了區分口頭與書面質詢在論政層面的差異，統計項再分別以查詢和質詢歸類。

圖表二：新加坡第十二屆國會第一會期工人黨議員關注的課題

次數	年分	口頭與書面質詢課題	查詢	詢問	總數
1	2012.10.10	總統施政方針演說			
2	2011.10.20	裕廊島火災	0	2	2
3	2011.10.21	PR 申請受拒、死刑、IR 就業人數	3	0	3
4	2011.11.21	就業歧視投訴、居民申請長期居留、第四級公務員、外籍勞工遣返、養老金、回教事務、組屋條例、外交事務	5	8	13
5	2011.11.22	—	0	0	0
6	2012.01.09	護理師國籍與人數、放棄公民人數、準證持有人數、學生人數與國籍、PR 服役、社區政策調整、EP/SPass 對人民的影響、烏節路淹水、伊斯蘭教教事務等	5	6	11
7	2012.01.16	居民住屋與教育背景、就業準證附屬卡、學生獲得資助情況、樟宜跑道失敗、家庭服務中心、水源與環境、應對經濟下調的外籍勞工政策	3	4	7
8	2012.01.17	國民在境外涉法處理	0	1	1

第四章　後李光耀時代的政治賽局

次數	年分	口頭與書面質詢課題	查詢	詢問	總數
9	2012.02.14	自願社會服務、民事服務轉制、首千名高收入情況、 準證持有者不同年分情況、居民低薪者情況、體育培訓、 民事高官越軌、外籍勞工人數限制等	6	7	13
10	2012.02.17	護理申請、外籍勞工住宿、 公共補助計畫情況、境外律師豁免情況、網路、社會/社區服務	4	6	10
11	2012.02.28	境外律師資格	0	1	1
12	2012.02.29	—	0	0	0
13	2012.03.01	—	0	0	0
14	2012.03.01	財政預算 Order Paper Supplement 議員就不同課題發言	—	—	—
15	2012.03.02	—	0	0	0
16	2012.03.08	—	0	0	0
17	2012.04.09	組屋申請人數、醫療服務投訴、 芽籠士乃服務中心、組屋租戶與代理	3	6	9
18	2012.05.14	低薪業界、外籍勞工遣返薪資處理、 了解服務中心數目、產業代理、 空軍軍機、外來司法機構、外交事務	1	4	5
19	2012.07.09	海外選民與權利、 外籍勞工遣返前的權益、 組屋貸款、Dr Woffles Wu 事件、 私宅結構、清潔公司營運	2	7	9
20	2012.07.10	僱用外籍勞工公司破產、組屋申請、私宅結構	0	3	3
21	2012.08.13	工程投標、月入少於 1,500 的工傷利益 基層組織狀況、21 歲公民在國數量、 日間照護、DR WU 事件、 公園局購買腳車事件、組屋種族限制、 孕婦情況與產假、組屋價格等	5	13	18

第三節—議會民主的推進，國會辯論的功能與效應

次數	年分	口頭與書面質詢課題	查詢	詢問	總數
22	2012.09.10	公園局買單車事件、組屋申請種族比例、基層組織數目、批准私宅的考量、執行與非執行公務員的工作時段、盜劫情況、霧霾、地稅	0	12	12
23	2012.09.11	樂齡中心建設、種族租賃貸款頂限、投標制度、私宅結構	0	4	4
24	2012.10.15	PR 放棄人數、合法與非法放貸情況、未履行服役的人數、地鐵工程影響、人口政策對社會、基礎設施的影響、組屋種族限制、私宅結構等	7	6	13
25	2012.11.12	入室行竊情況、電梯裝置、Downtown Line 建設進展、殘障者補助、組屋種族限制、未來人口政策與實施規劃、放棄公民權數目、賭場影響	1	12	13
26	2012.11.14	組屋種族限制、Downtown Line 建設、入室行竊情況、電梯提升計劃、缺陷嬰兒政策、未來人口計畫	0	7	7
27	2012.11.15	Dianthus 提升計畫所需時間、人口政策規劃與基礎建設	0	3	3
28	2012.11.16	—	0	0	0
29	2013.01.14	非居民受僱情況、長期居留申請人數、組屋改進計劃受惠數目、公車司機罷工、組屋屋主權益、考試體制、COE 制度重審等	5	7	12
30	2013.02.04	非公民與永久居民受僱情況、年長者受僱情況、被解僱受影響的情況、嬰兒分紅、土地用途、中國大使館在罷工期間的作為	3	4	7
31	2013.02.05	—	0	0	0
32	2013.02.06	—	0	0	0
33	2013.02.07	—	0	0	0

第四章　後李光耀時代的政治賽局

次數	年分	口頭與書面質詢課題	查詢	詢問	總數
34	2013.02.25	財政預算案議員就不同課題發言	—	—	—
35	2013.03.05	—	0	0	0
36	2013.04.08	組屋價格、電梯失靈情況、低層組屋電梯建造、非法出租組屋、售屋還非法貸款情況、貧窮收入者的補助情況、外籍護理師在緊急病房的情況、電信公司的運作、選區事務、馬印人民在新加坡的銀行帳戶情況等	3	13	16
37	2013.05.13	幼兒教育、伊斯蘭教事務、選區事務、服役人員駕照、私宅結構、實龍崗工程影響、亞細安外交等	3	8	11
38	2013.07.08	環境霧霾、口罩、疫蚊、地鐵事故數目、工程安全與影響、小學生名額、手足口症影響、求診等候時間、國民收入級別、法律系學生援助、網路新聞受法令影響等	7	26	33
39	2013.08.12	公務員退休再僱、低薪工友補助、醫療機構失誤、囚犯斃命事件、地鐵事故原因、公共交通投訴、環境、貿易統計、總審計署報告、經濟策略委員會對中小企業政策、國民服役人員應享權益、伊斯蘭教事務等	2	19	21
40	2013.09.16	保健儲蓄帳戶、千元以下入息能得50元者、破產、樂齡就業人數、會所老虎機數目、競選箱遺失、GST、交通券、社工、幼教培訓、樂齡居家計畫、中小企業資助計畫、ERP罰款、醫療機構等	5	15	20

第三節―議會民主的推進，國會辯論的功能與效應

次數	年分	口頭與書面質詢課題	查詢	詢問	總數
41	2013.10.21	教師授課時段、前囚犯與 CORE、公共服務委員會給馬來族的資助人數、公平僱傭架構、取消電視文字廣播、伊斯蘭教、選區事務、網路公司消息獲取、組屋翻新、樂齡中心建設、足球賽涉及違法、奧運主席競選等	5	11	16
42	2013.11.11	組屋和私宅建造數目、行人與腳踏車安全、醫療、組屋保險與被回收、公路積水、土地規劃、教師授課時段與辭職狀況、伊斯蘭教與選區事務、監獄條例、ERP、Ashley Madison Website、世界經濟論壇性別差異報告等	2	18	20
43	2014.01.20	獲準資助的國際學生數目、超時工作、小印度騷亂事件、酒執照、低收入貸款上限、公民配偶住屋情況、拒絕來電、幼兒中心規範、頭巾事件、囚犯命案的涉及者、癌症求診等候時間、對中國空防辨識區的態度等	2	16	18
44	2014.02.17	國際學生援助、自殘事件、性侵犯、公共援助情況進展、短／中期受保健基金影響者、保健政策改變、訊號系統、地鐵面對越軌與違規事件、手機公司規範、國民服役與民防、警察、輔警狀況、中國空識區問題等	6	17	23
45	2014.02.21	國際學生贊助計畫下履約情況	0	1	1
46	2014.02.21	財政預算案從 2014 年 3 月 3 日至 3 月 13 日在國會辯論、議員就不同課題發言			
第一會期			88	267	355

第四章　後李光耀時代的政治賽局

在野黨的監督與問責在哪裡？

　　新加坡議會民主在進入後李光耀時代的新階段，作為在野黨的出現與進入國會，特別是當工人黨標榜建立第一世界國會為政治訴求的前提下，人們的目光很自然會落在在野黨進入國會後的表現和貢獻。這裡可從三個方面進行評估。即一、在野黨是否能展現自我主張的政治訴求？二、在野黨強調進入國會是為了監督與問責的表現如何？三、在野黨能有怎樣的作為？

　　作為政治新常態的主要推手，不論工人黨議員在國會內外的表現如何，都具有著或多或少的正面政治衝擊和影響，這是不爭的事實。但問題是工人黨的政治訴求與表現，對國家建構的影響能起著多大的作用又是另一回事。而工人黨議員的表現是否達到人民，尤其是選民的期望，則無疑將深刻影響新加坡未來的政治生態。因此，工人黨議員在國會內的表現，便具有極其重大的現實意義。但要做到完全的客觀並不容易。這是因為人們必然會基於不同的視角和考量而認可或者持有不同的看法。身為一個政治觀察者，我只能以個人的認知與感受表達看法。

　　從上述圖表顯示工人黨議員的論政能力，基本上道出幾個不容忽視的事實。就是儘管該黨議員積極和大致全程參與國會會議，但就論政的層次來看，除了因人口白皮書引起的爭論而發表的零成長人口政策外，該黨議員並沒有對國家進入發展新階段的國策提出全面或深入的看法和建議。少有論及國家經濟發展所需的策略與策略，卻不缺批評政府的政策改變，有時甚至把新政視為是他們努力的結果。這對政治體制發展的健全性顯然是不容忽視的落差。

　　從個人長期的現場觀察，工人黨議員的論政仍然停留在對突發事件和政府施政過程中出現的問題。這是必要與應盡的職責，但從該黨議員

> 第三節—議會民主的推進，國會辯論的功能與效應

提出的口頭與書面詢問卻又說明，議員本身的論政功力的不足。既然是在野黨，重點在於監督與問責政府的政策和施政，未能表達與提出全面的觀點和對策思維，只能跟著事態走的論政形態，所能取得的功效便大打折扣。這是因為，客觀上新加坡目前最需要不同從政者能就國家發展面對的挑戰和困難，從宏觀與全面的視角提出看法和意見，而不是停留在具體措施與個別事件的論政上。

從上述統計與現場的觀察中，更讓我發現工人黨議員的口頭與書面質詢，其中約有 80 多題是為了了解情況的事實查詢。這種為了解國家實況而查詢資料，固然有助於國家事務的透明度，但從論政的水準看，卻又顯示出要真正展現監督與問責的要求距離甚遠。因此，扣除了此類質詢，工人黨議員在的國會的表現難免被冠上乏善可陳的負面評語，並非空穴來風。或許這成了期望越大無法達標的反射。

兩個有趣的現象值得一提。劉程強在第一會期，只提出 3 個口頭和書面質詢，偶爾也在辯論時參與後續提問，是一位逢會必到的好議員。在莊嚴的國會殿堂，當該黨和議員面對責難，總會挺身而出，迅速做出回應。再看他在群眾大會滔滔不絕的批評行動黨的施政，可是，身為一個政黨領袖，在國會卻對國策論政不多，為什麼如此，值得探究。對比行動黨領袖強調的「政治和政策正確」，工人黨更像是謹守「政治正確」為前提。這樣的從政謀略，旁觀者無從定斷。但如果志在爭奪民心，而不重視「政策正確」，那就不能不讓人擔心，這樣的政黨到底要把新加坡帶向何處？另一位新人人氣王陳碩茂，原本給人的政治標籤和等級，是那麼的令人期待，可與部長級人物媲美。可是，從這一會期的表現來看，其論政能力無從展現高水準。為什麼如此，是應證了建國總理李光耀所言，是展現了對新加坡的不夠了解的情形，還是另有原因，同樣是個值得關注的現象。

第四章　後李光耀時代的政治賽局

朝野兩黨議員的對比

　　新加坡的國會議員所需承擔的責任與義務涉及多層面。身為議員，一般上會擔任市鎮理事會的負責人，負起管理選區事務。並在選區內進行定期定點的會見選民，以及參與選區內的節日活動，甚至出席居民的喜宴或喪事。而行動黨議員長期以來更肩負擔任基層組織的顧問。

　　當然，出席國會，反映民生問題，參與國是辯論，無疑是議員的重大職責。鑒於新加坡的獨特議會民主制，議會不僅有民選的議員，還有非選區議員和官委議員並存。因此，在探索新加坡議會民主制度時，就有必要把這一與眾不同的體製作整體的觀察，才有利於客觀的看待新加坡國會的功能，及其在政治新常態下對新加坡的長遠影響。

　　毫無疑問，在當前政治生態下，議員若要高水準地履行議員的職責，在國會辯論期間，除了需就總統施政方針演說及財政預算案表態；就部長宣告和特殊事件發言；提出口頭和書面質詢，便是極為重要的工作。當然，議員的表現更與個人對歷史、政治、經濟和法律的認知，對新加坡現狀和面對問題的宏觀了解息息相關。而在國會辯論前做足功課，必不可少。議員透過這一會期的論政，不論是執政黨的執政團隊、後座議員，還是在野黨的議員，甚至是非選區議員和官委議員，都從不同層面讓人們看到了他們的表現水準。

　　以下根據第十二屆國會第一會期的程序，編制了3個圖表，希望透過不同層面的對比，以了解新加坡國會辯論對新加坡的影響。

　　圖表（1）在於透過將朝野兩黨議員的問政表現做出對比，從而透視出各自在政治新常態下，如何展現他們的論政能力。這裡以7位工人黨民選議員和2011年5月大選行動黨新推出的7位民選議員做比較，以

第三節—議會民主的推進，國會辯論的功能與效應

示公平。有需說明的是，在這一批當選的行動黨議員中，其中多位因擔任政治職位而不包括在名單內。而後港單選區工人黨議員因補選出現中斷，李麗蓮在 2013 年 1 月中選榜鵝東單選區後方有機會出席國會，都是影響統計數字的特殊情況。而個別後座議員的論政表現，因具有非常鮮明的個性備受矚目，行動黨議員潘麗萍和李美花，顯然是其中的佼佼者。由於是前屆議員，李美花的個人口頭與書面質詢共 105 個並不包括在名單內。

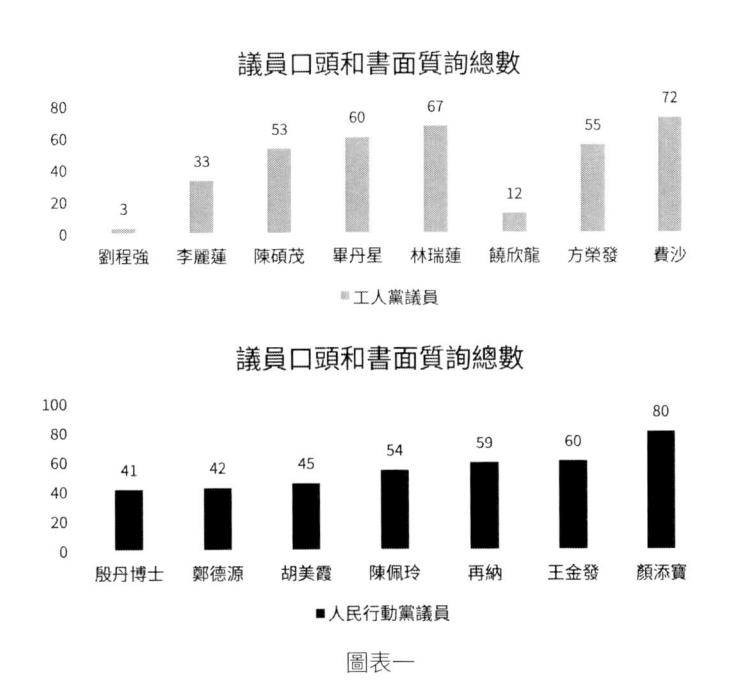

議員口頭和書面質詢總數

劉程強	3
李麗蓮	33
陳碩茂	53
畢丹星	60
林瑞蓮	67
饒欣龍	12
方榮發	55
費沙	72

工人黨議員

議員口頭和書面質詢總數

殷丹博士	41
鄭德源	42
胡美霞	45
陳佩玲	54
再納	59
王金發	60
顏添寶	80

人民行動黨議員

圖表一

從統計數字上來看，工人黨議員以 355 個對上行動黨議員的 381 個口頭與書面質詢，在扣除因後港和榜鵝東補選造成的空檔後顯示不相上下。但在質詢課題上，兩者的最大差別在於工人黨議員的質詢有 80 題以上是屬於查詢資訊，而不是就熱門課題或施政提出質詢。而由於兩者的

第四章　後李光耀時代的政治賽局

政治屬性和地位的不同,在國會辯論相關的質詢時,工人黨議員展現出著重在了解、質疑和表達不同意見;相反的,行動黨後座議員展現出著重在為了完善施政,或妥善處理突發事件而提出詢問與改進建議。由此顯示各自透過不同的努力,以建構一個理性、負責任與深具特色的新加坡國會辯論。

圖表(2)列出官委議員和非選區議員在第一會期的論政表現,以便從中反映出新加坡政治體制的獨特性及其功能。因為官委議員是在2012年2月14日宣誓就職,他們並沒有出席這之前的國會辯論。首次發言被安排在2012年財政預算案的辯論。因此,從中展示出官委議員和非選區議員對議論國是的能力不亞於民選議員。當然,身為在野黨的3位非選區議員,在第一會期的口頭與書面質詢甚至比民選議員還多,在國會的發言也更頻繁,由此說明這一獨特的體制設定,的確具有其不可抹殺的功用。

官委議員的表現可圈可點。這可從三個面向看出,9位官委議員所提的口頭與書面質詢就比率來說,超越了民選議員。單以陳慶文副教授為例,在相對較短的時間內,個人就提出了104題的口頭與書面質詢,此其一;雖然他們是以特定的專業背景受委為官委議員,他們所提出的質詢與參與的辯論,並不只限在各自的專業領域,而是涵蓋到國家面對的多層面議題,此其二;由於不具備特定的政治背景與約束,他們能就事論事,且多以建設性的意見提出批評和看法,由此而組成的新加坡國會辯論,在完善治國方略和施政進程上,無疑功不可沒。

反觀工人黨議員的整體表現,具有著另一種氛圍,查詢多、質疑多。往往在部長回答詢問後缺少後續質詢,尤其是在進入國會的頭一年,從而突顯他們的認知與論政能力的差距。不過,工人黨非選區議員嚴燕松應是個表現最為特出的在野黨議員。

第三節—議會民主的推進，國會辯論的功能與效應

官委議員口頭與書面質詢總數

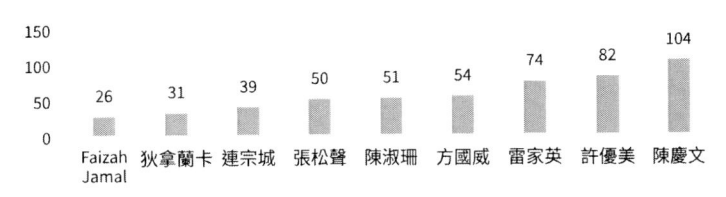

Faizah Jamal	26
狄拿蘭卡	31
連宗城	39
張松聲	50
陳淑珊	51
方國威	54
雷家英	74
許優美	82
陳慶文	104

■官委議員（511個口頭與書面質詢總數）

非選區議員口頭與書面質詢總數

嚴燕松（工人黨）	88
余振忠（工人黨）	93
羅文麗（人民黨）	91

■非選區議員

圖表二

　　非選區議員羅文麗的口頭與書面質詢雖名列前端，應是身為該黨唯一代表，可在會前彙集該黨所關注的課題，事先備案後提出的結果。就第一會期的國會辯論的現場表現，其論政能力並不如她的質詢課題來的有見地。不過，身為非選區議員，極盡所能，為國為民為社群盡心盡力，精神可嘉。

　　圖表（3）在於朝野政黨和非民選議員的論政表現，以窺探新加坡議會民主制的整體表現功能。身為執政黨的行動黨議員，從總理到副總理、部長、高級政務部長、政務次長，以及議長在內，就有31位是擔任政治職位者。此外，除了上述提到的7位行動黨新議員，其他的行動黨後座議員，包括建國總理李光耀、榮譽資政吳作棟、前3位內閣部長黃根成、馬寶山和林雙吉，並未提出課題質詢。因此，第一會期間剩下的行動黨後座議員就只有37位是積極參與國會辯論的。

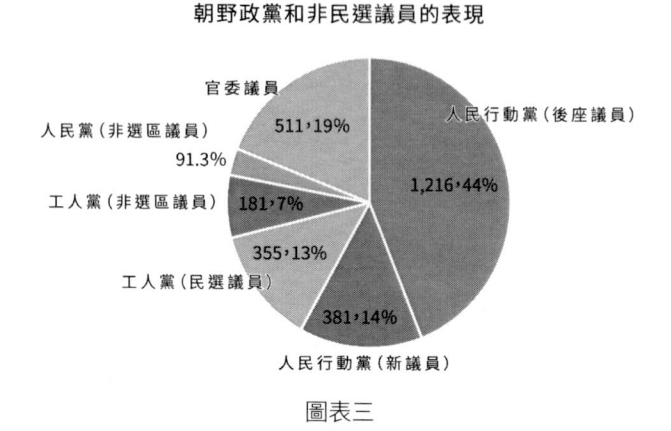

第四章 後李光耀時代的政治賽局

朝野政黨和非民選議員的表現

- 官委議員 511，19%
- 人民黨（非選區議員）91.3%
- 工人黨（非選區議員）181，7%
- 工人黨（民選議員）355，13%
- 人民行動黨（新議員）381，14%
- 人民行動黨（後座議員）1,216，44%

圖表三

就行動黨後座議員的整體表現，從第一會期展現的論政形態，相較於李光耀時代有兩點明顯的改變。一是更主動的提出質詢和建議，具備思維正規化轉移的觸角。而且，議員往往都會在緊追部長回答質詢後，提出後續質詢，由此展現出這些議員對相關課題的認知具有必要的論政水準。二是新議員較之老議員更勤於質詢和發言。除了質詢時間的受限，影響議員的發言人數，為什麼會如此，顯然值得行動黨關注。

形塑新加坡議會民主的獨特性

為了闡明新加坡議會民主制形成的獨特性，顯然有需要說明這個體制的運作模式。這就是今日的新加坡議會民主制，既有其在李光耀時代形成的體制功能，作為實現善治好政府的載體，也有為適應後李光耀時代需要的政治變革。目前正是處於兩者之間的過渡期。為此，從國家治理的角度來看，突顯執政者的能耐和效率，重構善治好政府的信譽，便成為了確保體制正常有效運作的前提。因此，執政者必須一如既往展現治國的高水準、高效。這是國家政治變遷中不可妥協的基準。這也就意

味著在政治新常態下，政黨政治和政治賽局應沿著理性與負責任的軌跡前進，才能肩負起承先啟後的政治功能。

從這個角度出發，兩年來執政黨的確展現了匡正政策失誤，力爭求精求善的治國努力。展現了作為執政黨沒有因為新常態的出現而把政黨政治擺在第一位。執政黨能與時俱進，正視新加坡已經進入成熟的議會民主階段，並以開放和懷抱共同建設美好的新加坡的心態，應對更強大的在野黨的競爭。這為新加坡的議會民主制的健全發展提供了政治發展空間。

在保持與加強治國能力的需求下，加上又有了政治發展的周旋空間，新加坡的議會民主制的演變，也就為延續善治好政府的獨特性的同時，也給予了健全民主議會制的形塑提供了最大的可能性。在這樣的治國思維架構下看新常態出現後的國會辯論，更能夠看出後李光耀時代的國家治理所應關注的政黨政治和政治賽局的共同點與不同點。

兩年多來透過在野黨的更多更廣泛的參與論政，尤其是進入國會帶來的正面影響，確實展現了在野黨力求從體制的建構上完善議會民主制度的努力。儘管在野黨還處於不全面的論政階段，他們的付出和努力不容忽視。

整體而言，新加坡議會民主制正沿著良性競爭的軌跡發展，儘管間中一再出現因政黨政治和政治賽局的需求，在國會內外針鋒相對，或燃起濃濃火藥味。現實的政治，需要新加坡人把目光投放在新加坡議會民主制的制度功能和朝野兩黨對建設美好新加坡的共同努力。而不應把視線停留在李光耀時代的歷史軌跡上，把國家治理綁在政治賽局的戰車上，偏離了議會民主在後李光耀時代的歷史使命。

第四章　後李光耀時代的政治賽局

第四節 —— 新加坡國民的政治走向與期待

重構新時代的好政府任重道遠

透過 2011 年 5 月大選、8 月總統選舉、2012 年 5 月後港補選、2013 年 1 月榜鵝東補選顯示，長期以來對新加坡政府讚賞有加的新加坡人的政治走向和期待發生了巨大的改變。這種改變特別讓人感觸良深，便在於無緣履行公民投票權利的選民完成了他們期待已久的心願，從而突顯越來越多人民對現存與發展中的新加坡和人民行動黨政府的感到失望和不滿。而這種失望與不滿所包含的期待卻造成多元性政治訴求的新風向。

這樣的民心發展態勢，對於長期以來就只著重以經濟發展和突顯政績贏得選民信任與支持的行動黨政府，無疑是政治上的莫大逆轉。身為治國者，新加坡政府卻不得不關注應如何繼續取得經濟發展和進步，讓人民在新的國情和環境下過著更加美好的生活。這意味著它不僅需要考量對人民當前最有利的政策和措施，也要兼顧中長期的發展需要。

相對來說，在野黨陣營可以採取或選擇對己有利的對策，特別是在國會中有議員的在野黨則會從不同的角度審視與對應這種改變。一方面是為了向人民交待大選時所做的承諾，對新政的看法和評論，以彰顯在野黨的監督與制衡作用；另一方面，工人黨也勢必會基於政治鬥爭的主觀需求而設定若干目標，在互動的政治角力中壯大聲勢和地位。

這就意味著新加坡國民必須從深層的視角，即國家發展的根本利益和可行之道評估政府的動機和改革的成果，並對在野黨的表現，不只要聽他們怎樣說，而要看他們怎樣做，還要看做出來的成果作為評估。總

第四節―新加坡國民的政治走向與期待

之，嚴格與謹慎的區分治國需要的團隊和監督與問責需要的政治代表，是人民必須認清的核心問題，任何的混淆與誤判都有可能造成國家的不幸。

整體而言，大選造成的一個最關鍵的影響，就是人民認為行動黨政府似乎已不再那麼關心人民，尤其是中下階層的利益，也不像過去那樣獲得人民廣泛的信任和支持，因此對該黨長期建立的好政府形象大打折扣。要如何修補這種缺失，不在於政府怎樣講，而在於他們怎樣做。顯然，一般的人民不容易馬上就能洞悉政策的新意和作用，一些政策更不容易馬上見到它的效果。這是一個需要時間的重建過程。換一個角度來看，即使行動黨政府經過這次的大震盪和重新定位，並從中獲得了新的動力，這也才是一個新的開始。在一個歷史新階段的發展態勢中，自我更新的過程，不論在黨內還是在政府以及行政體系，都不可能全面即刻到位。這就是改變帶來的挑戰。

那麼，新常態下的好政府應該是怎樣的呢？

顯然，這個好政府必須建立或維護在過去良性的體制基礎上，增加新的內涵和因素。也就是說那些被證明在任何情況下，都是必要和正確的政策與機制應成為這個新的好政府的根基。因此，確保新加坡過去半個世紀的成功因素，如政府和行政部門嚴守廉潔、注重效率、任人唯賢；體制倡導法治與公平；國家重視穩定與成長；財務講求穩健累積與公平分配；社會強調安全與和諧；人民重視包容與公正等，乃是組成當今政府不可或缺的要素。

處在新時代的情境下，好政府也就需要具備這些新的要素和內涵：

一、政治上的更加包容與公正。行動黨政府若要重新取得人民廣泛的支持與信任，政治上就有必要一改過去威權式的統治手法和模式，真

第四章 後李光耀時代的政治賽局

正呈現出政治上的包容與公正。這就是在公正的天秤上競爭，在理性的基礎上辯論，在理想與現實之間用務實與負責任的態度對待。

當然，這裡牽涉到多個層面的問題。首先，包容與公正的定義和展現形式，不同的人和族群會有不同的解釋和著重點，在現實的政治角力中，更會因為訴求不同而有所差異。其次，一般的定義和現實社會之間，因歷史條件與客觀限制而產生的不同，處於變遷過程中要取得平衡點或妥協，而不致於陷入盲目和極端的理念與行為。再者，整體改變與區域性的反覆或拉扯，可能出現的情況以及因此而造成的影響不應成為發展與向前的絆腳石。再其次，即使政府做好了，做對了，也可能出現一小部分人或族群，不是或不能採取理性與負責任的態度對待，而造成的破壞與反覆。只有當大多數人們能夠理智地看待事態的發展和變化，這種形象的改變才能取得良性的進展。

二、任人唯賢不再是專業官僚的延續，而是才德兼備的真正將才和可敬的從政能者。這就要求從總理到部長、議員以至行政高官都必須具備新的思維，新的親民態度和作風。從「官」變成「僕」，從高高在上轉為平等，尊重民意與善於溝通。用人唯賢但不過度強調高薪養廉。

三、社會安全網的擴大與深化，必須更有人情味。從社會階層看後進或弱勢群體改為成果共享；從照顧或給予幫助，轉為關懷與分享價值觀的展現；從制度到審查嚴厲轉為有制度更有人情。寧可放過，不可錯過。

四、有效緩解和解決當前社會的棘手課題。住屋與組屋負擔、公共交通擁擠、醫療費用及針對短缺、弱勢族群的脫困計畫等。如果政府相關部門能有效處理並讓人民感受到誠意，效率和可信賴的政策調整。顯然，將有助於人民加強或挽回對政府的信任。

第四節—新加坡國民的政治走向與期待

行動黨政府要如何重新獲得人民的認可與支持，在當下新加坡已經成為一個成熟的民主社會，社會已進入富裕但卻貧富差距日益擴大，整體社會價值觀極為務實與自我的狀態，要做好上述改變形象的工程，無疑是一項巨大的挑戰。

力挽狂瀾，重建國民共識與信任

顯然並非所有人民都對執政黨是否能夠依照預期實現其所設定的社會願景這件事抱有相同的看法，這是因為兩年多來的改革進程顯示，因朝野政黨和人民站在不同的視角和處境，對改革的依據、思維、策略和目標等，各有一套說辭和做法。執政黨和在野黨陣營更因政治賽局的需求而有其不同的著眼點、著重點，以致難以達成共識的情況下，對執政黨所設定的社會願景，而有所保留或心存質疑。

因此，為實現社會願景而推動的改革行動，它的深度和廣度是否足以促成兩者在同一的跑道上前進，讓變革營造新的共識，取決於政府的治理能力、在野黨的政治意願和國民的理性思維和訴求。為此，新加坡國民的期望到底能實現多少？它又將引起怎樣的政治反應？便已經不僅是理論和觀點的爭議，而是具有經濟、社會和政治的現實意義，這才是不容忽視的關鍵問題。

兩年多來，執政黨透過一系列的對話會與民情回饋，可以說比過去任何時候都獲得了更多的資訊，從中更能掌握了舉國上下的民情和基於不同視角而提出的民意。

從國家的角度來看，這樣的發展態勢，必將深刻影響政治生態的變遷。其中有兩個課題極為重要。一是依據執政黨的思維與定位，而開關

第四章　後李光耀時代的政治賽局

新的歷史進程會引起怎樣的社會效應；二是政治賽局將沿著怎樣的軌道向前發展。

前者圍繞著行動黨政府從自省與反思中，形成的黨內外共識或分歧。在沒有強人領導的年代，如何重新確立治國理念，以迎戰時代更迭出現的衝擊。從政黨政治著眼，維護與延續政權是首要考量，但現有的治國模式，能否贏得人民的重新信任和委託，不得不說是個嚴峻的挑戰。也正因此，時代要求行動黨政府，必須開創新的治理格局，打造出新的治國強項，而不是吃老本，才能確保贏得民心而維繫政權。

後者取決於在野黨陣營的能耐和智慧。變化的風險不在於有多強大的在野黨陣營，而在於在野黨陣營的主力沿著怎樣的政治跑道博弈。由於社會結構的改變，新加坡早已面對著嶄新的國內外環境，出錯與負面效應的政治賽局風險，便是應受深切關注的課題。

長期而言，沒有政權是不可取代的。行動黨政府能否維繫政權，在一人一票制下，成敗的關鍵，就在能否掌握民心的走向，而不僅僅是了解民情和民意。民心是看不到、摸不到的，卻能因擁有政治敏銳與睿智，而得以駕馭之。為達此目的，唯有揭示湧現個別與整體民情與民意的內在連繫，才能洞悉改變的根本緣由，也才能從中領悟民心思變的原因與走向，進而順應和引領之下以成就大業。換言之，民心就是人民對從政者和治國者治國理念與治國方案的認可與信心度的表現。行動黨政府的團隊多來自專業菁英，普遍缺少政治試煉，這無疑增添了它維繫政權的難度。

新常態的出現，意味著民心思變是既成的事實。5月大選、8月總統選舉和補選的結果，強烈地展示了這種民心思變和漂移的發展態勢。因此，不論是為了維繫政權，還是爭取政權，精確的解讀影響民心走向的

時代背景、國情差異而形成的國民心願主軸,便成為了從政者必須做好的功課。民心的脈搏會隨著時代的更迭、民情、民意的變化而跳動。誰掌握了民心的走向,又能配合及時到位的策略與組織運籌帷幄,便能置己於策略主動,引領民眾和社會前進。誰就有可能成為政治賽局中的智者和強者。

第五節 —— 面向未來的行動黨政府

改變主流價值觀,征途艱辛

顯然,促成政治分水嶺的基本原因,是因為經濟和社會的發展到了一個令舊有治理模式再也無法延續的關鍵時刻。大選的到來則不過是透過政治賽局而達成目標的催化劑。因此,認清變革的內外因素以及政府、執政黨、在野黨和人民在這個變革的過程中各自所產生的作用,便成為了客觀看待改變的關鍵。

既然變革關係到多個層面,客觀的評估這種改變,還是按自己的政治理念和進程做出解讀,則不可避免地會出現在改革的過程中,因此,爭論和各說各話在所難免。但只要這種爭論不會成為政治生態的主流,改革將會有序進行而有利於國家建設。

當前政治轉型面對的挑戰來自政府方面的課題,主要有三點。這就是改變觀念,調整政策和制定與落實政策的方法和途徑。

從李光耀時代向後李光耀時代推進,意味著引領一個時代長達52年的治理模式的終結。新的治理模式的依據是什麼?便成為了首先需要

確定的前提。李顯龍在國會辯論中指出，新加坡已是一個成熟的民主社會，這便是政治上的分水嶺。過去，領導人一再強調新加坡的脆弱性和選民在政治上的不夠成熟，而需要行使威權式的治理。如今，既然國家已進入成熟的民主階段，那麼，治理模式和施政方式就必須改變。

適應這種改變不容易，但卻是必須的。身為政府領導階層的關鍵人物，總理李顯龍的思維與作風一目了然。他首先樹立榜樣，確立新風氣。從選後到10月國會辯論的情況看，人們完全可以感覺得到，在他領導下的政府改革的決心和努力。而新人走馬上任後的表現同樣獲得好評。不過，從新政改革以及國會辯論的程序來看，顯然不是每一個部門和部長都是抱著「沒有任何政策是不可檢討的」的態度對待。

從國會辯論中，也讓我們看到執政黨的後座議員的表現，同樣面對這種改變的衝擊。新議員少有包袱，從頭做起，姿態低，想法新，建議多。資深議員出眾者不乏其人，質詢到位，建言有力。但可惜的是，一些退居後座的前朝領袖，我們不再看到他們發揮議員的職責為民請命。

觀念改變的重要性就在於它不僅直接影響政策的調整進度，而且也將影響執政黨和在野黨政治賽局的程式。尤其是在國會辯論期間的交鋒，很可能引致口頭之爭，而非就事論事。

政治上的包容性是與時俱進的試金石

過去，行動黨政府一直被批評為威權統治，甚至被指責為變相的獨裁政體。主要的原因就在於政府對於競爭者採取強力打壓。這包括無情地對付政治對手的不誠實攻擊；利用組屋翻新和選區劃分作為競選課題或手段。基於過去在野黨勢力長期處於弱小狀態，更加強了這種一言堂

第五節—面向未來的行動黨政府

和人多勢眾的壓倒優勢。

如今,講政治包容性,就是執政黨需要一改過去的態勢和作風,允許各種不同政見的存在與辯論。認可在野黨在民主政治賽局中存在的必要性和正面意義。即使在野黨的體質還處於相對軟弱的狀態,也不應漠視它存在的意義和作用。最好的證明就是可以從5月大選造成的歷史改變,讓執政黨有機會糾正過失,及時改革政策和措施,從而惠及國家和人民。如果沒有工人黨人的長期堅持和其他在野黨人這麼多年來的付出,就不可能成就改革的歷史任務。

增加民主自由空間。既然新加坡已經進入成熟民主社會,政府也就不必過於擔心國家面對政治上的分歧甚至對立。只要這些意見是人民和團體的真心話,他們的行動是理性與合法的。與此同時,在立法和管理方面,也應當作出調整或改革,把過時的法令和條例加以廢除或修訂,以示政府的與時俱進。不論這種改變會造成怎樣的影響,只要執政黨能夠堅持和實行有利於國家和人民的政策,執政黨就不必擔心新加坡的前途。先要有這樣的心態和想法,政策才能跟隨社會發展的步伐而前進。過去,執政黨也曾經試圖透過逐步擴大民主與自由空間來應對人民的要求,如增設非選區議員和官委議員。事實說明,這樣的做法並不能滿足人們的要求。在這個改革的前沿,如果政府能夠在增加民主自由空間方面做出積極的表態和改變,將會是邁開營造建設性政治生態的一大步。就事實而言,行動黨政府透過「我們的新加坡對話會」所展現的精神,足以讓國民見證改變的痕跡。

第四章　後李光耀時代的政治賽局

引領建設性政治生態的形塑責無旁貸

　　政府在引領建設性政治生態的塑造上，肩負著極為重要的角色。如果政府能夠逐步落實改變觀念和調整政策，那麼，毫無疑問地，將為新時代的政治生態營造極其良好的氛圍和空間。政府目前所做出的努力，顯然已擺出明確的姿態並期待在野黨也能以正面回報政府的呼籲。因此，今後雙方的政治交鋒，不論是大選還是國會辯論以及平時的政治爭論，朝向堅持和加強這種態度和努力至關重要。

　　為了確實增加民主論政，今後政府有必要加強施政的透明度。而要做到這一點，首先需要改變心態和思維模式，從被動轉為主動。從增強包容性的政治需求考量，再也不能停留或封閉在自以為是的圈子裡。

　　自從網路上議政漸成新趨勢以來，尤其是在兩次選舉期間，讓新加坡進入一個截然不同的境界。這股新風潮的出現和壯大，對新加坡政治生態的影響勢必日益深刻。它具有能讓喜好者無時無刻都能隨心所欲馳騁的疆場，像決堤的洪水般氾濫，這種情況即正常又不正常。說正常是因為它處於起始階段，過去無法表達，壓抑多年的怨氣和不滿傾巢而出，以致難免負面消極的評語大行其道。說不正常，是因為這種狀態並不利於政治生態的健康發展。從發展的角度看，這是一個無人能控制也不應控制的平臺，政府需要正向看待，用心宣導和經營，使其發揮應有的作用，為建設良好的政治生態增加有益的論政空間。

　　制定與落實政策的方法和途徑。大選過後，政府的確有了很好的改變。更重視人民的感受和意見，政府能夠從檢討中意識到這種改變的必要性是可喜的。正因為有了這些改變，讓我們看到馬來西亞鐵路回歸國有後，廣泛徵詢民意，而不再像過去那樣，只由相關部門說的算。同樣的，武吉布朗墓地遷移事件，一個原本已經做出決定並進入執行階段的

事項，也重新開啟傾聽民意的管道，讓人民有機會參與討論和提出建議，為事件尋找最佳解決途徑而不怕麻煩。之後在醫療體系的改革、建國一代配套的出現、社群與鄰里活動的增強與擴大，都展現了政策調整後的新動向。正如行動黨議員殷吉星所說的「半生熟」的政策模式，將會更適合今後的國情。

人民行動黨要如何自強與迎戰

5月大選對行動黨的衝擊和影響，可謂十分深遠。這是因為執政了55年被認為政績彪炳的好政府，不得不承認必須改弦易轍，過渡到一個全新的時代。更出人意表的是身為一個時代的領導者建國總理李光耀，也不得不功成身退，而結束以其為中心的時代。從中讓人們意識到歷史潮流滾滾向前，長江後浪推前浪，一代新人換舊人。

對行動黨而言，這個改變引出了三個最重要的考驗和挑戰。就是內部分化；黨和黨內領袖的更新以及面對日益壯大的反對黨陣營的挑戰。

內部分化的隱憂。5月大選是對行動黨的一次震盪。選後，不少部長面對多方質問，許多基層組織面對廣泛批評。如何應對這突如其來的變遷，一時間難有統一的認知是可以理解的。黨內檢討，從基層到中央能否取得共識成為極大的挑戰。而過去黨內的元老與退下陣來的領袖和骨幹分子就更加難免會有批評甚至指責。這些都是衝擊行動黨團結和統一的分化因素。換句話說，造成行動黨內部分化的原因是多面相的。其中難免參雜尋求改變與固守原點意見的分歧、職權與責任的界定與評價，今後的政策導向和政治生態的期許也都可能成為分化的原因。

陳清木醫生參加總統競選反映出黨內分化已浮出表面。從選舉結果

第四章　後李光耀時代的政治賽局

的成績來看，不可否認證實了人們對行動黨內部分化的猜想。因此，在這個政治分水嶺的關鍵時刻，行動黨能否一如既往克服困難，團結一致，重新上路，不僅黨內人士關心，國民亦然。

擺在行動黨面前的困難是，如何避免分化，重歸一致。以免陷入削弱自身的執政能力。人民關心的是行動黨的執政團隊是否能輕裝前進，而不至於導致派系分立的不利局面。未來的發展和演變將會怎樣，完全取決於李總理的領導能力和執政團隊的政治決心和勇氣。化挑戰為動力，齊心合力，更上一層樓。分化促成多元是好事，而分化導致分裂就將會變成壞事。

黨內和黨領導的更新。擺在行動黨自我更新的長期發展需求來看，行動黨必須能夠爭取新生代的認可和加入，方能不斷壯大黨的基層隊伍，今後顯然將會面對更大的困難。而黨內領導階層的更新則取決於能否吸收更多不同層面和代表性的菁英分子成為新的團隊核心。隨著時代的改變，原有吸納菁英的途徑和辦法，要如何創新與增加新的考量因素，已成燃眉之急。任何的故步自封、墨守成規都將會削弱行動黨的戰鬥力。行動黨所能吸收的菁英分子的從政動機和道德權威，將是考驗該黨下階段政治賽局的關鍵節點。

在擴大菁英定義的新時代，對向來重視以世代為遴選標準的行動黨，如何突破舊有的思維框架，把招攬新人從政擴大到所有層級，顯然具有實際意義。特別是爭取年長者從政回饋社會，以及爭取年輕新生代代表性人物的參政。

面對日益壯大的在野黨陣營。既然是新時代，也就意味著基礎已經和過去不同。當下行動黨所要面對的在野黨陣營，雖然和1960年代的政治鬥爭有所差異，但就競爭對手的勢力發展來說，不可否認的，挑戰是

日益嚴峻。在某種意義上來說，陳碩茂、陳如斯和一批前獎學金得主的參與政黨政治，就足以說明政治氣候的改變。從行動黨的角度出發，這股勢力還不足以即刻威脅到行動黨政權。不過，假以時日，它所要面對的挑戰將會與日俱增。因此，在下次大選來臨之前，行動黨能否改頭換面，重新獲得人民的信任，將是關鍵的考驗。

第六節 —— 尋求自我壯大的在野黨陣營

成就取決於在野黨陣營的團結與發展

新加坡在民主憲政體制下，一直存在著朝野兩黨的對峙。這一狀況受到挑戰是因為社陣在1968年抵制議會選舉，走上「議會外鬥爭」，與馬共開展的武裝鬥爭相呼應，新加坡國會才出現十多年的真空。1981年惹耶勒南代表工人黨在安順區補選中勝出，才重新開始了歷史的新進程。過去三十年的風風雨雨，在野黨艱辛堅持，少有斬獲。究其原因，主要是因為執政黨的政績有目共睹，才贏得了選民長期的信任和委託。儘管有看法認為，在野黨難有所作為是因受到執政黨的強力打壓所致。事實上，政治賽局中的廝殺乃兵家常事。如果單靠強硬手段是無法長期維持政權的。事實也說明，這一時期在野黨勢力處於低潮，正是因為自身無法吸引和招募有能力的從政者。這與當時的社會現實與主流思想息息相關。

然而，歷史總是不斷向前發展，要求變革的呼聲和潮流永不停息。近年來，國際局勢變化萬千，許多長期掌權的政府被民眾的反抗浪潮所淹沒，或者被革命者所取代。新加坡變革走出獨特的模式，一方面，因歸功於身處長期掌政的行動黨政府，勇於順應潮流，改弦易轍；另一方

面，是因為在野黨陣營長期來的努力終於有所突破和斬獲，才開創出一個新時代。必須強調，如果沒有在野黨陣營的全面出擊，創造聲勢、促成壓力，行動黨政府或許不會自我變革而出現一個新時代。從這個意義上來說，反對黨陣營功不可沒。尤其是工人黨團隊的背水一戰，贏得阿裕尼集選區，讓人民要求變革的意願得以實現。

當下在野黨陣營所形成的態勢，有兩個特點。一是黨團數量多，資質參差不齊。二是派系思想濃厚。原本這些政黨都是依據憲法從事政治鬥爭，並無本質上的不同。不過，基於各個政黨都有其政治議程和短期目標，這就形成了山頭林立的現狀。

從政治鬥爭的角度來看，在野黨應當走向團結或統一，但政治鬥爭的現實是不以人們的意志為轉移。就現今的發展態勢看，各謀其事、各展所長，似乎已成定局。直到下屆大選，在野黨陣營將會如何變遷，主要會受到兩個因素所左右。作為在野黨龍頭老大的工人黨的表現，它的組織運作、基層民眾服務和國會辯論的進展將會是重要的因素。而其他在野黨，要突破或改變多頭多黨的陣勢並非易事。縱使有人想要另創一統新局，以現有執政團隊的理念和從政意願也非個人的能力或影響力所能成就的。民主聯盟的盛衰史就是前車之鑑。

政治賽局的能力是成敗的關鍵

至於在野黨陣營應當如何提升他們的議政能力，人才是關鍵的因素。就民主憲政政治鬥爭的需求，作為在野黨的議政可以分為三個層次。最基本的一層，就是突出政治理念和參與活動。二是在國會內外行使監督與制衡政府的立法與施政。最高一層是提出和推動替代政策以贏得選民的支持和委託執掌政府。從5月大選和之後國會辯論的層次觀

察，在野黨陣營交出的政綱和政策主張，也只能說是片面和區域性的看法和政策。因此如果在野黨要想成為執政黨，就必須有能力提升到如何治理國家的層面上，才能彰顯在野黨的執政能力。

在政治領域，要進行鬥爭說難不難，只要有決心，願意付出就已具備基本條件；這樣的從政者，在大勢難為的起步階段備受尊敬。不過，當下要想成為對國家建設有所貢獻的從政者，單有決心和犧牲精神是不夠的。當然這種精神極其可貴，更是成為群眾組織能手的有利條件。但是，當前議政所及，如果只停留在一般的批評和講理念，那將會是隔靴搔癢，摸不到要害。雖非無用，卻效果有限。

基本上，目前在野黨還處於第二階段的議政層面。從發展的角度來看，這已是難能可貴。在野黨能夠透過一次大選前後的動員與努力，形成一股不可忽視的制衡力量，成為國會問政的先鋒部隊，雖非威力十足，卻不能不承認它是一個不可輕視的團隊。假以時日，經過一番準備和磨練，理所當然後勢看好。問題在於執政黨的改革進程是否給予在野黨足夠的時空以壯大自己，那就不是在野黨所能左右的了。

第七節 —— 理性與否是人民和選民的意向風向儀

國家治理和政黨政治能否鋪成平行線

2011年的5月大選和8月總統選舉，不論新加坡人是以何種方式參與其中，無疑對長期處於政治冷漠的國民，是一次難得的政治歷練。許多國民迎來了久違的投票機會，恰逢時機，趕上了大時代變革的列車。這難得的政治經歷，的確喚醒了不少人對政治和國家事務的關注。不管

第四章　後李光耀時代的政治賽局

他們是用什麼角度看，站在哪一邊，這樣的過程都會讓人有所領悟，有所取捨而變得比過去來得有看法、有想法。這樣的改變，本身就是一個新的思辨過程，彰顯著新加坡正邁向一個成熟的民主社會。

然而，細看這種改變所引起的衝擊和反響，卻又讓人感到事態的發展正需新加坡人投入更大精力，從錯綜複雜的政治賽局中，梳理出能指引新加坡繼續前進的道路，而不是停留於表面上的議政熱情。這是因為從四次選舉交鋒中，從各種媒體的論政中，尤其是蜂擁出現在新媒體上的參雜片面、偏激、以訛傳訛等似是而非言論的轟炸下，如果無法理智與客觀看待，便難免會受這股議論的影響，而沉迷於這種無的放矢的論政方式，長此下去便有可能成為建設一個更加美好新加坡的絆腳石。

新加坡人應如何看待國事，掌握和好好運用自己的政治權利，以利國家的建國事業，有幾點是至關重要的——就是國家治理、政黨政治和公民權利與義務。

國家治理和政黨政治。站在新加坡國民（包括未滿21歲和永久居民）或公民的角度看國家治理。我們都知道，國家治理取決於能否有個可信賴和有能耐的好政府。因此，首先需要釐清什麼是好政府和庸俗政府的區別；什麼是有利於國家和大多數人民的政策和只顧少數人或特殊集團利益的區別；什麼是可持續發展的政策和只為短暫利益服務的區別。當下新加坡需要一個真心真意為人民服務的好政府，這個政府要有能力說到做到，而不是許下美麗漂亮的諾言。或者只會丟出一句「我們會為新加坡人民帶來更美好的生活」，諸如此類空洞的承諾。

新加坡目前有許多政黨，各自透過各種途徑和方法，展開他們的活動和鬥爭。身為國民，就有必要和設法區分各個政黨的性質與政策主張，以及他們所遵循的鬥爭路線，策略和方法。考慮他們的主張和做法

是否適合新加坡國情,能否為新加坡人民帶來好處,關鍵不在於他們怎樣說,而是怎樣做。結合他們過去所作所為,觀言察行,善於辨別利弊與優劣,而不應是非輕重不分,盲目跟隨。

　　政黨政治是國家治理的基石,多黨政治的環境是必要和正常的,問題在於要善於區分不同政黨的作用和功能。執政黨有執政黨的條件和要求,在野黨有在野黨的條件和要求。各司其職、各有所為,支持與否完全取決於個人的政治認知和取向。

　　值得注意的是,政黨政治是由人在運作的,而人的品格與誠信,對於一個從政者和政黨而言至關重要。離開了這點,再出名或有才幹的從政者,都不會為人民和國家帶來好處。因此,必須時刻警惕這類機會主義政客的出現和愚弄人民。

履行公民的權利和義務,考驗政治心智

　　在現代社會,不論個人願意與否,都離不開政治生活。我們的思想、學業、工作以至生活都會受國家治理影響。因此,身為一個國民,尤其是公民,不僅憲法賦予了權利,也提出了應負擔的義務。這種權利除了保障國民的言論、行動和結社等自由權力之外,還可以享有與非國民或非公民不同的利益。不論個人是以何種形式參與政治生活,行使選舉權是眾多權力中重要一環。因此,珍惜和重視行使這個權利便成為公民的責任和義務。用理智和智慧對待選舉,而不是用情感和喜怒投票,雖然每個國民都有權利選擇他所心屬的政黨和民意代表。正確的選擇惠國惠民,否則最終後果還是會由包括自己在內的國民來承擔。

　　新加坡正處在一個快速變遷的社會發展階段。選舉過後,既非風平

第四章　後李光耀時代的政治賽局

浪靜，更顯變遷無時無刻不在發生。新加坡能否走出一條新的康莊大道，譜寫出另一個成功的故事，答案就在新加坡人的選擇和智慧！

轉折點,李光耀時代的興起與繼承:
從建國先驅到現代治理,新加坡三代領導人的治國之道

作 者:	蔡裕林
發 行 人:	黃振庭
出 版 者:	崧燁文化事業有限公司
發 行 者:	崧燁文化事業有限公司
E-mail:	sonbookservice@gmail.com
粉 絲 頁:	https://www.facebook.com/sonbookss/
網 址:	https://sonbook.net/
地 址:	台北市中正區重慶南路一段61號8樓 8F., No.61, Sec. 1, Chongqing S. Rd., Zhongzheng Dist., Taipei City 100, Taiwan
電 話:	(02)2370-3310
傳 真:	(02)2388-1990
印 刷:	京峯數位服務有限公司
律師顧問:	廣華律師事務所 張珮琦律師

-版權聲明-

本書版權為新加坡玲子傳媒所有授權崧博出版事業有限公司獨家發行電子書及紙本書。若有其他相關權利及授權需求請與本公司聯繫。

未經書面許可,不得複製、發行。

定　　價: 350 元
發行日期: 2024 年 09 月第一版
◎本書以 POD 印製
Design Assets from Freepik.com

國家圖書館出版品預行編目資料

轉折點,李光耀時代的興起與繼承:從建國先驅到現代治理,新加坡三代領導人的治國之道 / 蔡裕林 著 .-- 第一版 .-- 臺北市:崧燁文化事業有限公司 , 2024.09
面;　公分
POD 版
ISBN 978-626-394-696-5(平裝)
1.CST: 政治文化 2.CST: 政治發展 3.CST: 新加坡史
574.387　113012102

電子書購買

爽讀 APP　　臉書